# 呪者の肖像

川田牧人・白川千尋・関一敏 編

臨川書店

## 目次

＊本書の各章に掲載された写真は、それぞれの章の執筆者によって撮影されたものである。

# 序

川田牧人

## 本書の背景と目的

本書に結実した論考の多くは、われわれが二〇一二年に刊行した『呪術の人類学』に端を発している。その「あとがき」において「(本書ではじゅうぶんに論じつくすことのできない問題として：筆者注)もうひとつは「呪者の肖像」というトピックである。呪術とは何かを考える際に思弁的な側面だけを強調するのではなく、あくまでも当事者視点を重視するという方針があった…(中略)…それを具現化する試みのひとつとして、われわれがフィールドで実際に接した呪者を固有名詞で語る提示の仕方をしてはどうだろうか、というアイデアが浮かんだ」(白川・川田編、二〇一二：三一〇)と記されているとおり、「呪者の肖像」という本書のタイルはこの時点ですでに意識されていた。このアイデアは、当時の研究会のメンバーでもあった阿部年晴によって「(呪術と社会とのかかわりという主題において：筆者注)ここでは、呪術師研究が鍵になる。人類学のこれまでの呪術研究においては、少数の例外を除いて呪術師個人の研究は手薄だった」(阿部、二〇一二：二九八)とも述べられており、それをうけて人間類型としての呪者へ関心が向けられていった。

本書の問題意識はこのようなわれわれ自身の研究活動を十数年さかのぼったところに源流をもとめることができる。そこには、還元されるべき／残余としての呪術という考え方を生産的に乗り越えて刷新し、「呪術とはなにか」というもっとも根源的な問いにせまるという基本的スタンスがある。呪術の還元論的説明とは、たとえば社会的不平等や葛藤の解消の手段として(社会的還元論)、また極端な富の蓄積や配分上の不平等の原因として

（経済的還元論）、というように呪術でないものによって呪術を説明することである。また残余カテゴリー論とは、科学の領域、宗教の領域…といった陣取り合戦をくりかえした結果、そのどれにもあてはまらない残余領域こそが呪術であるとする引き算的な呪術の規定である。これらはいずれも、裏返しの消去法的な規定にしか過ぎず、呪術そのものの議論が深まらないばかりか、呪術から科学や宗教、あるいは社会的領域や経済的領域といった幅広い人間活動を照射する視点を確立することも困難となってしまう。

そこで着目されるのは、呪術は日常的な活動とは明らかに違うのだけれども、日常の生活のなかに組み入れられたような状態で実践されることも多く、きわめて非日常性が突出した儀礼などの活動とも違うという、マリノフスキーが『Coral Gardens and Their Magic（珊瑚礁の菜園とその呪術）』で指摘したような側面である（Malinowski, 1935）。ただし呪術と日常の境い目をエスノグラフィックなデータの集積から明らかにしようとすると、その内容は多岐にわたり、けっきょく「〇〇でないもの」としての残余カテゴリーと同様の発想へ逆戻りしてしまう。そこで、個々の実践が集積される人物そのものへの着目という視点の転換が必要になる。するとそこに、呪術という行為は特定の人物（呪者）が行なうから効力を発揮するのか、マニュアル化され開かれた技術として万人に提示されているのか、といった問題が生起する。

このような経緯にもとづき、本書は、個々の呪術の営みの中心にあってそれを執り行なう人、いわゆる呪者の個人的技芸からどれだけ呪術そのものを記述できるかという試みを通して、「呪術とはなにか」という根源的な問いにせまるという目的を設定する。次節ではこの目的について、「呪者」と「肖像」という表題の意義を掘り下げる形でみていきたい。

## 「呪者」とは誰か、「肖像」とはなにか

人文社会科学における「個」への着目、「個」からのアプローチの開拓は一定の周期をへてくりかえし興隆し

ているようで、とりわけ文化人類学の隣接分野においては近年、さかんになってきたといえよう。たとえば民俗学の分野において編まれた『〈人〉に向きあう民俗学』では、「人間を「民俗」の容れ物としてではなく、固有名と意思を持ち「伝承」生活に決して収斂されることのない日々の生活を送る主体」としての「(個)人」を起点としたアプローチが開拓されている（門田・室井編、二〇一四：二二）。また社会学ではライフストーリー（ライフヒストリー）研究の長い歴史があるが、近年では「個別を何個か集めて一般化するのではなくて、個別を通じて普遍に至る」方法としてのエスノグラフィへの関心が高まっている（岸・國分、二〇一七：五七）。さらに宗教的事象における行為者個人の焦点化は、開祖・教祖研究（宗教社会学研究会編、一九八七：池田・島薗・関、一九九八）や回心・信仰生活研究（川又・寺田・武井編著、二〇〇六）などにおいて、かなりスタンダードな手法になっている。とくにこの分野で卓越しているのはシャーマニズム研究である。そもそもシャーマニズムとは、「霊的存在や霊界と直接交流することによって呪術－宗教的役割をはたす職能者＝シャーマンを中心とする宗教形態である」（佐々木、一九九六：一二七）という定義にも明らかなように、行為者たるシャーマンを抜きにしては成り立たない概念であるため、シャーマニズム研究は同時にシャーマン研究でもあったといっても過言ではなかろう。

それに対して呪術研究にあっては、冒頭の阿部の引用でも示されているように、呪術師研究は疎かであった(1)。呪術をめぐる被害者や施術依頼者に関する記述的研究はかねてより散見されたが、呪者そのものの研究はいまだに限られている(2)。そのような状況のなかで、本書の編者のひとり関一敏によって紹介されたマルセル・モースの次のような視角は、「呪者の肖像」を考える上できわめて示唆的である。

「オーストラリア社会における呪力の起源」におけるふたつの問いかけのひとつは、「呪術者のどの部分が伝統的・定型的であり、どの部分が個人的・意識的なのか」だった。…その手前で「人物像」あるいは「人格」のつくられ方にふれている。呪術師の成巫過程、祭具、社会的なイメージといった項目の背景にあるのは、その精霊世界との近しさがどのような人格と人物像を構成するかという「社会的人格」への一貫した関心からである。…もうひとつの問いは、「呪術者たちのどの部分が真剣で、どの部分がフィクションなのか」だった。この正しくも奇妙な問いは、呪術・宗教史の根っこにかかわる主題であり、「半分の真剣さ」と要約される。かれらは本当にそれを信じているのか？　という初発の、それだけに厄介な驚きへの応答である。」（関、二〇一一：一五四）

すなわち「呪者の肖像」とは、（a）人はいかにして呪者になるか、（b）「半分の真剣さ」はいかなる社会的合意のもとに成り立つか、という二つの問いを、以下の諸点を掘り下げながら解きほぐしていく試みである。まずは呪者本人の特異な個性、ライフスタイル、ものの見方考え方、嗜好やノリにいたるまで「人物」として描き出すこと。そしてそのような特異な人物に引き寄せられた技芸として個々の呪術の実践的な部分を記述することを通して、それらの実践の集積としての呪術（体系）がいかに個人の営為と不可分／もしくは分離可能なものであるかを見定めること。さらに、呪者本人も醒めつつ専心するようなパフォーマティヴな側面を捉えることによって、呪術そのものにつきもののフィクションと現実の狭間をかきわけるような視座を獲得することである。(3)

## 展開される問題群

前節の最後に述べた点から発する、本書で論じるべき議論は多岐にわたるが、そのなかでも最大の論点のひとつは、「離床」という考え方である。天賦の才に恵まれ、またはその血筋に生まれついた特定個人のほうが呪術は効験を発揮しうるのか、あるいはそのような個性を離れ個人の互換性がきく状態でも後天的な獲得によって有効化されるのかといった議論はこれまでにもなされてきた。ここに離床という考え方を持ちこみ、個人からどれほど離床した／あるいはしえない技術であるかという観点から「呪術とはなにか」を考えることは、本書の各章に多かれ少なかれ共有された問題意識である。これは、呪術・宗教・科学というフレイザー以来有名な三者関係を設定するとき、顕著な対比を示す。この三者のなかでもっとも離床度が高く、「いつ・どこで・誰が」やっても同じ結果が出るとされるのが科学であり、施術者の個性・個人的技芸にもっとも依拠するがゆえに人から離床しないのが呪術である、と一義的には考えられるかもしれない。しかしたとえば、ゴッドハンドと呼ばれるような天才心臓外科医による奇跡的な手術などの場合を考えれば、それはたしかに科学的な医療行為とされているが、個人からは離床した代替可能な施術であるとは言いきれない側面がある。また本書でも検討されているように、呪者が用いる呪文が金銭で売買され誰が入手しても用いられるとされる場合、逆に呪術であっても個人からは離床した側面があらわれることになる。このように離床という考え方を導入することにより、呪術・宗教・科学の三者関係は新たな検討の段階にいたるのである。

これと関連するのは、何をもって呪者とみなすか、その真正性をめぐる観念も重要な主題の一つである。宗教的な後ろ盾をもっていること、自らの力の良質さを保証するような説明体系をもっていること、そして何より依頼者の信頼をあつめることなど、呪者たる正統づけにはさまざまな経路があり、本書のいくつかの章ではそれが検討されている。しかしそもそも呪者の施術がある種のトリック（手品）を取り入れたり、その存在そのものが社会的な境界領域に属するものであったりするために、呪者にはホンモノ／ニセモノ（イカサマ）論争がつきまとうのである。この問題の古典的作品はレヴィ＝ストロースの「呪術師とその呪術」であり、そこでは（一）呪術師自身の確信、（二）依頼者の信頼、（三）集団的合意と要求の三者がある種の均衡を示すことがホンモノの条件とされる。かくして、イカサマを暴こうとシャーマンに接近していったケサリードという男は、やがて自らが治療を行なうようになるのだが、「ケサリードは病気をなおしたから大呪術師になったのではなく、大呪術師になったから病気をなおしたのだ」（レヴィ＝ストロース、一九七二：一九八）という言及は有名である。本書の問いとの重なりで言えば、「半分の真剣さ」の主題と絡めて展開すべき課題である。

さて、このレヴィ＝ストロースの有名な論文には、もう一つ気になる箇所がある。ケサリードはぺてんによるニセ呪術師を暴いていくのだが、どうしても見破ることができないシャーマンに出会う。「次の理由だけで、私は彼がシャーマンだったと思う。すなわち彼は、癒してやった人たちが、報酬を支払うことを許さなかったのだ」（レヴィ＝ストロース、一九七二：一九六）というのがその理由である。(4)多くの社会で呪者は、自分の力がホンモノであることの根拠として過剰な報酬を受け取らないことをあげることが多く、金を受け取ることは非難材料となることもしばしばであるが、逆に、呪者こそが荒稼ぎをして巨万の富を得ることのできる生計の途であると考えられる場合もある。呪術と金銭授受の問題の根拠をつきつめて考えた論考はこれまで多く見られるわけではなかったが、単に清廉潔白さの問題というより、「呪者の肖像」の問題として考えたほうが議論はひろがるであろう。その〈わざ〉は経済的対価を求めることができ金銭的にやりとりのできるものであるとすれば離床度の高さによるものなのか、あるいは個人から離床しえないほどの名人芸となってしまっているがゆえに付加価値もふくれあがるのかなど、さまざまな事例が検討されるべきであろう。

## 本書の構成と内容

ここで本書の構成と各章の概要を示しておきたい。本書は「呪者の肖像」にせまるため、三部構成をとる。まず第Ｉ部は「呪者に会う」と題し、各執筆者がフィールドで出会った呪者（あるいは文献上で出会った呪者）を中心にその人となりを記述する。津村文彦の第1章「イカサマ呪者とホンモノの呪術」は、呪者とはいかなる人物かにせまるため、ホンモノ／ニセモノ（イカサマ）という対比に着目する。東北タイにおけるバラモン呪者であるリシは瞑想を通じて得た超人的な能力によって、護符や呪具を販売したり招福や厄払いの祈禱、憑依や託宣などをおこなったりしてさまざまな施術をおこなう。三人のリシの活動を通して示されるのは、説得力のある言葉、風貌や印象を含んだ物象化されたエキゾチシズムが彼らの正当性を裏付ける一方で、金銭的などん欲さや人間関係（とくに女性関係）におけるだらしなさへの非難がイカサマの批判を生むなど、一定の幅を持った呪者像である。このようなまなざしがリシに向けられること自体、ホンモノの呪力をもったホンモノの呪者がいるにちがいないという呪者への希求と渇望のあらわれであると津村は分析する。

ついで川田牧人の第2章「鍛錬と天賦」は、いかなる経路をへて呪者になるかという経緯に焦点をあて、そこに鍛錬すなわち後天的トレーニングと先天的資質との二系統を見いだす。両者に共通した特徴として、一定のイニシエーションと日々のノルマをあげることができるが、いっぽうで呪者になる定めを知る兆しのような出来事を体験することがあり、これは鍛錬型の呪者に卓越してみられる。これに対して天賦型の呪者はトガとよばれる呪力の源泉が重要であり、これは先祖代々の血筋に概念化されたり継承されてきた呪具に形象化されたりする。しかし複雑なことに、トガが顕著でなくても治療にあたる呪者は存在し、また鍛錬型であっても長年の修行によってトガが成長するという場合もある。ここにみられるのは鍛錬／天賦の絡み合いの果てに「そのように生まれついてしまった」呪者の肖像である。

第3章、大橋亜由美「私は呪術師にはならない」は、インドネシア・バリ社会において、古文書ロンタールの知識を誰よりも専門的に習得しているにもかかわらず、その知識を治療や浄化儀礼の実践に利用する呪者バリアンには決してなろうとしない、一風かわった知識人をとりあげている。歴史や芸術に興味をもっていたこの人物は、独学で古文書の勉強をはじめ、博物館員となり、ロンタールの転写や翻訳をふくむ保存活動、さらに定年引退後は朗読や音写なども幅広く手がけるようになった。このような豊富な知識をあてにして治療を依頼する住民も訪れるそうだが、彼は決してその話に応じない。知識を保持することが力を発揮することとは異なることを示す事例であり、大橋はこれを、知識と力が結びつきやすく自己の願望を具現化することが当然視されるバリ社会で、あえて知識のレベルに留まることであると結論づけている。

第I部さいごの第4章、黒川正剛「西欧近世における「呪者の肖像」」は、本書では唯一の近世ヨーロッパ史の分野からのアプローチであり、ルネサンス期最大の魔術師と称されるアグリッパに焦点をあてる。近世西欧社会における魔術師とは、神学・法学・医学など高度に知的に傑出した人物として意義づけられていたが、同時にいつなんどき悪魔の領域に転落するかもしれないアンビヴァレントな存在でもあった。敬虔なキリスト教徒であると同時にオカルト哲学や魔術を強烈に嗜好する肖像を、黒川はアグリッパの遍歴から読み解くと同時に、その同時期の十七世紀に興隆する魔女狩りの例として三人の魔女によって引き起こされた事件を対比させる。そしてアグリッパ自身が悪魔に仕える魔女と同類のものとみなされたことを指摘し、そのことに呪者の「創造」と表裏一体となった呪者の「没落」を見いだしている。

第Ⅱ部「呪術にせまる」は、呪者のもつ〈わざ〉の側面に重点をおき、実際に実践される呪術の具体像にせまる。冒頭におかれた飯國有佳子による第5章「日常から呪術への跳躍」では、作用という点で日常的実践とどのように差異化されるかという問題意識のもと、ミャンマーにおける二様の憑依実践をとりあげる。対比的にとりあげられる一方のタイプは「上道の師」、すなわち仏教教義の延長線上にあるウェイザーという霊的存在の力を用いる呪者である。他方の「精霊の妻」は、精霊ナッのある特殊なカテゴリーとの間に魂を介した関係をもつ呪者であり、憑依による託宣を主な活動としている。仏教的倫理とも矛盾せずコストも低いゆえに受容されやすい「上道の師」のわざに対し、「精霊の妻」のわざは、身体的パフォーマンスと感覚的回路を介した「適度な荒々しさ」の側面と、言語的物語り化の両面を通して「実際に経験する」ことの重要性が強調される。このような考察から、偶然性が卓越する世界において、よりのぞましい状況を引き寄せるものとして呪者のわざが描き出されている。

第6章の飯田淳子「力と感性」では、呪術の効験とはそれが社会的にどれだけ合意され納得されるかによるものだという仮説を起点として、仏教の出家経験などの宗教的背景、また近代医療とのかかわりなどの科学的背景をともないながら、二人の呪者の実践を描き出す。一人は出家経験をもち悪霊祓いをおこない、郡立病院での勤務経験もあったが、還俗してその力が衰退してしまった呪者であり、もう一人は、卓抜した感性を必要とする診断に長けた呪者である。彼らのわざがどれほど個人に固有なものであるかという観点からは、宗教的背景をより濃厚にもち、文字・言語的知識に依拠する力の呪者のほうが離床度が高く、呪力の発揮に身体感覚を経由する感性の呪者は代替可能性が低いという。そして宗教や科学よりも技能・技芸に近い感性による呪術的実践は、モースのいう「半分の真剣さ」すなわち社会的合意にもとづくパフォーマンスという点で、技能や技術とも差異化されるのだと結論づける。

第7章「タイ北部におけるシャンの在家朗誦師の活動」において、村上忠良は、仏教儀礼において仏教文書を朗誦するチャレーをとりあげる。チェンマイより西に八十キロほど離れた国境地帯のメーホンソーンに住むシャンの間にはパーリ語経典のほかにも地方語説話集など多くの仏教文書が伝えられるが、これを葬送儀礼や出家式、攘災儀礼の機会に朗誦する在家者がチャレーである。チャレーは文字知識や朗誦技術の習得は師弟間の伝授によるが、その活動内容には個々のチャレーの間にかなりの「ずれ」がある。そもそも仏教書の朗誦は積徳行としての意味がありそれ自体呪的行為でもあるといえるが、僧侶の朗誦が個人的な資質からは離床しているのに対し、チャレーごとの「ずれ」が個人的技芸の審美的評価にもつながるという点で、チャレーの肖像は本書が設定する「呪者」の輪郭を明確にしているのである。

さて、このような呪者の活動はいかなる点で商業的実践となるのだろうか。近藤英俊による第8章「冒険する呪者たち」は、ナイジェリア北部の都市カドゥナ市における呪医の活動の「金儲け」としての側面についての考察である。近藤は、呪医の活動の中に本物の探求（知識欲が旺盛で、真正の呪術を習得しようという希望をつねに先延ばしにすること）、見せかけの技（託宣、手品、ＰＲ活動などによって、自らのわざを演出すること）、職業的転身（専業ではなく複数の利益獲得手段を渡り歩くこと）などの特徴を豊富な民族誌資料から見いだす。これらに共通する「冒険性」という特徴、すなわち偶然性の必然化という呪術の基本的性格において、つねに万が一の成功に可能性を見いだす希望の接ぎ穂的操作を指摘する近藤は、この冒険性は金銭的利益追求、都市カドゥナの文化的フラックス状況、過去から引き継がれた慣習的実践という三つの要因によって成り立っていると結論づけている。

第Ⅲ部「呪者と呪術のあいだで」は、人と〈わざ〉の両者がどのくらい可分／不可分なものであるかという観点から、これまでの議論を綜合し、さらに現実／虚構、ホンモノ／ニセモノ、利己／利他、さらには科学／宗教／呪術といったさまざまな狭間に着目した考察を加える。まず第9章で白川千尋はヴァヌアツ・トンゴア島において、伝統医療の治療師に弟子入りしようとして断られた経験をもとに、「治療師としてのふさわしさ」という問いをそのまま表題にしている。直接的な根拠は血の繋がった子孫に伝承するというものだが、子孫であることだけが「ふさわしさ」を決するのではない。好奇心、大胆さ、本人による強い希望などの人格的特質にくわえ、夢見を介して霊との交信をおこなうことなどの技能も必要になる。そしてこれらの資質や技能を主体的に発動させるだけでなく、受動性をもった存在であることが治療師としては不可欠だという。神霊によってつかわされている存在であるがゆえに、どん欲さや行状の悪さなどは、「ふさわしさ」からはずれることになるのだ。したがって、治療の知識の後天的習得という点でいえばトンゴアの呪術は科学と同じく個人から離床したものであるといえるが、受動性を前提として呪力が作動するという個人にきわめて近い条件が「ふさわしさ」を形成するのである。

白川論文でも検討された「呪術の呪者からの離床度」（＝代替可能性）がもっとも低く、科学の科学者からの離床度がもっとも高い。宗教はその中間である」（本書二七一頁）という関の指摘を別の角度から検討しようとするのが片岡樹による第10章「妖術師の肖像」である。この論文では、タイ山地民ラフにおいて、特定の個人が先天的にその資質を有するとされる妖術は個人からの離床度が低いが、それは呪者自身の属性であるというより社会的合意であるという仮説が、民族誌的データにもとづいて検証される。そして呪文が個人に外在する知識として客体化されるのに対して、妖術は血筋という先天的要因によってもたらされ当人の意志が介在しないという点できわめて離床度は低いこと、この離床度の観点からは妖術は「神に選ばれた」予言者・聖者との親和性が高く、一概に呪術／宗教という二分法的考えがあてはまらないことを指摘している。

さて、近藤論文でも白川論文でもとりあげられていた営利活動としての呪術の性格について、梅屋潔は第11章「〈呪力〉の「公共性」」において集中的に論じている。多くの社会では、呪術の真正性の確証としてそれが単なる金儲けではないことがあげられたり、金儲けに走る呪者は呪力を失ってしまったりするという。梅屋はこの問題を呪力の源泉と関連させて問題設定し、新潟県佐渡島とウガンダ・パドラ社会の民族誌事例をクロスオーバーさせながら論じている。いずれの社会においてもしばしば聞かれる巫病から入巫にいたる「不幸の経験」の物語は、個人の経験を個別化・特殊化する。しかしそのいっぽうで、その謝礼をとりすぎてはならないという抑制に端的なように、私利のものではないという前提をもったコモンズとしての性格が見いだされる。それは、個から離床しがたい能力をもつ呪者たちが、しかしそれでもそのオンリーワンの経験を介して獲得した呪力を共同体へ環流させることによって承認され受容されるまっとうな取引のようなものだ。呪術とは金銭でやりとりされる「商品」としてではない側面をもっているのである。

終章として、本書のタイトル「呪者の肖像」の発案者である関一敏は、この主題をここ数年の学会発表で段階的に追究してきたその軌跡を、「呪者の肖像のほうへ」のなかでトレースしてまとめている。言葉と行為の架橋という『呪術の人類学』で具現化された主題から「呪術と日常」をへて「呪者の肖像」へいたる道筋が、この終章には明快に示されている。

以上、「人」に焦点をあてて呪術を論じる本書の概要をかいつまんで述べた。このような試みはいまだ緒に就いたばかりで、所収論文も十篇あまりとささやかなものである。しかし、ここから展開されるさまざまな議論が、これまでの執筆者一同のかかわってきた呪術研究の歩を一つ進めた感触も持っている。呪術研究のみならず、宗教や儀礼をあつかう文化人類学研究、さらには人に焦点をあてる隣接分野など、ひろく波及していくことに期待したい。

注

(1) 冒頭の引用の後段で、阿部はこの呪術師研究の分野について、「今後の取り組みが期待される興味深い研究分野だ。いわゆるシャーマンについては膨大な伝記的研究の積み重ねがあるから、参考になるだろう」(阿部、二〇一二：二九九)と述べている。やはりシャーマニズム研究におけるシャーマンの扱いを参照系としながらの研究は、後に述べる「人はいかにして呪者になるか」という主題といわゆる成巫過程の研究とのオーバーラップなどとも関わると考えられる。

(2) 古典的な作品としては、レヴィ＝ストロース(一九七二)やカスタネダ(一九七二ほか)をあげることができる。カスタネダと同様のスタイルは他の人類学者にもみられ、ストーラーはニジェール・ソンガイの呪者のもとで弟子入り修行のような形でフィールドワークした経緯を呪者たちとの長い対話の形式で民族誌としてまとめている(Stoller and Olkes, 1987; Stoller, 2004)。日本ではタンザニア・トングウェの呪術世界に身を投じた掛谷誠の作品が傑出しているが、人というより〈わざ〉のほうに力点が置かれている(掛谷、二〇一八)。ファブレ＝サアダのフランス・ボカージュ地方の呪いの民族誌は有名であるが、そこでの主役的呪者のセラピー実践に焦点をあてた民族誌も近年発表されている(Favret-Saada, 1980, 2015)。またアシュフォースによる異色の民族誌は、妖術殺害の疑いをかけられた男の物語という点で、呪者の肖像のネガ的作品といえるかもしれない(Ashforth, 2000)。

(3) なお本書では、文化人類学分野で一般的に用いられる「呪術師」にかわって「呪者」という語を用いる。呪術 magic を行使する者という意味では、呪術師は magician であるが、文脈によって witch もしくは witch-doctor や sorcerer、あるいは shaman などを意味する場合もある。その行使者は多義的なイメージで捉えられてきたところがあり、専門用語として固定的な印象を与える呪術師より呪者のほうがひろがりをもったニュアンスがあると思われる。加えて本書では実際に呪術師だけでなく、治療師や魔術師、魔女、祈禱師、朗誦師などを扱う章もあるため、それを広く緩やかに含める呪者のほうがふさわしいと考えた。

(4) このあとさらに「しかも、実際、私は彼が一度も笑ったのを見たことがない」(レヴィ＝ストロース、一九七二：一九六)と続けられている箇所は、呪術と笑いの関係を考える上できわめて重要な指摘であると考えるが、本書の主題からはずれてしまうため、この問題に関しては別稿にゆずりたい。

## 参照文献


阿部年晴（二〇一二）「習俗論からみた呪術」白川千尋・川田牧人編『呪術の人類学』二六九―三〇六頁、人文書院。

池田士郎・島薗進・関一敏（一九九八）『中山みき・その生涯と思想―救いと解放の歩み』明石書店。

掛谷誠（二〇一八）『掛谷誠著作集　第2巻―呪医と精霊の世界』京都大学学術出版会。

カスタネダ、C.（一九七二）『呪術師と私―ドンファンの教え』真崎義博訳、二見書房。

門田岳久・室井康成編（二〇一四）『〈人〉に向きあう民俗学』森話社。

川又俊則・寺田喜朗・武井順介編（二〇〇六）『ライフヒストリーの宗教社会学―紡がれる信仰と人生』ハーベスト社。

岸政彦・國分功一郎（二〇一七）「それぞれの「小石」―中動態としてのエスノグラフィ」『現代思想』第四五巻二〇号（特集：エスノグラフィ）、青土社。

佐々木宏幹（一九九六）『聖と呪力の人類学』講談社。

宗教社会学研究会編（一九八七）『教祖とその周辺』雄山閣出版。

白川千尋・川田牧人編（二〇一二）『呪術の人類学』人文書院。

関一敏（二〇一一）「宗教　コトバとモノ―モース宗教社会学の基本要素」モース研究会『マルセル・モースの世界』一四五―一五六頁、平凡社。

レヴィ＝ストロース、C.（一九七二）「呪術師とその呪術」『構造人類学』荒川幾男ほか訳、みすず書房。

Ashforth, A. 2000 *Madumo: A Man Bewitched*. Chicago & London: The University of Chicago Press.

Favret-Saada, J. 1980[1977] *Deadly Words: Witchcraft in the Bocage*. translated by Catherine Cullen. Cambridge: Cambridge University Press.

---------- 2015[2009] *The Anti-Witch*. translated by Mathew Carey. Chicago: HAU Books.

Malinowski, B. 2002[1935] *Coral Gardens and Their Magic*. Londn & NY: Routledge.

Stoller, P. and C. Olkes 1987 *In Sorcery's Shadow: A Memoir of Apprenticeship among the Songhay of Niger*. Chicago & London: The University of Chicago Press.

Stoller, P. 2004 *Stranger in the Village of the Sick: A Memoir of Cancer, Sorcery, and Healing*. Boston: Beacon Press.

# 第Ⅰ部　呪者に会う

# 第1章　イカサマ呪者とホンモノの呪術──東北タイのバラモン隠者リシ

津村文彦

## 1．はじめに

プライベートジェットに悠々と座り、レイバンのサングラスをかけて、百ドル札の札束を数えるタイ人僧侶の姿が、二〇一三年にＹｏｕＴｕｂｅのビデオクリップで流出した。この元僧侶ネーンカムは東北タイのシーサケート県にある森の寺の住職であった(1)。水の上を歩くなど超自然的な力が話題となって多くの信者を集めたが、ビデオ流出をきっかけに全国から批判が集中した。のちにマネーロンダリング、詐欺、未成年への性的虐待などの行状が明るみに出ると強制還俗が宣告され、海外逃亡中のアメリカで逮捕された。数十台もの高級車と複数の豪邸を所有し、本人名義の銀行口座には三億八千万バーツもの大金が隠匿されていたと報じられている(2)（バンコクポスト紙二〇一六年七月）。

カネとセックスをめぐるスキャンダルは珍しいことではない。僧侶による窃盗、飲酒、姦淫などは平凡な事件として日夜報じられるし、人々に名を知られる高僧ですら詐欺や資金洗浄、性的虐待などを理由に強制還俗させられる。

こうした事件がメディアで報じられる際には、貨幣経済が広がって、拝金主義が社会に浸透するなかで、伝統的な価値観と本来の仏教のあり方が失われつつあるのを嘆くのが一般的な論調である（林、二〇〇〇ｂ）。呪術を行う僧侶のもとに護符や呪具を求めて殺到するような民衆仏教は批判され、仏法に帰依すべしとして理想の仏教論がテレビや新聞で語られる。しかしタイの宗教生活を検討するならば、理念型としての仏教だけでは不十分で、こうした「イカサマ僧侶」をも無視することはできない。「イカサマ僧侶」とそれを取り巻く社会状況を視野に入れることで、タイ仏教の理想と現実、両者のあいだの多様なコンフリクトが明らかになるのは言うまでもない。

タイには仏教僧侶だけでなく多様な宗教専門家がいる。彼らは人々から篤い信仰を集めつつも、ときに疑念の目を向けられながら宗教活動を継続している。法律で規定されたサンガ（僧侶組織）に所属する仏教僧侶なら、戒律に違反した行為が処罰され、僧侶と組織を自浄する仕組みが働く。しかし、それでもスキャンダルに事欠かないことを考えると、特定の制度や組織に縛られない宗教専門家、呪者において「イカサマ」はさらにありふれた事象となる。本章では、「イカサマ」、「ニセモノ」という切り口から、東北タイの呪者の肖像を検討したい。

## 2. イカサマ呪者への視角

人類学の宗教研究では、ある宗教や信仰の特性を明らかにするため、理念と実践のあいだの複雑な関係を描き出そうとする。多くの場合は、実践の側面に重心を置くことで宗教学的関心との差異化を図り、なんらかの宗教専門家を対象として論じることになる。たとえば呪術研究では、呪者を検討することで、当該社会における呪術の社会的布置を描こうとする。そこでは、当該社会で広く認められる「専門家」（普通の呪者）、およびその呪術と関わりをもつ「非専門家」（一般の人々）を取り上げることが多いが、一方、専門家でも非専門家でもない曖昧な人々は対象化されにくい。そこで注目したいのが真と偽の中間に位置する「イカサマ呪者」である。人々から不信感を持たれながらも、それなりに呪者として活動しているような人々を議論の俎上に上げたい。

呪術を「イカサマ」または「疑似科学」とみなすのはフレイザー以来の語り口である（フレイザー、一九五一）。たとえばマリノフスキーは、呪術には目的を果たすための実用性があるが、科学のように理論的でなく、人間の欲望によって統括されるとして、呪術を「疑似科学」と呼んだ[3]（マリノフスキー、一九九七）。「出来損ないの科学」、信じるに値しないものとして呪術を捉える論調は現代社会でも広く見られるだろう。

しかしながら、本論では「イカサマ科学」としての呪術ではなく、人に焦点を当てる。古典的研究を挙げるなら、エヴァンズ＝プリチャードはインチキ妖術医についても記述している。アザンデ社会では、妖術医がインチキで人を騙していることを知ってもなお、本当の力をもつ妖術医がどこかにいると信じる人は多いし、また自分が病気の時や自分の敵対者が妖術の使い手として疑われると、妖術の存在をより信じる傾向にあるという。個人によって、また状況によって、呪者への信頼の程度が変わるように、呪者の真偽は容易に決定できないと論じている（エヴァンズ＝プリチャード、二〇〇一）。

またレヴィ＝ストロースは、トリックを暴きたいという好奇心からクワキウトル族の呪者に弟子入りしたケサリードに注目する（レヴィ＝ストロース、一九七二）。綿毛を口に隠し、口内の血を付けて吐き出し、患者と家族に病原体として示すという奇術的トリックを学ぶことで、ケサリードは彼らの呪術がトリックであったことを知る。しかしその秘密を知らない近隣の部族に請われて施術すると病人が快復してしまう。すると他の呪者たちはケサリードの術を本物と信じ始める。ケサリードは自身の施術がインチキであることを知りながらも、呪術治療を継続し、やがて本物の呪者の存在を信じるようになる。

レヴィ＝ストロースは「ケサリードは病気をなおしたから大呪術師になったのではなく、大呪術師になったから病気をなおしたのだ」として、呪術における治療効果と集団的信念の関連を論じる。この事例は、呪者とその呪術をめぐる考察に多様な示唆を与えてくれる。たとえば、池田と奥野は「病気治療能力の因果理解と実際の経験との不協和」（池田・奥野、二〇〇七）を指摘し、宮坂は血みどろの綿というマテリアルが創り出すリアリティ（宮坂、二〇一二）を論じる。また川田は「知識では否定したいけれども行為では成就してしまう、という認識レベルと実践レベルをクロスした多次元的反理解」（川田、二〇一二）に着目する。

しかしながら、アザンデの事例も、ケサリードの事例も、最終的に評価を受けた呪者を中心に議論は展開する。特定の呪者が評価される一方で、ニセモノの烙印を押された呪者は議論の後景に退き、あたかも真の呪者とイカサマ呪者が明確に区別できるかのようである。だが実際は、両者の関係はもっと複雑である。ある特定の呪者のなかに双方の評価が共存することも珍しいことではない。

タイに話を戻すと、冒頭で紹介した「イカサマ僧侶」についでは、拝金主義など社会批評の文脈で語られることが多い。パタナーは、近年のタイ宗教の傾向を「ハイブリッド化」と称して論じる（Pattana, 2012）。市場経済が浸透するなか、既存の区分や秩序を超えて複数の要素が組み合わされ、精霊信仰や呪術と仏教が入り混じった様相を呈していることを指摘し、都市の霊媒信仰やチュラロンコーン王信仰など新しい精霊信仰、商品化されて流行を生む護符信仰などを、人々の経済的成功への希求と結びつけて分析する。この議論では、「イカサマ僧侶」を含む現代の宗教空間の特性が明確に描出されてはいるが、「イカサマ僧侶」または「ニセモノ」そのものを対象とした議論とはいえない。

現実のタイ宗教には様々な「イカサマ」が溢れている。「ニセ僧侶」や「イカサマ呪者」という言説は現実のタイの宗教空間の大きな一部を構成していると言えるだろう。そこで次節以降では、東北タイの民族誌データに基づいて、リシと呼ばれるバラモン隠者の真と偽がいかに語られうるのかを検討する。

## 3. タイ宗教とリシ

### タイ宗教におけるバラモン・ヒンドゥー教

タイ統計局の二〇一五年センサスによると、宗教人口は仏教九四・五パーセント、イスラム四・三パーセント、キリスト教一・一パーセントで、ヒンドゥー教はわずか〇・〇三パーセントに過ぎない(4)。ヒンドゥー教徒と数えられているのは、インドなどから帰化した印僑で、主にパーフラット地区などバンコク周辺に居住している。

　バラモン教・ヒンドゥー教はタイ王室と深い関わりをもっている。[5] 国王をシヴァやヴィシュヌの化身とする神王思想は、アユタヤ期以降にクメール文化の影響でもたらされた。現在も、王宮前広場で毎年開催される始耕儀礼や、エメラルド仏（ワットプラケオ寺院）の季節ごとの衣替え儀礼など、王宮儀礼では、占星術師とバラモン僧が日時の選定やマントラの朗唱などを行う[6]（小川、二〇一四）。二〇一七年十月に執り行われたプミポン前国王の葬儀でも、白い正装のバラモン僧（*phram*）の様子がテレビで報じられていた。またラチャプラソン交差点の有名なブラフマー廟だけでなく［写真1］、インドラやガネーシャなどヒンドゥー諸神の祠は全国に見られ、毎日多くの人々が参拝に訪れている（Desai, 1980）。神像や祠への参詣は日常的だが、バラモン・ヒンドゥー教の専門家と直接交流してヴェーダの教えを学ぶことはほとんどない。タイのバラモンを統轄する組織に、テーワサターン（*the-vasathan*）と呼ばれる寺院がある（McDaniel, 2013）。しかし、そこには十五人ほどのバラモン僧しか登録されておらず、全国的なネットワークもなければ、宗教哲学やサンスクリット語の教育も行われていない。本家のインドとは大きく異なって、タイでは人としてのバラモン僧、宗教としてのバラモン教・ヒンドゥー教に相応の社会的地位が与えられているとはいえない。

写真1　参拝者で賑わうバンコクのブラフマー祠

　東北タイに目を移すと、宗教人口は、仏教が九九・八パーセント、イスラム教とキリスト教はともに〇・一パーセント以下で、仏教色が一段と濃い地域である。東北タイの典型的な村落では、中心に仏教寺院が位置し、数名の僧侶と見習僧が出家生活を送る。だがそれ以外にも統計に現れない多様な宗教専門家が活動している。たとえば東北タイのコーンケーン県ムアン郡NK村[7]では仏教寺院のほか、村外れの墓地で瞑想修行をする僧侶P師がいる。彼のもとには招福儀礼や悪運払い、占い、サックヤン（呪術イレズミ）などを求めて、全国から信者が訪れる。またモーと呼ばれる宗教専門家も見られる。[8]モーはウィサーと呼ばれる神聖な知識を学んだ専門家のことである。モータムは仏法の力を使って悪霊払いや病治しを行い、モーパオは呪文を吹きかけて毒などに由来する身体不調を治癒する。モースークワンやモープラームは魂に関する専門家とされ、大地母神に働きかけて身体から離れた魂を呼び戻す。

NK村の宗教専門家を列挙すると、いずれも村人から同等の信仰を集めているように見えるかもしれない。しかし、そうした理解は現実に反する。たとえば墓地の僧侶P師のもとには都市住民がこぞって訪れるが、若い女性にもサックヤンを施すことから、NK村住民には戒律違反を疑って、P師を毛嫌いする者も少なくない。また村の長老でもあるS翁は、モータム、モープラーム、モーパオの知識と技術を併せもつ人物である。家屋の新築儀礼や事故に遭った被害者の魂を取り戻す儀礼も執行する。村人は温厚で実直な老翁S氏を信頼し、必要があれば彼に頼る者も多い。しかし、彼の呪術が常に完全な信頼を得られるわけではない。あるとき、筆者がS翁と話していると、農作業中に頭を切って流血した老人が息子とともに訪ねて来た。S翁はすぐに頭部に呪文を吹きかけ、傷から入った「毒を吹き出し」て治療したのだが、その場にいた彼の息子やその他の人々は「呪文を吹きかけたりしていないで、早く病院に行った方がいい」と急き立てた。老翁の実直さとは別の次元で、呪術の効験が疑われる事態は珍しいことではない。呪者への信頼と呪術への信頼は常に連結していない。

僧侶は仏教だから常に信頼できるわけではないし、呪者は俗人でバラモン教や呪術に関わるから疑わしい存在というわけでもない。それが仏教僧侶であっても、俗人の呪者であっても、実践に対する信頼の指標はけっして単純ではない。

## 東北タイのバラモン専門家―プラームとリシ

東北タイの宗教専門家の一つとして、先にモープラームを挙げた。「バラモン教の専門家」という意味で、単にプラームと呼ばれることも多い。首都バンコクの宮廷バラモンならテーワサターンに所属して王宮儀礼に携わるが、東北タイ村落のプラーム、いわば民間バラモンは、結婚式や新築儀礼、招魂儀礼などの専門家で、単なる儀礼執行者として認識されている（Tambiah, 1970）。もちろん誰もプラームをバラモン教徒やヒンドゥー教徒とはみなすことはなく、自分と同じ同じく仏教徒と考えている。

別のバラモン教に関わる専門家に隠者リシ（*reusi*）がいる。[9] サンスクリット語で「見る人」を意味するリシは、瞑想を通じて超人的な能力を獲得した者である。古代インドの聖典リグ・ヴェーダも、リシが感得した神の姿と言葉を表現したものとされる（Saksi, 1999）。インド叙事詩『マハーバーラタ』では七人の偉大なリシの名が挙げられ、[10] インド神話ではナーラダ仙とアガスティヤ仙がよく知られる。[11] これらのリシは、東南アジアでも古くからレリーフや護符に描かれ、腰が曲がって獣の皮を着た髭面の老人として図像化されてきた（McDaniel, 2013）。

タイでもナーラダ仙、アガスティヤ仙が知られるが、リシとしてはブッダの侍医を務めたジーヴァカ仙が最も有名であろう。伝統医学の創始者とされ、多くの病院や寺院に彫像が建てられている。タイ古式マッサージで知られるワットポー寺院には、ルーシーダットンと呼ばれるヨガのポーズを示した彫像が残され、リシが編み出した瞑想修行の体位を表現している。[12] しかし無造作に伸ばした長髪や、黒い数珠の首飾り、身体に纏った虎や豹など獣の毛皮、怪しげな飾りの付いた杖など、その典型的なイメージは仏教僧侶の構造的反転であり、テレビドラマや映画でも怪しげなインチキ宗教専門家として登場する。[13]

リシは古代インド由来の文学や遺跡の石彫に残存する伝説だけではなく、現代の東北タイでは宗教活動を行っている。定義としては、古代インド伝統を引き継ぐバラモン教の隠者だが、どこか怪しげでインチキな呪者として軽んじられることも多い。こうした東北タイのリシの宗教実践は、仏教やその他の宗教専門家の影に隠れてこれまで十分に論じられてこなかった。バラモン伝統を自称しながらもインドの伝統とは大きく異なるもので、呪術的な実践が人々を引き付けており、疑わしさやいかがわしさがリシへの学究的視線を阻んできたのかもしれない。次節では、東北タイの三人のリシを取り上げて検討する。

## 4. 東北タイの三人のリシ

### 源郷インドへの同一化を図るリシA仙

バンコクから四五〇キロ離れたコーンケーン県は一九六〇年代から開発の進んだ東北タイの一大都市である。県都から西に七〇キロほど離れたプーヴィアン郡に、A仙の修行所アーソムが位置する。[14]道路にはリシの名が書かれたデーヴァナーガリー文字の看板が建てられ、敷地には家族と住む住居のほか、礼拝所と一昨年完成した本堂が並ぶ。礼拝所の祭壇には、左にヒンドゥー教の神々、中央にブッダ、右にリシの像が祀られる。

A仙は一九五〇年にタイ中部のサムットプラカーン県に生まれた。父はモーン系、母はインド系のタイ人で、バラモン家系であることを誇る。幼少期に仏教寺院で見習僧を経験し、十四才でバラモンの出家をした。さらにバラモンである父の教えに従い、十七才でヨーギ（ヨガ行者）、二十二才でリシとして出家を重ねる。[15]都市の喧噪を逃れ、二十七才から六年ほど東北タイのローイエット県で僧侶の出家をし、呪術的知識ウィサーやサックヤンを学んだ。四十五才で結婚してコーンケーン県に移住した。バラモンは教えを自分の子孫に伝える必要があるので、結婚は許されているという。[16]

A仙が信仰するのは、ヴィシュヌ・ナーラーイ神である。インドの伝統に従って、額に赤い縦線を記している。リシとして遵守すべきは「カーイ、ワーチャー、チャイ（*kai waca cai*）」の3つで、それぞれ「身体、言葉、精神」を指し、これらを清浄に保つことが求められる。仏教には二二七戒があるが、すべてはこの三つから派生したという。かつては虎の毛皮をまとっていたが、最近はそんな格好をしていると気味悪がられるので、チベット仏教の僧衣を着用する。タイの僧衣と違ってズボンになっているので着心地が良いと語る。(17)

アーソムに信者を迎えるのは、布薩日でない木曜日、土曜日、日曜日のみで、それ以外は瞑想修行に勤しみ、神々と交流するという。信者は、タイのみならずマレーシア、シンガポールからも訪れ、招福や悪運払いの祈禱、サックヤンを施す。年に一度、師を崇めるためのワイクルー儀礼では、各地から数百人の信者が集う。また後述するスポンサーの後援で、年に二度ほど、香港、マレーシアやシンガポールに招請され、祈禱や護符の販売などを行う。

写真２　Ａ仙のクメール様式の本堂

Ａ仙が他のリシと異なるのは、インドとのつながりの重視である。彼は毎年インド瞑想修行の旅に出かける。シンガポールに本社を置く護符販売会社がＡ仙のスポンサーであり、その手配のもと、毎年十月頃に一ヶ月ほどインドに渡航する。(18)ヴァラナシやリシケシュなどヒンドゥー教の聖地を訪ね、ガンジス川で沐浴や瞑想をして当地の神々と交流するのが目的である。当地を訪れて、インドとタイでマントラの読み方が違うことを知った。インドでは息をなるべく長く「オーーーーーム」と始めるが、タイでそれをすると奇妙に思われる。そこで、ほんの少しだけ長く「オーーーム」と抑揚を付けながら詠唱するようにしている。Ａ仙独自の読経法として有り難がられるという。

スポンサーである護符販売会社との関係もＡ仙の特徴の一つである。ウェブ検索をすると、Ａ仙の名前や写真の付いた護符や呪具が多数販売されている本人のフェイスブックのページにたどり着く。彼自身はフェイスブックへの関与を否定して「金儲けは誰か別の人がしている」と語るが、おそらくこの護符販売会社が関与しているのだろう。二〇一六年に完成したクメール様式の本堂には、そのスポンサーのロゴが大きく掲げられており、毎年多額の寄付をするというその会社との関係が如実に表現されている。

Ａ仙は仏教を否定していない。祭壇にはブッダも祀られているし、ヴィシュヌの化身の一つがブッダで、ブッダも成道前にはリシであったとして、リシ信仰と仏教を関連付けている。僧侶の出家経験もあり、村の寺院への寄付も積極的である。仏教との関係、正統バラモンとしての出自、インドとのつながりを通じて、リシＡ仙は自身の正統性を主張する。インド伝統の重視は、デーヴァナーガリー文字の看板やインド瞑想修行にも見ることができる。一方で、Ａ仙には強力なスポンサーが存在する。ウェブサイトでの護符販売、また海外での儀礼執行や護符販売などを通じて、Ａ仙も金銭的な利益を多く得ている。この姿勢があからさまに商業的であることから、リシＡ仙の活動を批判的に語る声も同じ村の住民から囁かれる。

## 恋人に苦悩するリシＢ仙

リシＢ仙はコーンケーン市内に住んでいたが、二〇一六年に十キロほど離れた郊外の広い土地に引っ越した。新しいアーソムには巨大なシヴァ神像が建てられ、両隣にはウマー女神とガネーシャ神の像も建設中である。祭壇には、中央の高い位置に仏像、その手前にリシ像が祀られ、シアンプーと呼ばれる神々とリシの仮面が四十ほど並べられている。Ｂ仙が得意とするサックヤンの彫り針やインク、販売されるルークテープ人形やプラーイ油などの呪具も祭壇脇に置かれている。

リシＢ仙は一九八一年にコーンケーン市で生まれた。十七才のとき交通事故で死にかけて、それ以来見えない存在の語る声が聞こえるようになった(19)。二十才で出家していたとき、同じ寺の僧侶のもとに毎日若い女性が訪ねてきた。呪術のせいだと聞き、還俗後に試してみてその効果に驚いた。徴兵でタイ中部のラーチャブリー県に配属され、サックヤンに初めて出会った。このころ、誰もいないのに話し声が聞こえるだけでなく、ときどき身体が硬直して動かなくなった。徴兵後、故郷に戻っても状態は変わらず、「この体は私のものだ」「お前は出ていけ」と自分の身体をめぐって争うような声が日夜聞こえた。また自分の指が勝手に動いて、体中に文字を書くような動作をするようになった。生きる意欲を失いかけたころ、マハーサラカム県のリシK仙の噂を聞いた。K仙のもとを訪ねると「ここで修行をしないと、死んでしまう」と言われ、留まることを決意した。毎日K仙のサックヤンや悪霊払いを見て学び、朝晩には読経と瞑想を行った。一通りの呪術やサックヤンを学んだころには、憑依をコントロールできるようになっていた。

B仙に憑依していたのはリシや神々であった。百を超える神やリシが入ってきては、それぞれの言葉で話しかけてきた。B仙が信仰するのは、そのうちの一人、サミンパイ仙である。呪術を究めると最後には虎に化すという信仰から、虎の顔をもつサミンパイ仙は呪術や精霊を統括すると考えられている。B仙の力の源泉は、サミンパイ仙から分け与えられた功徳力だという。またサミンパイ仙はシヴァ神の化身とされ、シヴァ神とウマー女神も信仰対象である。B仙は儀礼では虎の毛皮をまとうが、普段から着ていると街で好奇の目で見られるので、日常的にはシヴァ神のお告げに従って黒衣を着用している。

コーンケーン市内から近いため、B仙のもとには早朝から多くの信者がひっきりなしに訪れる。招福や悪運払いの祈禱のほか、道具を使った様々な呪術を執行する。たとえば、ロン・ナ・ナートーンは、額や頬など顔面に金箔を張り付けて、そこに聖なる文字アッカラ[20]を書き付け、人を惹き付ける魅力を高めるという。またファンケムは、呪文を彫った金属片を一・五センチほどの針状に加工し、上腕部などに埋め込む。土・水・火・風の四大素の力を強めたり、身体を守護したりする効果をもつ。コープシアンはリシや神々の仮面を被せる儀礼で、超自然的な力を分け与えてもらうためのものである。

「ワトゥ・アタン」と呼ぶ呪具も販売している。「アタルヴァ・ヴェーダの物」という意味で、バラモン・ヒン

写真３　ワトゥアタンを物色する上海の信者

ドゥーの伝統に基づくという。シープンサネーは、特殊なリップクリームで、唇に付けて人と話すと、相手の人は思考が奪われて言いなりになる。プラーイ油は産褥死の妊婦の遺体から取る油で、恋愛呪術に用いる。胎児のミイラのようなルークゴックや、赤ん坊のようなルークテープ人形には、胎児や嬰児の霊が宿るとされ、世話することで超自然的な助力が得られる。(21) またＢ仙はサックヤンでも知られ、コーム文字と動物や神を組み合わせた微細なイレズミには定評があり、大半の信者はサックヤンを目当てに訪ねて来る。

リシＢ仙の実践で特に目立つのは頻繁な憑依をともなう儀礼である。年に一度のワイクルー儀礼で信者が憑依を経験することは他のリシでも見られるが、リシＢ仙では月に四回の布薩日に催す読経会でも憑依が見られる。筆者が参加した回は次のようであった。

午後八時半に熱心な信者が十数名アーソムに集まる。十代から六十代の男女で、みな白衣を着て左肩に白い布と護符などを掛けている。Ｂ仙が祭壇の真正面に座り、信者は後ろに正座し、銅鑼や鈴を鳴らしながら、Ｂ仙とともに三十分ほど読経を行う。経文には「トー師を讃える経文（*khatha bucha somdet To*）」やランナーのシーウィチャイ師の「三十波羅蜜を讃える詞（*kham wai barami 30 that*）」など仏教経文も含まれる。八つの経文の唱和が終わると、本堂の電気を消し、蠟燭の灯りだけでＢ仙の言葉を復唱する。「この中の誰かに降りてきてください」などとＢ仙がタイ語で唱えると、信者が同じ言葉を繰り返す。いつの間にか蠟燭が消え、復唱が追いつかないほど速くなった次の瞬間、唐突にＢ仙の詠唱と信者の復唱が止む。と同時に、騒々しい声が聞こえ始める。B仙は聞き覚えのない言語を早口で唱え、信者には忘我状態で身体を揺する者、突然大きな笑い声を上げる者、杖をつく老人のように歩き始める者、四つん這いで唸り声を上げる者などもいる。暗闇のなか二分ほど混沌とした状況が続く。やがてB仙が異言をやめると、周りからフーッとため息が聞こえ、みんな姿勢を正して足を組んで瞑想に入る。三分ほどで、電気が付けられ、信者たちは軽く挨拶をして帰宅する。

定例的に憑依儀礼をするのは特殊だが、参加者たちに怖がる様子は一切なく、額に汗を滲ませながら充実した表情で帰路に付く。自助グループの治療セッションのように、この読経会はかつてのB仙と同じ苦悩を抱える人々を引き付け、B仙の呪力への信頼を高めている。毎年一回のワイクルー儀礼では、千人を超える信者が早朝からアーソムに集まって、彼のサックヤンを保持する人や、コープシアンを受けた人のなかには、激しい憑依を見せる者も多い。

外国の信者、特に中国系の信者が多いのもB仙の特徴である。フェイスブックでは、中国系の名前を漢字で印刷して供物の横に置き、経文を唱えるB仙の動画が毎日のように投稿されている。フェイスブックやＬＩＮＥなどＳＮＳで依頼を受け、招福儀礼や悪運払いを執行し、その様子をインターネットを介して依頼者に報告する。また上海や香港から通訳とともに直接信者が訪問することもある。彼らは祈禱を受けたあと、護符や呪具を大量購入して帰っていく。通訳は「中国仏教は汚職が多くて、本当の姿が失われている。だから最近はタイの田舎で活動するホンモノのリシを信仰する者が増えている」という。B仙自身が招待されて、海外で儀礼やサックヤンを執行することも多い。

B仙を「仏教の本当の姿」と信仰する人がいる一方で、B仙は信用できなくなったと語る者もいる。以前からよく知る村人は「かつては本当に神聖なリシだった。でも女がデキてから、B仙はダメになった。もはや彼のこ

写真４　Ｂ仙のワイクルー儀礼で憑依する信者たち

とは信じられない」という。「女」とは、Ｂ仙のアシスタントのことである。彼のもとで同居し、儀礼の様子をスマートフォンで撮影しＳＮＳへの投稿を手伝ったりする。Ｂ仙が海外に呼ばれるときにも同行して、フェイスブックには二人の仲睦まじい写真も投稿されたりもする。かつてＢ仙に相談されたことがあった。「古代インドではリシは家族をもたなかった。しかし時代は変わった。リシも変わってもいいのだろうか」。憑依の読経会や多様な呪具、美麗なサックヤンなどは外国からも評価されながら、女性との関係がＢ仙の神聖性を鈍らせつつある。

### リシＣ仙の伝説的体験と語られる過去

コーンケーン市から南に五十キロほど離れたバンパイ郡にＣ仙は住む。近くの国道脇に写真付きの看板が設置され、アーソムの敷地には娘夫婦と住む家屋のほか、礼拝所とクメール様式本堂がある。かつて使われていた僧坊も多数残っている。[22] 祭壇には仏像とリシ像が置かれ、プラーイ油など販売している呪具も並べられている。

一九四二年生まれのＣ仙は家が貧しく、小学校卒業後、見習僧をしていた。二十才で僧侶として再び出家し、還俗して二十三才で結婚した。実直な性格が認められ村長になるが、村の生活は貧しく、多くの農民が都市の資本家や役人に土地を奪われた。一九七〇年代に村に来たコミュニストと共鳴し、武器を取って森に入り共産主義闘争に身を投じた。政府軍との戦闘を繰り返すなか、メコン川で率いる部隊が全滅し、本人も命を失いかけた。

そのとき伝説の菩薩（*phra tep lok udon*）に邂逅する。菩薩からリシとして出家するよう促され、リシの三衣を受け取った。森の中で菩薩や神々から多くの知識を直接学んだという。戒律は、仏教の十戒のほか「カーイ、ワーチャー、チャイ」であった。よく振る舞い、良く話し、よく考えるよう教えられた。森をさまようなか政府軍に収監されたが、一九八二年プレーム首相の恩赦によって釈放された。村に戻ると、すでに死んだと思っていた妻や家族が迎えてくれた。それ以来、村人の悩みや苦しみに応えるためにリシとして活動している。

写真５　Ｃ仙の礼拝所の祭壇の様子

　Ａ仙、Ｂ仙と同じく、Ｃ仙もリシとしての戒律は「身体、言葉、心」を清浄に保つことであり、仏教の二二七戒はこれらに由来すると言う。信者は、招福、悪運払い、病気快癒など日常の苦悩の相談に訪れる。ある悪運払いでは、大病を経験した信者と家族四人が訪れ、花と蝋燭、ソーセージを定型の供物セットとして捧げていた。Ｃ仙は供物を受け取ると、その場で作った聖水を信者に浴びせ、最後に自身の写真を護符代わりに授けていた。またその信者は二桁の数字を三つ教えてもらって笑顔をこぼしていた。宝くじの番号占いだという。そのほか、護符や呪具も多種売られている。惚れ薬プラーイ油や子供の霊が込められたクマントーン人形、攻撃呪術に用いられる水牛人形が並べられている。

　アーソムではリシの出家も行われる。特に決まった日はなく、求められればリシＣ仙だけで執行する。希望者は、供物盆に蠟燭と線香、千二百バーツを準備し、白衣を着る。出家式は本堂で行われ、Ｃ仙は「正法の出家」と呼ぶ。「カーイ、ワーチャー、チャイ」の三つの正法を授けるものという。出家希望者はタイ人のほか、外国人、特に中国人が多く訪ねてくる。(23) 出家後は三戒を守りながら日常生活を送るという。また外国人の信者は呪具を大量購入することが多い。他のリシと同じくC仙もフェイスブックのページを持っている。娘と孫の管理だというが、日々の活動紹介や呪具販売のほか、化粧品や健康食品の宣伝まで投稿されているところをみると、実際にC仙はあまり関わっていないのだろう。

他のリシと同じく商業主義的な傾向はあるが、それでも神秘的な出家体験などからC仙は東北タイのリシの典型であろうと筆者は考えていた。しかし他村で調査していたとき、偶然にも彼の異なる過去を語る村人Pに会った。なんとはなしにC仙の話をしたところ、その村人Pは「そいつはニセモノだ！」と思い出したように声を荒げた。

私は今から三十年ほど前、東北タイ・ルーイ県で僧侶の付き人をしていた。その僧侶L師は呪術で知られ、同じ寺でのちにC仙を名乗る男Cも共に働いていた。しかしL師の呪術がニセモノとわかり、自分は寺を離れた。それ以来、L師や取り巻きのことは信じられなくなった。何年か経って私はバンコクで出稼ぎをしていた。あるとき村に戻ったら、なんとCがC仙と名乗ってL師とともに村に来て、村人に護符を売り歩いていた。「このいかさまリシめ！」と私が声を上げると、二人はすぐに村から立ち去った。L師もC仙もカネのことしか考えていないニセモノだ。（二〇一六年八月・NK村）

現在のC仙は東北タイばかりか北タイでも名を知られ、多くのリシやモータム、僧侶までもが彼のもとで知識を学んだと言われる。共産主義闘争への参加や伝説の菩薩との邂逅などの来歴も興味深く、優しい笑顔でわかりやすく語ってくれる人当たりの良い老翁である。そんなC仙についての予想外の語りを聞いて、筆者のリシへの理解が大きく揺るがされた。リシC仙だけでなく、リシというものを単なる宗教専門家として理解することの限界を痛感させられた。苦悩を抱え真摯に手を合わせて崇める人がいる一方で、同じ人物をイカサマと罵倒する人物が存在する状況をどのように捉えることができるだろうか。

## 5. 正統性と怪しさが作る神聖さ

いずれのリシにも超自然的な呪力をもつという神聖さと、どことなく漂うペテン師らしさが同居している。タイのリシの多くは、隠遁した修行者のように髪や髭を無造作に伸ばし、虎や豹の模様の毛皮をまとい、恋愛呪術や攻撃呪術も実践する。しかし同時に自分たちが社会から不審がられていることも日々実感している。A仙やB仙が語るように、街での買い物や飛行機に乗るときには呪者の衣装は着用しない。彼らがリシとして振る舞うのは、それを信じる人の前だけである。

では信じる人にとってのリシの神聖性はどこから来るのか。たとえばA仙は、バラモンの血統、インドの瞑想旅行など、リシの源郷たるインド伝統を大きな拠り所とする。バラモン家系こそが正統として、他のリシをニセモノと糾弾する。またB仙やC仙は、その超自然的な成巫体験を誇らしげに語る。B仙では百を超える神やリシの憑依体験、C仙では伝説の菩薩との邂逅などが、彼らを超自然的な力を持つリシとして印象づける。さらに仏教に歴史的に先行することもリシの正統性を担保する。コーンケーン県ではいずれのリシも「身体、言葉、心」の三戒を挙げ、それが仏僧の二二七戒に発展したと説明する。いずれのリシも祭壇の中央にブッダ像を配置し、ブッダ以前の正統宗教としてリシ信仰を仏教と関連付ける。A仙に従うなら「ブッダもリシとして出家した」のである。仏教との関係を否定することなく、むしろ取り込むことで、非仏教でありながらも信仰の正統性を維持しようとする。

さらに、リシがこの種の説明をすること自体が、彼らの優れた雄弁さを物語っている。前節で紹介した三人のリシはいずれも弁が立ち、訪れた人が抱える疑問を即座に氷解させる。たとえばB仙は「バイク事故に遭う直前にサックヤンが赤く腫れていた」と語る信者に「それは危険を知らせていた。サックヤンを通じてリシとお前は繋がっている」と言うし、ルークテープ人形を買った夜に悪夢を見た筆者には「人形には霊がいる。悪霊にはくれぐれも注意しろ」と真顔で警告する。またC仙は「水牛人形[24]にどんな供物を捧げればよいのか」と尋ねる信者に「月に一度翼を出して空を飛び、自分で草を食べに行くので世話は不要だ」と見てきたかのように語る。彼らの言葉が、信者の個人的な体験や疑問をアクロバティックに説明し、それがリシの呪力への信頼を強化させる。

直接に言葉を交わすことのない外国人にとっては、雄弁さよりもリシやアーソムの独特の雰囲気が聖性を創造する。多くのタイ人から奇妙に見える風貌と衣装ですら、ある中国人通訳が語っていたように「腐敗していない純粋な宗教者のホンモノの姿」として評価の対象となる。外国人信者が大量の呪術人形や護符を購入するのも、「東南アジアの僻地のホンモノの隠者」に期待するエキゾチシズムが物象化されているからにほかならない。それがSNSを通じて世界中に拡散しながら、リシの聖性がさらなる人々を強烈に引き付けるのである。

## 6. 呪者におけるイカサマとホンモノ

では、もう一方の不信はどこから生まれるのだろうか。なにがイカサマのリシを作り上げるのだろうか。たとえばA仙と護符販売会社との関係のように、あからさまに商売する姿勢には批判も多い。三節で紹介した調査村NK村の村人は、次のような体験を語る。

隣村にリシが住んでいるので、夫や友人たちと占いに行った。「あなたと夫はともにSの子音で始まる名前なので、夫婦仲が良くない。悪運を取り去ってあげるから一人五百バーツを払いなさい」とリシが言う。

他の人もいろいろとケチを付けられて、六人まとめて三千バーツも請求された。バカバカしくてお金を払わずに帰ってきた。やつはお金のことしか考えていないイカサマだ。（二〇一八年三月・ＮＫ村）

またリシにとっては女性関係も不信を生む原因の一つである。たとえばＢ仙は恋人の存在が呪力を失わせたと語られる。しかしＡ仙やＣ仙は結婚して子供もいる。つまり妻帯すること自体は問題ではないはずで、女性との不適切な関係、不節操さが批判の対象になる。先に挙げたＮＫ村の村人は隣村の「イカサマリシ」について次のように語る。

あのリシは女にもだらしがない。いまは愛人と一緒に住んでいる。結婚していたのに奥さんに逃げられた。うちの娘にも声を掛けてきたこともあった。「誕生日は悪業を断つのに良いから、今晩泊まっていきなさい。ただで儀礼してあげる」と言われた。信用ならない。（二〇一八年三月・ＮＫ村）

上座仏教の僧侶は経済活動が禁じられ、女性に触れることもできない。戒律は厳格に守られるべきであるがため、余計にイカサマ僧侶をめぐる報道が絶えない。一方、バラモン隠者リシについても、評価の際には仏教僧侶と同じ規範が参照され、それはときに不信の源泉となる。金と性をめぐる規範は、非仏教であってもその神聖性を計る基準として重視され、人としての呪者とそのパーソナリティを推し量る。しかし技としての呪力や呪術の真偽は、呪者自身の信頼性から独立して変化しうるものである。「実直だが、あまり効かないリシ」もいれば、「信用できないが、強烈な呪術をもつリシ」も存在しうる。

呪術や聖なる知識ウィッサーへの評価が先になされ、呪者の評価がそれに追随することもある。その一例がＣ仙をイカサマと批判した村人Ｐである。はじめは僧侶Ｌ師のウィッサーを信じていたが、彼はトリックを知ってＬ師やＣ仙のもとを離れた。だがそれには後日譚がある。Ｐはその後に北タイのチェンマイ県に移動して、別の僧侶Ｓ師のもとで「ホンモノのウィサー」を学んだ。つまりＰはＣ仙をイカサマとして糾弾するが、ウィサーや呪術の存在そのものは現在も強く信じている。

田んぼの脇でインタビューをしていたとき、「チェンマイで学んだホンモノのウィサーを見せてやろうか？」とＰが言った。Ｐは地面に落ちていた十センチほどの木の棒を手に取り、片方の端をナイフで尖らせてから、それを自分の鼻の穴の中に入れて消してしまった。そんな長いものが鼻に入るものかと筆者が驚いていると、Ｐは少し痛そうな顔をしながら鼻の中から再び棒を引っ張り出して見せた。「別のウィサーを見せてやる」と言って、次にその木の棒の片方の端にライターで焦げ目を付けてから布でくるんだ。丸めた布を手渡し、中の棒を折るように指示された。力を加えるとボキボキと音が鳴って確かに折れた。何度か折ってＰに布ごと手渡すと、Ｐは中から折れていない棒を取り出した。目印の焦げ目がちゃんと付いている。周りで見ていた村人も「おぉ！　すごい！」「なんでだろう」と声を上げた。（二〇一六年八月・ＮＫ村）

これらは素人目にもタネが分かる程度の簡単な「手品」に過ぎない。また同席の村人たちもこれを神聖なるウィサーの発現と本気で捉えていたとは到底思えない。ある村人は「どうやっているんだろう」と語っていたが、それは超自然的力への驚嘆というよりは、トリックへの素朴な疑問にほかならない。田んぼ仕事に戻ろうと立ち上がると、Ｐの布の端から折れた木の棒が転がった。筆者は見てしまったし、他にも気付いた人がいたかもしれない。だが私もほかの誰も何も言わなかった。「すごい！」で留めておく方がよいと少なくとも筆者は感じた。

Ｐは現在モータムやモーパオとして村人に簡単な呪術的治療を行っている。インタビュー中にも同席した村人の手首の関節痛に呪文を吹きかけていた。その治療現場を見ていたからこそ、Ｐの脇に転がる棒を見逃したのかもしれない。「これはイカサマだ！」と言ってしまうと、村人の関節痛が治らない気がした。リシにしてもモーにしても、呪術の効果への信念を創り出すのは、その呪者の戒律の遵守や高潔さばかりではない。むしろ呪者ではない人々の呪術への希望がその信念を生み出すと言えるのではないか。エイブラム（二〇一七）によると、呪術と手品に共通するのは、人々が想像力を使って不完全な現象を完全に理解しようとするような「感覚にもとづく雑多な創造性」だという。たとえば手品師が右手の指先で銀貨を挟んで隠した次の瞬間に、左手で宙を掴んで銀貨が現れると、見ていた観客の多くは、右手の銀貨が、左手に瞬間移動したと考える。論理的に分析するのではなく、見えない部分を雑多に想像力で補って理解するような世界への関わり方が、手品や呪術を可能にしているという。だとすると、呪文の吹きかけで関節痛が治ることを想像する立場と、足下に落ちた棒を見なかったことにする立場の間に大差はない。ここでは、そうあって欲しいという希望や期待が呪術を強力に支えている。

では逆に、PがC仙をイカサマと糾弾したのはなぜか。呪術と共にあるような世界をPは否定したのだろうか。信じていた呪術僧侶のトリックを知ったがために彼のもとを離れたというが、離れて向かった先は別の呪術僧侶であった。古くからタイの呪者たちは未知なるウィサーを求めて遍歴した。強力なウィサーの噂を聞くとその呪者を訪ねて、聖なる知識を学び、自らのレパートリーを増やしていった。一人の師匠しかもたない呪者は稀で、多様な源泉から集めたバリエーションがその呪者独自のウィサーを構成した。ここで紹介したリシたちも、Pもそういった知識伝統を継承している。つまりPはC仙のイカサマを非難することで、呪術を否定したかったのではない。ある呪者をイカサマとして否定したのは、ホンモノのウィサーがどこかにあるという期待または希望がそうさせたのである。「これではない」と否定することで、「これ」がどこかに存在することを表現した。その意味では、リシも、リシの信奉者も、またそれをイカサマと糾弾する者も、本物の呪術への強い希望という共通した地平に支えられていることがわかる。呪者にはニセモノもいる。呪術にはイカサマもある。しかしニセモノやイカサマもまた、呪者や呪術を強固に支えているのである。

［本稿に関する調査は JSPS 科研費 JP17K03300、JP16H01895 の助成を受けたものである。］

注

（1）森の寺（*wat pa*）とは、もともと人里離れた森に位置する寺で瞑想修行の場として用いられたもので、村落の中心に位置し、人々の宗教的慣習を支える「村の寺（*wat ban*）」と対照をなしている。林野を止住地とする僧侶の一団、林住部の系譜に連なる寺院である（林、二〇〇〇）。

（2）一バーツは約三・三八円（二〇一八年七月一七日現在）。

（3）タンバイアは、呪術と宗教と科学という区分について西洋的思考のバイアスが強いと批判的に捉えた。そのうえでマリノフスキーの呪術の実用性の議論を評価し、呪術のパフォーマティブな側面に議論を展開した（タンバイア、一九九六）。

（4）タイ統計局ウェブサイトより。http://web.nso.go.th/en/survey/popchan/data/2015-2016-Statistical%20tables%20PDF.pdf

（5）しかしこうした宮廷バラモンはインドに比べて社会的地位が低く、単なる儀礼の執行者、技術者としか認められていない。また修行の一環として仏僧の経験が求められる（石井、一九九一）。

（6）一九三二年に王宮の占星術局は廃止されたが、それ以降もバラモンや占星術師が徴用された。現在では政治家なども占星術師を雇っていると言われる（Igunma, 2013）。

（7）調査地は、東北タイのコーンケーン県ムアン郡の複数村落である。一九九九年以来モーなどの宗教専門家について、バラモン隠者リシについては二〇一四年以来、継続的にフィールド調査を実施している。

（8）モーは秘匿的な知識ウィサーを学んだ専門家で、それぞれの知識を使って悪霊払いや病治しを行う（津村、二〇一五）。

（9）古代インドのリシは「聖仙」と訳されることが多いが、本稿ではタイのリシの実態を表現するため「隠者」と訳した。

（10）7人の偉大な聖仙（サプタルシ）は、マリーチ仙、アトリ仙、ランギラス仙、プラハ仙、クラトゥ仙、プラストゥヤ仙、ヴァシシタ仙のこと（長谷川、一九八七）。

（11）ブラフマーの子とも言われ、神と人間の仲介者として描かれる（長谷川、一九八七）。

（12）ルーシーダットンの「ルーシー」は、タイ語のリシ（*ruesi*）をカタカナ語表記したものである。本稿ではインドのバラモン教研究の伝統に従ってリシと表記する。

（13）たとえば映画『ナンナーク』（一九九九年、ノンシー・ニミブット監督）では、悪霊を調伏するのに失敗した呪者として、仏教僧侶と対照的な様子で描かれている。

（14）アーソムとはサンスクリット語のアシュラマに由来する語で、バラモン・ヒンドゥー系隠者の修行所を指す。

（15）バラモン、ヨーギ、リシの出家では師子が一対一で口頭試験を行い、マントラや儀礼の手順の知識が試されるという。

(16) A仙によると、二種類のリシが存在する。クルバーバージとクルバーバージ・サワーミーで、前者は結婚できるが、後者は結婚が禁じられている。後者になるにはさらなる修行が求められる。
(17) 衣服の下には、つねに左肩から右脇腹に白い紐を掛ける決まりとなっている。
(18) 旧暦八月の十六夜から約三ヶ月間の仏教の雨安居の時期にインドを訪問する。パーリ語やサンスクリット語の一部の単語を除くと、現代インドの言語はわからないが、通訳が同行する。
(19) B仙は交通事故をきっかけに、人間界、天界、地獄界が繋がって自由に往き来できるようになって、リシへの道が開けたと考えている。
(20) クメール文字やタム文字などで、経文の一節を表現する神聖性を帯びた文字で、呪術やサックヤンに頻繁に使われる。
(21) ワトゥ・アタンは、小さい護符だと一九九バーツほどで、ルークテープ人形は千〜三千バーツで販売されている（津村、二〇一八）。
(22) 最近は高齢のため受け入れていないが、かつてはモータムや僧侶などの信奉者が住み込みでC仙のもとで修行していた。
(23) 他のリシと異なり、C仙は飛行機が苦手で、外国への招請はすべて断っているという。
(24) 水牛人形とは「クワーイタヌー（*khwai tanu*）」と呼ばれ、呪術で用いられる。決められた呪文を唱えながら、人形の首に巻かれた紐を切ると、水牛が姿を現して呪者の命令を聞くという。他者への攻撃に用いられることが多い。

参照文献


石井米雄（一九九一）「ヒンドゥー・仏教世界」石井米雄編『講座東南アジア学　第四巻　東南アジアの歴史』一七一―一八八頁、弘文堂。

池田光穂・奥野克巳（二〇〇七）「呪術―理不尽な闇あるいはリアリティか?」池田光穂・奥野克巳編『医療人類学のレッスン』五五―七五頁、学陽書房。

エイブラム、D.（二〇一七）『感応の呪文―〈人間以上の世界〉における知覚と言語』結城正美訳、水声社。

エヴァンズ＝プリチャード、E.（二〇〇一）『アザンデ人の世界―妖術・託宣・呪術』向井元子訳、みすず書房。

小川絵美子（二〇一四）「バラモン＝ヒンドゥー的要素―タイ社会に息づくインド神話の神々」綾部真雄編『タイを知るための七二章　第二版』一七〇―一七五頁、明石書店。

川田牧人（二〇一二）「さやかならぬ『日常』の呪術論―『言葉と行為』から、さらに『呪術と日常』へのビジョン」白川千尋・川田牧人編『呪術の人類学』四七―八〇頁、人文書院。

林行夫（二〇〇〇a）『ラオ人社会の宗教と文化変容―東北タイの地域・宗教社会誌』京都大学学術出版会。

――――（二〇〇〇b）「現代タイ国における仏教の諸相―制度と実践の狭間で」総合研究開発機構・中牧弘允編『現代世界と宗教』七一―八七頁、国際書院。

フレイザー、J.（一九五一）『金枝篇（全五巻）』永橋卓介訳、岩波書店。

マリノフスキー、B.（一九九七）『呪術・科学・宗教・神話』宮武公夫、高橋巖根訳、人文書院。
宮坂清（二〇一二）「身体から吸い出される『もの』」床呂郁哉、河合香吏編『ものの人類学』一八三―一八七頁、京都大学学術出版会。
タンバイア、S.（一九九六）『呪術・科学・宗教―人類学における「普遍」と「相対」』多和田裕司訳、思文閣出版。
津村文彦（二〇一五）『東北タイにおける精霊と呪術師の人類学』めこん。
------（二〇一八）「人形は航空券を買うことができるか？―タイのルークテープ人形に見るブームの生成と収束」福岡まどか・福岡正太編『東南アジアのポピュラーカルチャー―アイデンティティ・国家・グローバル化』三五六―三八〇頁、スタイルノート。
レヴィ＝ストロース、C.（一九七二）『構造人類学』荒川幾男ほか訳、みすず書房。
長谷川明（一九八七）『インド神話入門』新潮社。
Desai, Santosh N. 1980 *Hinduism in Thai Life*. Bombay: Popular Prakashan.
Igumma, Jana 2013 Aksoon Khoom: Khmer Heritage in Thai and Lao Manuscript Cultures. *Tai Culture* 23: 25-32.
McDaniel, Justin 2013 This Hindu Holy man is a Thai Buddhist. *South East Asia Research* 21(2): 191-209.
Pattana Kitiarsa 2012 *Mediums, Monks, & Amulets: Thai Popular Buddhism Today*. Chiang Mai: Silkworm Books.
Saksi Yaemnatdaa 1999 Ruesi. In Munnithi saranukrom wathanatham thai and Thanakan thai phanit (eds.) *Saranukrom wathanatham thai phak klang*. pp. 2729–2735. Bangkok: Siam Press Management.
Tambiah, S.J. 1970 *Buddhism and the Spirit Cults in North-east Thailand*. Cambridge: Cambridge University Press.

# 第2章　鍛錬と天賦—呪者になるためのふたつの経路

川田牧人

## 1. 日誌より

人が呪者になるとはいかなることか。それは人となりにおいて他の人とどのように突出したり、どのような資質がそなわっていたりすることが必要なのか。人から呪者だとみなされるようになるには、どのような道筋をたどらなければならないのか。本稿ではこれらの点について、筆者が調査フィールドで出会った二人の呪者を紹介することを通して考察したい。筆者の調査フィールドであるフィリピン・ビサヤ地方のバンタヤン島(1)では、呪者はメレコと呼ばれており、いわゆる民間治療によって病人を癒す「治療者」としての意味合いが強い。その治療法すなわち彼らの呪力の発現のしかたは、個々のメレコがいかにして呪力を獲得し呪者になったかという経緯が密接に関連している。標題に示した鍛錬と天賦とは、そのような呪力の獲得経路の主要な二つであり、本稿が二人の呪者に焦点をしぼる意味もそこにある。他の地域でも類似した事例は数多くあると思われるが、バンタヤン島では呪者になるには後天的な習得によって呪者へと自らを鍛え上げていく場合と、先天的に持って生まれた才能やめぐりあわせによって呪者に生まれつく場合とがある。もちろんこのふたつの要素によって呪者が単純に二分されるわけではなく、実際は両者の要素が何割かずつ混ざり合って呪者各々の個性となってあらわれるのであり、呪者としての資質が生成する過程に目を向けることも必要になるであろう。本稿ではこのような視角から、ふたつの経路をたどってメレコになったマンギリン（鍛錬の呪者）とアルフォン（天賦の呪者）を、それぞれ典型的な人物としてあげてその肖像にせまりたい。[2] まず調査日誌から、ふたりのメレコとの出会いを顧みておこう。

写真１　メレコが施術に用いる呪具＝聖具

## マンギリンとの出会い

一九九三年九月二日

午後、マンギリンをふたたび訪れる。昨日はシンチア・ルスターという女優がでているカンフー映画を観にアベリオ劇場へ出かけて不在だったが、午前中もいなかったからだ。やっと会えたが程なく客が二人やってきた。それぞれハロルド、リカルダというごち網漁船の船主で、両方ともこのところ魚がさっぱり獲れない。マンギリンは祈禱書にハサミを突き刺してロザリオ（カトリックで用いる数珠状の祈禱具）でぐるぐる巻きにした呪具を出してきて占いをはじめる［写真１］。ハサミの柄の部分を客と二人で支えながら、思い当たる原因を次々と口にしていく。真の原因を言い当てたときに、ハサミは反転して祈禱書が机に落下するのだという。これはリパと呼ばれる診断の呪術である。その結果、リカルダのほうは供犠が足りないのが原因だと診断され、ハラン儀礼を行うことになった。ハロルドのほうは、誰かが妬んで呪いをかけている可能性があるとのことで、その災いを除くためには、明日もう一度来るようにと言い渡す。

一九九三年九月三日

昨日のごち網漁船の船主が戻ってくるかとマンギリンの家で待っていたが、あらわれなかった。そのかわり金曜日ということもあり、[3] 客は数珠つなぎに訪れる。客がとぎれても、本人が問わず語りに、こういうときはこの薬草を使うのだ、などと次々に示してくれる上に、普通に話していても途中からオラシオン（呪文）が口をついて出てくるほどで、まったくタダモノではない。メレコであることに（あるいはその知識や技法を持っていることに）誇りを持っているようだ。この前はカンフー映画を見に行っていたんですかと世間話をすると、急に饒舌にカンフー映画の話をする。カンフー好きが高じて映画をみながら自分でも実演するのだという。自らを鍛えて現状を「こえる」ことにピュアな憧憬を抱いているタイプの人かもしれない。

## アルフォンとの出会い

一九九三年四月七日

メレコが聖金曜日におこなう薬草集めに同行しようと思って探したところ、カバック村のドドンがやるつもりだと確認がとれたので、また金曜日にもどってくる約束をした。もともとドドンのところへ行ったのは偶然で、本来は同じカバックのアルフォンを訪ねる予定だった。このメレコのオジは、シキホール島出身の呪者との呪術合戦に敗れて呪い殺されたのだという話を聞き、ぜひ会いに行こうと広場でカバック行きのトライシクル（補助カートつき乗り合いバイク）に乗り込んだところ、同乗者が三人もドドンに会いにいくというので、同行することになったのだった（結局この日は、アルフォンには会えなかった）。

一九九三年十二月十八日

今日はアルフォンを訪ねてカバックまで行ったところ、バランガイ・フィエスタの準備をしていた。アルフォンの家は聖像行列に参加するラパスの聖母の飾り付けをしており、聞いてみると、行列に参加する家庭聖像は全部で八体あるという（その後、日誌ではこの聖像行列の話が中心になっている）。

一九九三年十二月二〇日

今日もアルフォンのところへ行った。彼の話を聞いていると、不思議な感覚にとらわれる。世界があちら側とこちら側に仕切られていて、どちらの世界で経験する時間もリアルなのか幻なのかわからない。いつも自分がいる側から見ているもうひとつの向こう側がリアルの在処であるような気がして、その仕切りを乗り越えたとたん、今まで自分がいた世界のほうにリアルが移行してしまうといった感じである。

調査日誌を読み返して彼らに出会った第一印象を思い返すに、マンギリンに対してはきわめてまっとうな呪術知識の集積に行き当たったといった微かな興奮状態を読み取ることができる。それに対し、アルフォンとの出会いは自分でも割り切れない不可思議さをともなっていたことが思い返される。それはアルフォンに会いに行こうとして至れなかったことも何度か重なり、いわくありげな呪者であるという前知識が形成されていたことも関係しているだろう。そしてじっさいに会った初回にはあえて彼自身の話は日誌の中心的話題にはなっておらず、その情報が未消化であったことを示している。しかし何度か話をきくうちに、現実と虚構の影踏み遊びをしているような感覚が引き出されるようになったことが読み取れ、マンギリンの第一印象とはかなり異なっていたことが思い出される。

この二人の呪者との出会いの回想は、呪者のふたつのタイプを端的に示しており、さらにはそれぞれのタイプの呪者になるための経路を対比的にとらえる手がかりにもなるのではないだろうか。ここから、人はいかにして呪者とみなされるにいたるかという点を考えることが本稿のねらいである。

## 2. ビサヤ地方における呪者メレコ

二人の呪者の具体的な肖像を描き出す前に、バンタヤン島の呪者メレコについての概略を示しておきたい。メレコはひろくビサヤ地方全般ではマナナンバル *mananambal* と呼ばれており、ビサヤ諸語 *tambal*（癒す、治療）

を語根とする行為者つまり民間治療者を意味する（Lieban, 1967）。いっぽうメレコ *mereko* はスペイン語の medico からの転訛であると考えられており、やはり民間医療に従事するものの意味である。つまりメレコの活動範囲は直接的には病治しであり、その技法は薬草によるもののほか、マッサージや鍼のように直接身体に働きかけるもの、油やショウガを（儀礼的に）用いるもの、煙や水による祓除をおこなうもの、オラシオンと呼ばれる呪文を用いるものなどさまざまである。民間医療に従事する者が同時に呪者でもあると考えられるのは、一般的にはここに記した順に呪力に頼る度合いも高まると考えられるからで、じっさいの治療においても上記の方法を複数混合させながら用いるメレコが大半である。

一義的には病気治しを主たる活動とするメレコは、その活動の背景にビサヤ地方の病因論が深く関係している。すなわち、ビサヤ地方においては身体の不調はナトゥラルとディリ・ナトゥラルという二つのカテゴリーに分けられ、メレコはおもに後者の治療にあたるとされる。ナトゥラルとは生起するのが自然で尋常であるという意味で、通常起こりうる発熱や腹痛などをさす。それに対してその否定形であるディリ・ナトゥラルは何らかの異常によって生じる病で、往々にして精霊の仕業とされるものである。したがってこの二分法は、近代医に治してもらうべき病気／メレコが担当する病気、という対比も可能であるし、また別の次元では、「なぜ」特定の者が特定のときに病気に罹ってしまったのかといった問いへの応答となるようなストーリーの提示が困難な病気／擬人化とストーリー提示が頻繁になされ「なぜ」に応答するストーリーが語られうる病気、というようにも対比可能である。

したがって、通常起こりえない病気がなぜ当人に生じたのかを、擬人化した霊的存在を登場させて語るというのも、メレコの役回りのひとつである。バンタヤン島における霊的存在は、後述するように各メレコと個別的に交渉する固有名詞をもっている場合もあるが、通常は「われわれと同じようではない人（*tawo nga dili naton kaipon*、あるいは前半を省略して *dili naton kaipon* のみ）」と総称される精霊のことである。精霊に関連する病因はいく

写真２　施術を求めてメレコの家に集う人々(奥の左手がメレコ)

つかの典型が想定されており、精霊との非意図的接触であるブヤグ、冗談のように絡んでくるサビン、危害を被ったことの仕返しであるバウォス、精霊が魂を直接うばうために仕掛ける攻撃であるナイラアン、霊的世界に生まれた双子ドゥガンなどは、メレコの診断で頻繁に言及される。このような精霊との関わり方のパターンをクライアントの個別経験において詳細に文脈化した語りは、メレコの治療行為自体の後ろ盾となって信憑性を増幅させると同時に、具体的な治療方法の根拠をも提供することになる。

このような語りによる診断は、直接的な治療の一部とみなすこともできるわけだが、病因を探るだけでなく、失せ物や尋ね人を探し当てるときなどに用いられることもある。これには身体を用いた計測が応用され、たとえば両腕を広げた時の長さ（ドゥパという単位）や手のひらをめいっぱい広げた時の親指から小指までの長さ（ダンガウという単位）が正しく計測できるかどうかによって不幸や損失の原因を探るといった占術が用いられる。これら診断占術（総称してスバイと呼ばれる）もメレコの能力が発揮される主要な活動である。

メレコの活動の第三として、供物奉納儀礼があげられる。これも特定のクライアントが精霊に起因する病を患っているとき、その原因である精霊による障害を除去するために精霊に供物を捧げるという意味では病気治療の一環であるが、精霊を呼び寄せて懇願した後に供物を奉納するという同一の構造をもつ儀礼は、農耕地の豊作を予祝するためや、漁船の不漁を祓うためなど、病気治療以外の場面でもおこなわれることがある。前節においてマンギリンとの出会いの際に漁船リカルダに必要だとされたハラン儀礼はこれにあたる。治療の一環としておこなわれる供物奉納とは少しことなるが、いずれも呼び寄せた精霊に対して懇願して供物を捧げるという点では、精霊とのコミュニケーション能力を有するとされるメレコの呪術的資質に依拠した活動だといえる。

そして四つめに呪いがあげられる。セブ地方における邪術としては数種類のものが報告されているが、(4) そのうちバンタヤン島で頻繁に人々の話題になるのはバランとヒロである。バランとは昆虫や小動物を攻撃対象の体内に送り込んで危害を加える呪いで、この類の術を用いる呪者をバラガンとよぶ。ヒロは爪の間に仕込んだ毒を攻撃対象の食物にしかける直接的な加害であるが、その使役者はヒロアンとよばれ、やはり呪者のひとりであるとみなされる。ただしこれらの邪術は、ネガティブな反社会的行動であるといった非難の対象にもなるので、自らが行使するという表明がなされることはほとんどない。メレコの活動として明示的に語られるのは、これらの「邪悪な」技に対抗する対バラン、対ヒロの能力、すなわちバランやヒロによって被害を受けたクライアントを救済する呪力をもっているという側面においてである。

以上、治療、診断占術、儀礼執行、対抗邪術といった活動が、メレコといわれる人の典型的な活動内容である。これらの能力をセットとしてすべて行使できるメレコは稀で、それぞれのメレコには得意分野がある。そして各バランガイ（行政の最小単位。「村」のニュアンス）には一～二名のメレコがいて、島全体では数十人にもおよぶので、メレコに何らかのサービスを依頼したいクライアントは、その内容に見合った得意分野をもったメレコを何人も訪ねて、納得いく治療やセッションをおこなってもらう［写真2］。その際の依頼料はごくわずかの金銭であり、実質的な実入りの見込める治療費や診察代というより、ほんの儀礼的に支払われる謝礼である。じっさい、治療費による収入だけで生計を立てているメレコは島内には存在せず、彼らは日常的には別の職業をもって生活費を稼いでいる。本稿でとりあげるマンギリンとアルフォンは、偶然ながら二人とも大工であった。

## 3. 呪者になる

本節では、二人の呪者の肖像を中心に紹介し、彼らが呪者になった経緯やその実践について検討する。ここでは最初に後天的な要因によって自己を呪者へと成り立たせていった「鍛錬の呪者」の典型としてマンギリンを、つぎに先天的な資質によっておのずと呪者になるべくしてなった「天賦の呪者」としてアルフォンを紹介する。

### マンギリンの場合

マンギリンは一九九三年の調査当時七十七歳と称していたので、一九一六年生まれということになる。四十数年前、まだ幼かった娘が病気がちだったため、同じスバ村のピア・キャムコ、スラガン村のマリア・アワ、隣町サンタフェに住むメレシオ・エルストレシモなどのメレコのところへ行って、最初は娘の治療をしてもらっていたが、やがて自分でも治すことはできないかと思い、薬草の使用法などを彼らから教わり始めたのがきっかけだという。

もともとは父アブドンや母方祖父ランドイなどは、オラシオンを用いるメレコであった。しかし彼らから直接オラシオンを教えてもらったわけではなく、まったく別ルートによるものだ。マンギリンは出会った九三年当時は大工や木工細工の職人として収入を得ていたが、まだ若かった十六~十七歳のころには漁業に従事して島外で長期滞在することが多かった。ビサヤ海を北から南南東に展開する漁場を行き来してマスバテ、レイテ、ミンダナオ北部などへも季節移住したことがあり、その移住先でオラシオンを知っている人から少しずつ教えてもらった。またバンタヤン町内でも、エリアス・ティンガやジョニー・チウテンなどのメレコからリブリト[5]を与えられ、それを覚えて修行したという。

この結果、筆者がマンギリンと出会ったとき、十三冊のリブリトをもっており、合計四三六のオラシオンが記されていた。それらの呪文はその意味内容から、「治療」、「防御」、「呪力獲得」、「攻撃」、「生活向上」、「自然作用」、「移動能力」、「心理作用」の八種類に分類することができ、それらがすなわちマンギリンの呪力に対して期待される効果であるといえる（川田、二〇〇三）。しかしこれらの呪文は、文字に書かれたものをただ読むだけでは効力を発せず、一定の訓練が必要である。マンギリンは三十一歳から三十七歳まで、七年間の修行の末に、これらの呪文を使いこなせるようになったという。この修行とは、日々の日課である祈禱（トロマノンという）をルーチン化するとともに、修行の最終段階では試練（ロボス）として地下の洞窟で過ごすというイニシエーションを受けることによって、善い精霊・悪い精霊ともに「仲良く」なったという。トロマノンはメレコごとに異なるが、マンギリンの場合、カトリックの「使徒信経」[6]につづけて「主よ、天国の門にて全能なるがゆえ、我が患者の全身を癒したまえ。癒しの力を与えたまえ（*Gino-o, ang akon mga tinambalan, pag-ayoha ang tanan nilang kalawasn, kay ikaw man ang gamhanan sa kalangitang pultahan. Ihatag kanako ang pagbulig sa imong gahom.*）」と朝夕に唱える。

このような日課を継続させているのは、鍛錬への指向性と知識欲であると考えられる。カンフー映画が好きで家を留守がちにするため、何度か彼の家を訪ねても空振りだったこともあったのは第一節に紹介したとおりであるが、自己流でカンフーを練習しているというのは、一定のノルマを自らに課してそれをこなしていくスタイルのトレーニングに抵抗がなく、メレコとしての鍛錬にも向いていたといえる。またマンギリンほど呪文に精通したメレコはバンタヤンでは他に存在せず、数としても四三六種類というのは群を抜いていた。呪者とはある特定の知識を集積させることに長けた存在であり、そのため好奇心の強さやねばり強さ、どん欲さなどの資質も兼ね備えている。すなわち後天的な呪者の特徴として、技能や知識を習得することへの積極性や、いったん身につけた技能や知識を実践的に使えるよう、つねに自らを鍛えることによって高めていこうとする向上性などを指摘することができる。

## アルフォンの場合

アルフォンという呪者はマンギリンよりかなり若く調査時には五十四歳と称していたが、ライフストーリーからは一九三〇年代の生まれで六十歳は越えているとも推測された(7)。マンギリンも一目おくほど、島内では評判の高いメレコであった(8)。それは彼が常人とはかけ離れた経験を積んでいることが少なからず影響していると思われる。

幼いころから家族の中でも「疎まれていた」というほど疎外感を感じていたアルフォンは、たとえば、家の中で玉子がなくなるなどの事件が起こると彼のせいにされることもあったという。そのせいか一人で過ごすことも多く、七歳のころから精霊が姿を現すようになった。そして九歳のころからその精霊との交流が始まり、さまざまな場所へ旅するよう命じられるようになった。この精霊はクロスクロスという名であり、どこへ行くときも行動を共にした。二十一歳のころ、イロイロへ行き、二十三歳の時に警察に逮捕された。それは薬草による治療をしていて医師のムニョス先生が警察に通報したからだった。薬草の瓶を持っているだけだったので、それを証拠だといって取り上げられたものの、警察も何もできず一週間ほど牢にいたくらいだった。その後、ヌエヴァ＝エシハでデスコモニオン（破門の呪詛）の力を持った司祭を殴る事件を起こした。自分に呪力が備わっているかどうか確かめてみろとクロスクロスに唆されてやったのだったが、その司祭のデスコモニオンが効かなかったので、自分に呪力がそなわっていることがわかった。

生業として漁業や農業などにたずさわっていたが、一九五六年に結婚してからは、家を建てる大工として働くようになった。結婚後もクロスクロスはさまざまな旅を命じ、インドや南アメリカ、見えない「沈黙の島」へも行き、三年間過ごした。そこは誰もしゃべらず音の聞こえない島で、しゃべりたくなると海に潜り、海中で叫ばなければならなかった。十四人いた一行のうち六人は声を出してしまったために舌を抜かれ、死んでしまった。アルフォンは沈黙を守り無事に帰ることになったが、そのとき監視していたのもクロスクロスであった。

その後、ルソン島に立ち寄り六ヶ月ほど過ごしたころに、クロスクロスから父の危篤を知らされ、医者や他のメレコでは父の生命を救えないので帰郷するように指示された。ラ・ウニオンかどこかの州にいたのだが、シグビン(9)という使い魔に乗って「椰子の木の上を通り過ぎ、海中を潜って」十分ほどでバンタヤンに帰った。治療のあいだ、アルフォンの身体は誰にも見えなかった。そして父が治ったら再び旅に出るようにというクロスクロスの言いつけに従って、父の回復後、またレイテ島やシキホール島を訪れて一年間過ごした。

その後、ヒガンテ島へ行き、その洞窟からレイテ島へ抜けた。健脚だと八日間ほどで歩ける洞窟だったが、さまざまな生物の前を、ロウソクの灯りだけで通り抜けなければならない。そのロウソクは洞窟に入る前、クロスクロスに一二〇本用意するように言われたが、数が揃わないまま洞窟に入った時は、洞窟の中にあるロウソク（誰かが残していったもの）を使わなければならなかった。無事に歩き通せても、大気と陽光で目をやられてしまうので、すぐに洞窟の外に出てはいけないと言われた。この洞窟抜けがロボス（試練）となって、三十二歳の時、クロスクロスから言いつかった使命を果たした(10)。

バンタヤンに戻ってから、治療能力によって次第に有名になり、セブからもネグロスからもマニラからも患者はやって来るようになり、多くの患者を治療している。治療法として用いるオラシオンは限定的であり、数の上ではマンギリンのほうが優っていたが、アルフォンがしばしば用いるのはトゥオブという煙による燻し祓いである。半分に割ったココナツの殻に数種類の薬草とミョウバンを入れて火をつけた煙で浄化しながらオラシオンを唱える方法である。このトゥオブは通常は儀礼の場を清浄なものにするためのお祓いとして、比較的軽い儀礼として用いられることが多いが、アルフォンの場合はこのトゥオブの用い方に特徴がある。メレコの大半はディリ・ナトゥラルの病いとして精霊に起因する病いが治せるというが、アルフォンはバンタヤン島のなかでは珍しく、悪意を持った人に起因するバランすなわち邪術による病いも治せるという。そのバランによる病いを治療する際、より強い呪力を要すると想定される対抗呪術としてトゥオブを用いるのである。

出会ったときのアルフォンは若いころの放浪遍歴とは打って変わって、落ち着いた暮らしぶりであった。あまり口数が多い方ではなくふだんはもの静かであるが、こちらが話しかけると丁寧に話してくれ、見た目や話の内容から想像するほどのとっつきにくさはない。上に述べたように治療者としても一目置かれており、他のメレコにかかったが調子が回復しない場合、また最初から症状が重篤である場合に頼ってくるクライアントもけっこういる。彼らの応対をするうちに人当たりがよくなったのかもしれない。しかしそのような慣れによる人間の丸さの端々から、かつての放浪遍歴のころの尖った人となりも時々片鱗を覗かせるのは、眼力鋭く一見近寄りがたい雰囲気をもっているせいでもあろう。

## 4. 呪者になるのか、生まれつくのか——ふたつの経路の対比から

二人の呪者の肖像から、呪者になるための経路がみえてくる。それによると鍛錬の呪者にしても天賦の呪者にしても、一定のイニシエーションと日々のノルマのようなものが想定されている。前者をロボスといい、地下の洞窟や墓場など、ふだん人の行かないところへ行って自分の呪力をためす機会だとされている。それ以降、いったん獲得した呪力が喪失しないよう日課をこなすことが必要となり、バンタヤン島ではトロマノンとよばれている。このふたつの実践は鍛錬の呪者にも天賦の呪者にもある程度共通してみられるが、日々の訓練という意味でトロマノンはより前者に近い実践と考えられる。

メレコの生成過程を順序だてて考えると、これ以外にもダガとよばれる徴候の段階にも注目すべきである。これはたとえば家族の者が急になくなったり病気になったり、またあるときには自らが病気や事故の経験をすることによって、メレコになる定めであることを知るきっかけになるような兆しのことである。マンギリンの身の上に起こったように、娘が病気がちでそれを何とか治そうといろいろな知識を仕入れているうちに自分が治療者に

なってしまった、といった語りが典型的である。鍛錬の呪者の場合、このダガをきっかけにして先輩メレコを訪ねて薬草やオラシオンの知識を教えてもらいはじめることになるのである。

それに対して天賦の呪者の場合、それまで自分では意識していなかったが血筋としてメレコを継承すべきであることに気づいたり、あるいは印象的で不思議な体験をしたりする。アルフォンの場合はクロスクロスと名づけられた精霊の感知がその体験であるが、天賦の呪者の場合、さまざまな体験談が聞かれる。ある呪者は自分の第五子がコレラにかかったが金がなく医者に診せることもできず死なせてしまった。死後一週間ほどたったある夜、老婆が夢にあらわれて薬草を集めるように告げ、それ以来治療をするようになったという。また別の呪者は盲目であるが、あるクリスマスの夜、マナイゴン（クリスマス・キャロルを歌いながら家々を門付して回ること）をして帰る道すがら二人の女性と友達になり、家までついてきた彼女たちを一晩泊めてあげたところ、翌日、彼女たちは置き土産を残して発っていったが、その包みをあけるとリブリトであったという。リブリトの入手については、川で水浴びしているときに川上からリブリトが流れてきたので拾って家に帰ると、その晩に老人があらわれる夢を見てリブリトに書かれているオラシオンの用法を教えてもらったという例や、道に落ちていたリブリトを六回までは捨てるが、七回目には夢のお告げ通りだったので拾って帰り、その夜、夢の中で精霊に用法を教えてもらってそのリブリトに書かれたオラシオンを使うようになったという契機をもつ呪者もいる。

これらのメレコがすべてアルフォンのような天賦の呪者かどうかについては検討の余地が残るが、ここで注目したいのはリブリトという「もの」がトガとよばれる呪力の源泉として象徴的に語られているところである。鍛錬の呪者の場合、リブリトは個々の呪文の原典であり、自分の知識や技能にとりこむ対象として実体化されてしまう。ところが天賦の呪者にとってはリブリトがある日あるとき突然に目の前にあらわれ、文字通り「出会って」しまう。そしてリブリトの拾得経験は、そのあと精霊がその使用法を教示するという夢の経験へと引き続いていくのである。つまりトガの来歴は呪者本人にも説明がつかず、ある種の宿命的な獲得であるという点で、天賦のオそのものときわめて近似しているともいいうる。と同時に、リブリトを宿命的に拾得してしまい、それによって自らが呪者になることを思い知るという点から、天賦の呪者にあってはトガとダガは重なっていることも指摘できる。

　これと関連して、天賦の呪者のもうひとつの特徴として、その再生産のされ方をあげることができる。鍛錬の呪者の場合、ダガを感知してから鍛錬を行い、トガを成長させたり自らを高めてそれに到達したりするプロセスが想定されるため、トガとダガはある程度分離している。それに対して、自らの生命の危機をダガとして経験した一般人が天賦の呪者による治療を受けることによってトガを発生させ、自らも天賦の呪者となってしまうという場合である。ルドヴィコという男は精霊の領域を侵犯したがために復讐され、その場所に魂だけ縛りつけられていたため、肉体は仮死状態になってしまい、親族がアルフォンを呼んで蘇生治療を試みてもらった。アルフォンはルドヴィコの魂が縛りつけられている木のまわりをトゥオブをしながら七周し、彼の魂を解放するように指示した。この仮死状態にあっている間に、ルドヴィコはメレコになるためのトガを獲得するのである。それは精霊とおぼしき老人にテーブルの半分が埋まるほど大きく四ダンガウ[11]ほどの厚みがある本を読むようにいわれる。それはこの世に生きている人の名前がすべて書いてある本であり、三ページ目まで読むのがやっとだった。しかしそこまで読んだことに報いて、老人は「これで病気の人を治療するように」と言って、ルドヴィコにオラシオンを三つ与えたという。すなわち、アルフォンのトゥオブの施術によって、生命の危機であるダガを経験したルドヴィコは、同時に自らもトガとしてオラシオンを入手し、天賦の呪者となったのである。

　このように事例を重ねていくと、呪者における鍛錬／天賦のちがいのひとつはトガのあり方に起因するのではないかという見方がなりたつ。関一敏は、セブ島をはさんでバンタヤン島とは逆の南沖に位置するシキホール島での調査をとおして、「病治し」という活動を軸にみるなら、この島の呪医の条件として、天与の「呪力」と、病と薬草についての「経験的な知識と技術」の二つがあることになる。このうち呪力は授けられた力という意味で用いられる。天与であり、望んで得られるものではない」（関、一九九七：三五一）と述べ、天与（本稿にいう天賦）という条件に引きつけた形で呪力を考えている。この文脈において呪力トガとは、①媒介としての夢（偶然入手したトガを象徴する物質についての情報を夢を通して得る）、②その源が不詳である（誰から授かるかが明確ではない）、③病治しに限定されない力（失せもの探しや精霊との交渉などの能力の源泉にもなる）、④物質化をともなう場合が多い（祈禱書や石、像などの具体的な形象をもつ）、⑤途中喪失する場合もある（トガを象徴する物質自体を失ってしまうことなどによって示される）、といったさまざまな特徴を持っている。これらの特徴のほとんどは、本稿でバンタヤン島におけるトガのイメージと合致しており、とくにものへの具現化と夢の回路という二点は、本稿で紹介したふたりの呪者にも重ね合わせて考えることができる。

シキホール島の呪者はトガをもつものばかりではなく、薬草集めなどの経験を積むことがその呪術の下支えになっている場合もあると関は指摘する（Seki, 1996）。明確なトガがなくても、薬草を集めたり治療にあたったりする実践は可能であり、逆に薬草あつめなどの実践をともなわないがトガをもつという人物カテゴリーも想定できるという。このような呪者のさまざまなタイプからわかるのは、「呪者になるのか、生まれつくのか」という問いは必ずしも一局面にかぎった二者択一として考えるべきではないということである。ふたりの呪者にたちもどって考えるならば、マンギリンは「鍛錬の呪者」でありながら十三冊のリブリトに体現されるトガも認められる。アルフォンのように生まれもってのトガがいかなる経緯によってかは不明ながら突如として開花するという意味での「天賦」ではないが、長年の鍛錬がトガを成長させるプロセスであったとみることもできる。呪者の肖像そのものも、一定の時間の幅をともなった奥行きあるものとして描く必要がある。

## 5．呪者には誰でもなれるのか

トガを獲得するやりかたにはさまざまなバリエーションがあり、「呪者になるのか、生まれつくのか」という厳密な二者択一ではないとすれば、トガのあるなしだけで「人が呪者になるとはいかなることか」という冒頭の問いに答えることは不可能だということになる。本稿で示した事例のように、トガに到達するまでの道のりは曖昧模糊とした部分もあり、その最たるものがアルフォンのライフストーリーだった。しかしそもそも呪力そのものが天恵であり天啓によってたまたま獲得されるものであるならば、程度の差はあれ、鍛錬の呪者においても同じようなことが言えるのではないだろうか。マンギリンの場合、トガも備わっていた上に鍛錬を重ねた年季のこもった物質としてのリブリトが象徴的に用いられたわけだが、とりたててトガがあるという認識がないメレコでも、(12)たとえば日々の訓練のしかたを夢の中で告げられるという経験が語られる場合もあり、先に述べた夢の回路が鍛錬プロセス自体にかかわってくることもあるといえる。

このような事例からは、多かれ少なかれ呪者とはそのように生まれついてしまった者がなるのであって、あるカリキュラムを機械的に経験すれば誰でもなれるものとは限らないのではないかという仮説も生じる。すなわち鍛錬の側面から呪者になる経路をとらえ、一定のトレーニングをへれば人は誰でも呪者になれるのか、という問いが成り立つのである。それを考えるにふさわしいエピソードがある。私が呪者の知識に関する調査に着手したころ、三十ページほどのリブリトを二冊貸してくれる人があり、それを持って帰って筆写していたとき、寄宿先の主も横で同じように筆写を始めたのである。彼の妻は高血圧でときおり調子を崩すので、それに効くオラシオンがないかと抜き書きしているのだという。私が冗談で「メレコになるつもりですか」と訊ねると、「このようなオラシオンは見る機会があまりないから」と照れ笑いでごまかした。

さて、この主はメレコになれるであろうか。おそらく答えは否であろう。そしてそのことは、照れ笑いをみせた彼自身が一番よく知っていたはずだ。その後、マンギリンからリブリト十三冊分四三六にものぼるオラシオンを教えてもらったときに、オラシオンは書き写すだけでは効き目はなく、それが効力を発揮するためには七年間の修行が必要であると言い添えられたことから考えると、オラシオンの知識は、一定の経験をともなっていなければ効力を発揮しないことになる。しかも七年間の修行をノルマ通りにこなせば自動的にメレコになれるというのであれば、すべての島民はメレコになりうるはずだが現実的にはそうともいえず、むしろメレコは数千人のバランガイに一人いるかいないかの割合であることを考えると、ノルマ通りに修行してメレコになるほうがむしろ例外であるともいえるのである。つまり鍛錬を積み重ねれば呪者になりうるということ自体、すでに一部の者に与えられた特異な資質なのである。

寄宿先の主のあのときの照れ笑いは、もしかしたら、縁起のよい文句を書き写すという護符的なオラシオンの用法は、天賦の呪者がトガそのものとしてたまたまリブリトに出会ってしまうことのパロディになっていることに気づいてしまった自嘲の笑いだったのかもしれない。ただ天賦の呪者とて、単なる巡り合わせとしてリブリトを受容すればトガの源泉となるかというとそうではなくて、アルフォンのライフストーリーにおいて語られていたように、長い遍歴の果てに試練を乗り越えるという「鍛錬」をともなうこともある。その点では「鍛錬」と「天賦」は、入れ子のように互いに組み合わさって呪者の肖像を成り立たせているともいえる。

注

（1）本稿の舞台であるバンタヤン島は、フィリピン中央部ビサヤ地方の中心であるセブ島の北西沖約十五キロに位置する面積一三三平方キロあまり、人口約十一万人の島である。行政的にはセブ州に含まれ、島内は行政上、バンタヤン、マドリデホス、サンタフェと三つの町にわかれる。調査の中心地であるバンタヤン町はそのうち人口六万ほどを数える島内最大町で、行政の最小単位であるバランガイは二十五に分かれている。

（2）どちらも仮名とする。なおこの二人に限らず、本稿で紹介する呪者の事例は、基本的には川田（二〇〇三）の記述をもとにしながら、その「肖像」をうきぼりにできるよう、適宜、加筆や要約をほどこしている。

（3）本稿で紹介するメレコたちは、呪術サービスだけを専業としておこなっているわけではなく、主収入の途を別にもついわゆるパートタイムの呪者である。そのため彼らのクライアント対応は日が限定されるのだが、ほとんどのメレコは活動日を火曜日と金曜日に限定していた。その理由について、「精霊の活動が活発になるから」と説明するメレコもいたが、一部にとどまり、それは必ずしも全員にあてはまる共通見解であるとまではいえない。実際のところ、火曜と金曜に限定される理由は不明である。

（4）本文であげたもののほか、リチャード・リーバンが報告しているのは次の四つである。ウシック：バランより小さな生物やガラス片などの無生物を用いて、より時間をかけて攻撃対象の肉体を蝕んでいくもの。パクトル：未洗礼の幼児の頭蓋骨に攻撃対象の名を告げて死に至らしめるよう呪いをかけるもの。ラガ：攻撃対象の髪や唾、足跡などを採取し、特定の動植物を呪物としていっしょに煮つめるもの。サンパル：特殊な海洋生物を用いて呪いをかけ、潮の満干にあわせて攻撃対象の胃袋を伸縮させるもの（Lieban, 1967）。

（5）オラシオネス祈禱書のこと。個々のオラシオン＝呪文が複数収集され、小冊子体の祈禱書（リブリト）になったもの。メレコはオラシオンを個々に習得して暗記する場合もあるが、そのオラシオンを小冊子に書き留め一冊の祈禱書として携行できるようにする場合がある。さらに、その小冊子体の形状で先人から受け継ぐ場合もある。

（6）キリスト教徒が信仰告白するための定型祈禱文。宗派によってちがうが、マンギリンが唱えるカトリック・バージョンは次の通り。「われは、天地の創造主、全能の父なる天主を信じ、またその御独り子、われらの主イエズス・キリスト、すなわち聖霊によりて宿り、童貞マリアより生まれ、ポンシオ・ピラトの管下にて苦しみを受け、十字架に付けられ、死して葬られ、古聖所に降りて三日目に死者のうちよりよみがえり、天に昇りて全能の父なる天主の右に坐し、かしこより生ける人と死せる人とを裁かんために来り給う主を信じ奉る。われは聖霊、聖なる公教会、諸聖人の通功、罪の赦し、肉身のよみがえり、終りなき命を信じ奉る。アーメン」。カトリックで公的に認定された祈禱文が呪者のトロマノンとして課されていることは、民俗宗教のなかに取り込まれたキリスト教を考える上で興味深いが、本稿の趣旨をはなれるので別稿にゆずる。

（7）一九九三年のインタビュー当時五十四歳だったとすると、一九三九年の生まれになるが、結婚の年は一九五六年と覚えており、それは一七歳にあたる。これに対し、二十一歳でイロイロで逮捕されたり二十三歳でヌエヴァ＝エシハで司祭と対決したりした後に結婚したというくだりからは、結婚は二十代後半だったのではないかと推測される。このほかにもアルフォンの話は、出来事の契機序列が時間軸を逆行していたりループしていたりすることもあり、独自の時間観念を持っていることがうかがわれた。

（8）マンギリンに一度、バンタヤン島で、自分以外にどのメレコが強い力をもち信頼できるか訊ねたことがあるが、そのときまっさきにアルフォンの名をあげた。自分の知らないオラシオンを知っていて、彼なら治せる患者もいる、といった説明であった。

（9）シグビンとは、メレコの眷属動物としてしばしば言及される想像上の動物である。ネズミのような体つきをしているが、体長は一メートルにおよぶものもおり、目が耳で覆われていて見ることはできない。しかし空を飛ぶことができるので移動には困らない、などの特徴をもつ。

（10）アルフォンの話については全体的にいえることだが、とくに放浪の修業時代の話はファンタジックな要素や現実に起きた客観的な事実であるとは思われないような内容を含んでいる。このような性質の語りをエスノグラフィーのなかにとりこむ意義と可能性については、たとえばラディカル・オーラル・ヒストリーの立場をとる保苅実の次のようなことばによって補強される。「私が、多元的歴史時空のコミュニケーションの可能性にかけるのは、この〈歴史への真摯さ〉をめぐるプロセスの交渉や共奏が、「危険な歴史」とのあいだで不可能ではないと思えるからである。「経験（的事実）」と「真実」とを結びつけるプロセスは、実証主義的な学術的歴史実践とグリンジ・カントリーで行われる歴史実践とのあいだで異なっているのだが、とはいえ双方とも言説ではなく「実際にあったこと」を問題としている点では一致している。つまりグリンジの歴史実践は、近代実証主義的な経験論（empiricism）とは異なる仕方で〈歴史への真摯さ〉を紡ぎだしているということができる」（保苅、二〇一八：二五九）。もう一冊、超現実の自己語りに関して、モロッコのレンガ職人トゥハーミの物語を、これは書名をあげるにとどめる（が、邦訳の副題にも「肖像」の語が用いられている。）（クラパンツァーノ、一九九一）。

（11）手のひらをめいっぱい広げた時の親指から小指までの長さが一ダンガウであるので、四ダンガウは約八十センチ。

（12）トガの有無はクライアントによって、あるいはメレコ同士で、どのようにして判断されるのかについては、さらに詳細な資料の積み重ねが必要である。概括的には、より多くのオラシオンを知っている、より多くの呪具を用いるなどの顕著な特徴は、トガがあることのひとつの有力な指標となるだろうし、またそのメレコの治療経験はクライアント同士で情報交換され、どのメレコはどのような病気を治した、といった評判はトガの有無に関連した評価を生起させる。さらに、どのようにしてそのトガを獲得したかというトガの由来と獲得経路の語りもその根拠になりうる。それらの要因の複雑なからみ具合を、関一敏は次のように記している。「成巫譚は社会的記憶のなかに沈殿して、実績にもとづく評判が治癒力を保証するにいたる。祭壇に置かれていたり呪医自身が身につけていたりする聖像やメダルは、物質化したトガであるとともに、その沈殿した記憶をよびおこす鍵のようなものでもある」（関、一九九七：三五八）。

参照文献

川田牧人（二〇〇三）『祈りと祀りの日常知―フィリピン・ビサヤ地方バンタヤン島民族誌』九州大学出版会。

クラパンツァーノ、V.（一九九一［一九八〇］）『精霊と結婚した男―モロッコ人トゥハーミの肖像』大塚和夫・渡部重行訳、紀伊國屋書店。

関一敏（一九九七）「呪術世界の描き方」脇本平也・田丸徳善編『アジアの宗教と精神文化』三四七―三六六頁、新曜社。

保苅実（二〇一八）『ラディカル・オーラル・ヒストリー―オーストラリア先住民アボリジニの歴史実践』岩波書店（岩波現代文庫）。

Lieban, Richard W. 1967 *Cebuano Sorcery: Malign Magic in the Philippines*. Berkley and LA: University of California Press.

Seki, Kazutoshi 1996 Social Distribution and Reproduction of Folk Knowledge in the Visayas: Pfreliminary Notes for a Study of Healers in Siquijor Island.

In Ushijima, Iwao and C. N. Zayas (eds.), *Binisaya nga Kinabuhi* [*Visayan Life*]: *Visayas Maritime Anthropological Studies II, 1993–1995*. Quezon City: CSSP (College of Social Sciences and Philosophy) Publications, University of the Philippines. pp. 203–211.

# 第3章　私は呪術師にはならない―知識とともに生きる

大橋亜由美

## 1．はじめに―初めてバリアンに出会う

今から二十年ほど前のことである。伝統的治療師を研究対象としたフィールドワークのため、インドネシア・バリ社会に住むようになって一か月ほどたったころ、自分の足で動けるようにバイクを購入して、初めて遠出をした。少し山間にある観光客で賑わう「芸術の村　ウブッ」を抜けていくと、オープンしたばかりのミュージアムが建っていた。入口には、「イメージ・オブ・パワー：ヒルドレッド・ギアツ展」[1]の幕が掛かっていた。館内には、女性が魔女の手下に化身していく姿や、疫病を拡めようと村の通りに仁王立ちするランダ（魔女）と手下の魔女たち、出産を見守るバリアン（後述）と邪魔をしようとするレヤッ（呪術師）など、バリ人の画家たちが日常の中で想像する呪術的光景を描いた絵が展示されていた（Geertz, 1994）。

偶然に感謝して、調査への意気込みあらたにミュージアムを出ようとすると、「日本人ですか？　観光ですか？」と英語で青年に声をかけられた。適当に返事をして歩き出すと、「ヒルドレッド・ギアツは、ぼくのおじいちゃんの友だちです」と話しかけてきた。彼の話を聞くと、祖父が有名なバリアンのようで、会いたければ祖父の家に案内してくれるという。まだバリアンと呼ばれる人に会ったことがなかった私は、半信半疑だが青年の後についていった。敷地の中庭に建つ伝統的なバリ様式の建物で、上下白の服を着た年配の男性が、腰を掛け誰かと座って話をしていた。これまで読んだバリアンに関する論文に記されてきたような光景だった。

客が帰ると、青年は筆者が文化人類学を専攻していて、伝統医療の研究にバリに来たことを紹介してくれた。男性は最初から英語で、「私に何でも聞きなさい」と言ってくれたので、「どのようにバリアンになったのか、訪ねてくる人たちはどんなことを相談するのか、どうやって対処するのか、ロンタール[(2)]（貝葉）はもっているのか」など矢継ぎ早に尋ねた。彼は丁寧にわかりやすく説明してくれた上に、興味があればいつでも来たらいいとまで言ってくれた。帰り際に「私には外国の友人がたくさんいる」と言いながら、ノートのようなものを開いて見せてくれた。そこには、ヒルドレッド・ギアツ、クリフォード・ギアツ、中沢新一をはじめバリ社会の研究で著名な文化人類学者たち、NHKやBBCなどメディアのスタッフたちの名刺が数十枚あった。ようやく、筆者はなぜその男性が英語で要領よく質問に答えてくれたのか、彼の話す内容がまさにこれまで論文で読んできたバリアンそのものだと思えた理由に気づいた。

彼の祖父もバリアンだったこと、夢の中で啓示を受けたことがバリアンになる転機となったこと、ロンタール・ウサダ（病いと治療に関する古文書[(3)]）を学習してきたこと、マントラを唱え呪符をつくること、聖水で浄化儀礼をおこなうこと、さまざまな日常の悩みごとの相談にのること、多くの謝礼を求めないこと、彼を妬む人が仕掛けてくる呪いを被らないように注意をしながら日々暮らしていること等々、彼の語りは先行研究の多くが言及している典型的なバリアンのものであった。けれども、その後の調査では、このような典型的なバリアンに出会うことはなかった。実際に出会ったバリアン達は、活動内容や知識の源泉も一様ではなく、バリアンに共通する特徴は非常にとらえにくいものであった。本稿では、バリアンに必要な能力や資質を十二分に備えながらも、頑なにバリアンにならない生き方を選んだ人物に焦点を当て、バリ社会で「呪術師であること／呪術師でないこと」が持つ意味を考察したい。

## 2. バリアンの諸相

バリでは、薬草・託宣・マントラ・マッサージ、儀礼などによって心身の苦痛を解決したり、呪いや目に見えない世界に起因する病いや災いを浄化儀礼や超自然的力によって対処する者たちを総じてバリアンと呼ぶ(4)。バリ・ヒンドゥー教の世界観にもとづき、宗教儀礼や通過儀礼を執り行う貴族層や平民層の司祭達を「公的」な存在の宗教職能者とすると、人びとが抱える日常の問題に対応するバリアン達は「私的」な存在として考えることができる。バリアンに関する人類学的研究は、主にバリアンが実践する病い治療に着目したものが多い。しかし、バリアンの活動は、暦を読む、失せ物（者）探し、重要な儀礼日の雨除け、接骨、マッサージ、託宣、出産介助、不妊相談、心願成就、生薬の調合、護符作り、人を呪う、呪いを解くなど幅広く、人々の日常生活に密接に関連している。

人々はおおよそ次のようにバリアンを分類する。古文書ロンタール・ウサダに記された知識に治癒力を求めるバリアンはバリアン・ウサダと呼ばれる。古文書の多くは古ジャワ語あるいは古バリ語で記されている上に難解な内容のため、師弟関係による学習と研鑽が求められ、男性や世襲が多い。一方でトランス状態でクライアントの相談にのるバリアンは、タパカン、ニュンスン、タクソンなどと呼ばれる。その他に、重要な儀礼の最中に雨を降らせたり、他人を病いに陥れたり災いを引き起こす呪いを用いる「左（悪の意）のバリアン」、それとは対照的に人びとを救済する「右（善の意）のバリアン」という分類の方法もある。超自然的力サクティがあるとされているモノを所有することで力を獲得する者はバリアン・クピチャ、接骨やマッサージの施術を主に行う者はバリアン・アプン、現在ではほとんどいなくなったが出産を介助する産婆（男女）はバリアン・マナックと呼ばれる（Connor, Asch, and Asch, 1986）。

## 3．日常に氾濫する呪術

バリの世界観では、世界は可視的世界のスカラと不可視的世界のニスカラから構成されている。ニスカラの世界は、神々や祖霊、地霊、悪霊など超自然的、霊的存在によって構成されている世界だ。例えば、人気のない海辺や川岸、森の奥深く、墓地、村の辻などがニスカラの領域とされ、日常生活とニスカラは明確に分離した世界ではない。このようなスカラ・ニスカラという世界観は、病いや災いの原因を特定するときに顕著である。心身の不調がどちらの世界に起因するのか見立てることが治療の基本となり、治療方法も当然異なってくる。バリアンは病因の見立てをすることができ、スカラに起因する場合は医師の診察を薦め、ニスカラの場合は自ら対処するか、あるいは他のバリアンが対処することもある。人々は問題が解決されたり、あるいは自分たちが納得できるまで、複数のバリアンを探し続ける場合も多い。

では、ニスカラに起因する病いとはどのようなものであろうか。神々や祖霊、地霊、悪霊などの人間に対する不満や怒りによって引き起こされる病い、スカラとニスカラの境界的な空間や時間を脅かしたことによって生じる病い、生活上の重要な身体感覚の一つとされる方位観が乱れた場合になる病い、前世のカルマ（業）が原因の病い、他者の悪意による呪いなどがある。呪いをかける者は、バリアンまたはレヤッとも呼ばれる。レヤッは、しばしば夜になると猿やこうもりなどの動物、恐ろしげな青白い光、頭部のない人間などにその姿を変えて飛び回り、呪いの対象者に様々な不幸をもたらすと考えられている。

人びとは思わぬ病気や災難を経験すると、まず呪いが原因ではないかと考え、バリアンに相談する。バリアンはその原因を探り、原因が呪いによるものだと分かると、自らの知識や力を駆使して呪いを解こうとする。バリアンが見立てや治療に用いる知識や力と、人を不幸に陥れる呪いの知識や力は同根である。そのため、バリアンは呪いを解くものであると同時に呪うこともできる両義的な存在である（Eiseman and Eiseman, 1990）。本論では、このような呪いをかける／とく能力や技術を総じて呪術と記す。

バリ社会の呪術に関しては、人々が頻繁に呪術師や呪術について話題にするなど関心が高いこと、不幸の原因究明が公にされることはほとんどなく、私的な問題として扱われること、明らかな悪意によって他者を不幸に陥れるような行為とその救済が呪術と考えられていること、そのような呪術がバリ社会の主たる宗教であるバリ・ヒンドゥーの世界観を操作することにある点などが、これまでの研究で指摘されてきた。バリでは、身体的な不調の原因が呪いによるものであると診断されることがよくある。感情のもつれや対立関係、嫉妬や憎しみなどを背景として、しばしば親族や近しい関係性の中で呪われることが多い（Barth, 1993; Wikan, 1990）。

そのため、人びとの間では呪術に関する知識や技法に対する関心が高く、自分や家族を守る防衛手段として呪術を学ぼうとする者もいる。一方で、周囲から一目置かれたいという目的で呪術を学ぼうとする者も少なからずいる。こうした者たちの多くは本格的にバリアンに弟子入りして学ぶという道を選ぶよりは、バリアンの家に頻繁に出入りし、取り巻きのように振る舞うことで周囲にアピールし、断片的な知識や技法を身に着けようとする。

厄介なことに、このような「にわかバリアン」たちは、教えてもらったこと、知ったことを試そうとしがちである。バリアンとのインタビューの中で、呪いの原因がこのような力試しだった事例が多く語られたし、実際に近所の人や知人によって呪いをかけられたという経験談を耳にすることも多かった。バリアンとしてよく知られている人を用心することはさほど難しいことではないが、問題は、日常に潜んでいるにわかバリアンの悪意を察することが容易なことではないということだ。どこに潜んでいるのかわからない者からの攻撃は、周囲の人々に対する警戒心を必要以上に高め、呪術に対して敏感にさせる。その感覚が、人々の日常生活の中における呪いを避ける行動として現われ、呪いのリアリティが日常生活に氾濫していくのである（大橋、二〇一二）。

## 4. バリの古文書ロンタール

バリ社会や隣島ロンボックの社会では、インド文明の影響を受けた石碑、銅板、貝葉が発見・伝承されてきた。これらは総じてプラサスティと呼ばれている。(5) 中でも貝葉はロンタールと呼ばれている。その内容は、現在の人々の生活の中でも、さまざまな領域で必要とされる知識である。ロンタールは、東南アジア島嶼部のいくつかの地域に現存しているが、バリ社会のように、今日でもロンタールが人々の日常生活に大きな影響を与えている社会は類をみない（Hinzler, 1993）。

ロンタールの内容は、歴史（寺院、慣習村、聖人、王族など特定の一族）、舞踊や音楽などの芸術、宗教、儀礼、供物、伝統的建築、民話など多岐に渡る。ロンタールは主に古ジャワ語や古バリ語によって記されている。(6) 現在バリで使用されている文字は、平常文字ウレストロとスワラリト、そして聖なる文字とされるウィジャクサロ（ビジャクサロ）とモッドレの4つに分類される。中でも文字自体が超自然的な力を宿し、浄化や聖化のために使用される文字ウィジャクサロと、マントラや聖なるシンボルに使われるモッドレは、文字自体にサクティ（超自然的な力）があると考えられている（Nala, 2006）。

バリアンたちは難解なウサダを理解するために、文字の読み書きを学習する必要があった。そのため、ウサダはごく一部の貴族層の家や知識人によって継承されてきた。さらに、オランダ植民地行政は、上層階層（司祭・王族・貴族）の強制労働などの免除、貴族層への村の領主の地位の付与などを行い、司祭階層にロンタールを集約し、流動的だった社会階層を貴族層と平民層に区別した。このように特定の人びとに継承され続けたロンタールは、島民の九割を占める平民層の人々にとって閉ざされた知識となった。それにともない、ロンタールはニスカラの世界と交渉する能力であるサクティの宿るものとも認識されるようになっている。サクティは、さらに寺院や川辺、森といった特定の場所や、クリス（短剣）や布、石などに内在化していることもある。サクティを内在しているモノを所有することや夢の中で啓示によってサクティを獲得し、力を保持することが可能である。ロンタールの一部は、それ自身がサクティを有し聖なるものと考えられている。

しかし、一九七〇年代後半になってロンタールをめぐる状況は一転した。インドネシア政府が、国内の民族や伝統文化を再評価する方向へと政策を転換する中で、呪術などニスカラの世界を記したロンタールを収集・保管し、それらを翻訳してカタログ化（体系化）することを積極的に進めるようになった。このようにして、ロンタールが有する閉ざされた聖なる知識は、学術的研究の対象とされた。

## 5．知識とともに生きる

### Tさんとの出会い

筆者はバリアンの調査研究のため、「クライアントがたくさん訪ねてくるバリアンがいる」「すごい人がいる」という評判を聞きつけては、その人を訪ねてインタビューを依頼することを繰り返していた。そうして知り合った人たちは、伝統的知識や超自然的力によってクライアントの抱えるさまざまな苦しみや悩みから救済しようとしていたが、一方で「自分はバリアンではない」と語ることが多かった。「バリアン」という言葉が、単にクライアントの問題を解決したり治療をするだけではなく、呪いをかける人の意味を含んでいるからである。また、バリアン達の語る世界観も、バリ・ヒンドゥーにもとづいている点では共通していたが、拠り所とする知識や力、そして実践は多様だった。ただし、多くのバリアンは自分の知識やその正統性をロンタールに依拠していたので、ロンタールやロンタール・ウサダについてもっと知りたいと思っていた。

その頃、調査を手伝ってくれていた友人の紹介で、Tさんと知り合った。Tさんは、一九五〇年デンパサール市生まれの男性で、市内にある国立バリ博物館で職員として働いていた。Tさんは、もともと友人の父親と親交

写真1　Tさんと作業場

があった。友人が幼い頃からよく自宅に遊びに来ていたこともあり、友人は父親の他界後も、お互いの家を行き来する関係を続けてきた。二人には伝統楽器の演奏や伝統歌、絵を描くといった共通の趣味があった。Tさんは伝統歌の歌い手としても有名で、デンパサール市の芸術家年鑑にも掲載・紹介されたこともあった。

　Tさんの自宅は、デンパサール市の北東部に位置するクシマン村の幹線道路に面していて、市内の平均的な家の造りという印象を受けた。妻と二人の息子と親戚と同じ敷地内に住んでいる。敷地に入ってすぐ目に入るのは、敷地中央に建てられている伝統的な建物だ。一般的にバリの建築では、この建物は主に家族の通過儀礼に使用されるもので、それ以外の時は、作業場や子どもたちの遊び場や昼寝などにも使われているが、Tさんの家の場合は、たくさんのノートや本が整然と積まれている。また、主寝室になる建物の扉の前には、ロンタールが積まれた棚が置いてあった［写真1、写真2］。

　初めて会った時のTさんは気難しそうな印象で、おどろくほどの早口だった。筆者が少し気遅れてしていると、いきなり「バリ語ができなければ、ロンタールの内容はもちろん、バリのことを理解することはできない」と厳しい言葉をかけられた。初対面でそのようなことを言われて当惑したが、Tさんの率直な物言いがありがたくも感じられた。それまで調査で出会ったバリアンたちの多くは、世界観や知識や力に言及するとき、時に難解で感情的でもあり、内容は冗長に感じられ、そして複雑だった。だからこそ、Tさんの率直で明解な話しぶりが新鮮に感じられた。Tさんは話し好きで、伝統的身体観やロンタールの歴史、古文書で使用されている文字やシンボル、ロンタールの内容について、多くの時間を割いて説明してくれた。一旦話し始めると、興に乗ってどんどん内容が広がってゆき、あっという間に三時間くらいたってしまうのがいつものことだった。友人と一緒の時はなおさらで、ロンタールの内容から、二人の共通の趣味である伝統音楽や伝統歌の世界に話が及ぶと何時間も話が続くこともあった。

## 独学の少年から博物館員へ

写真２　棚に積まれたロンタール

では、Ｔさんはどのようにロンタールへの造詣を深めていったのであろうか。子どもの頃のＴさんは、勉強には目もくれず毎日遊んで過ごしていたが、中学生の時に一冊の本と運命的に出会ったそうだ。その本には、心身の鍛錬やニスカラに関することが記されていて、古ジャワ文字で書かれたロンタールをバリ語に翻訳した本だった。その本の内容に魅了されたＴさんは、ロンタールに興味をもつようになり、独学でロンタールの文字を学び始めた。ロンタールの翻訳本を読み、その内容を理解するために、歴史や宗教などあらゆる分野の本をたくさん読むようになった。中学卒業後は、もともと絵を描くことが好きだったので、芸術系の専門学校に進学した。その頃から、我流でロンタールの転写をはじめた[7]。Ｔさんは基本的に独学を続けていたが、ロンタールの内容や文字についてさらに理解を深めたいときには、高名な知識人を探して教えてもらうようになった。

写真３　銅板に文字を刻む

彼の記憶に従うと、一〇代の頃からこれまでおよそ二五名の師について学んできたことになる。いつ頃、どこの誰に何を学んできたのか、Tさんの記憶は鮮明だった。彼は、自分の必要性に応じて師を探し、師事し、知りたかったことを学んだ後は、その師との関係性を必要以上に続けることはしなかった。このようなやり方で、多くの知識を習得してきた。伝統的知識を主に世襲や長期的師弟関係の間で継承してきたバリ社会では、彼のような学び方は異質である。

専門学校を卒業した後、外資系の会社に一旦は就職したが、当時強い関心を持っていたバリの伝統的建築様式をさらに知りたいという理由で、国立バリ博物館の職員に転職した。彼が就職した一九七〇年代は、政府の政策の下で、デンパサール市や国立大学、国立博物館などで、ロンタールの翻訳プロジェクトが推進されている時期だった。研究者として就職したわけではなかったが、ロンタールの文字や内容を独学で学んできた彼の知識や能力が評価され、博物館ではロンタールの翻訳や転写などに携わるようになった。ロンタールは文字と複雑なシンボルが組み合わさって記されているため、絵を描く能力も高かったTさんは、ロンタールの転写[8]にその才能を発揮した。その評判を受けて、ロンタールの劣化による転写や内容の翻訳、ロンタールの朗読や音写といった仕事を個人的に依頼されるようになった。

Tさんは、聖性が強いと評判のロンタールを読むときは、紐解く前にしっかりと神に祈れば何も怖いことはないと言う。転写には、貝葉から貝葉、貝葉から紙媒体の冊子化、貝葉から銅板、といったバリエーションがある。これまで寺院等で保管されてきた古いロンタールには、厚めの銅板に文字が刻まれているようなものも含まれていたが、転写しやすいという理由から一時期は貝葉を使用することが当たり前となっていた。しかしハンディ・ルーター(9)の登場により、薄めの銅板に文字を書く機会が最近増えてきている［写真3］。

## ロンタールの職人として

Tさんはこれまで長年にわたって、ロンタールに関わる多くの業績を残してきたので、筆者はTさんと一緒に、彼の業績を整理し目録の作成を手伝った。彼の記憶によると、ロンタールの転写・翻訳・音写などで出版されたものはおよそ一八〇冊、作製したロンタールは一三〇巻以上となった（二〇一八年現在(10)）。Tさんは、これまで自分が関わってきたロンタールのタイトル、使用されている文字、内容、出版年、依頼者のほとんどを覚えていたが、思い出せないと山積みにされた本の中からなんとか探し出して確認した。彼の記憶にほとんど誤りがないことに驚かされた。

この作業中、Tさんが珍しく不満げに語ることがあった。Tさんはこれまでたくさんの翻訳プロジェクトに関わってきたが、Tさんが自分の業績だと自負している出版物の多くが、実はプロジェクトリーダーの名前で出版されていて、Tさんの名前はプロジェクトの一員として記載されるにとどまっている。そして、謝金の大部分をほとんど作業をしていないリーダーが受け取り、実質翻訳をしたTさんにわたる分は少額だったそうである。しかし、直接上司やスポンサーに文句を言うことはなかったようだ。筆者は、「Tさんは欲がなさすぎる」と言ったが、「これがバリだよ、腹は立つけど、恥ずかしいのはその人だから。いいんだ、いいんだ、こうしてロンタールを読んだり書くのが楽しいんだから」と答えた。しかし、何度も同じ不満を口にしていたので、心から納

写真４　Tさんの描いた守護神ガナ（ガネーシャ）、左側の文字はモッドレ

得していたわけではなかったのだろう。

六〇才（二〇一〇年）で博物館を定年退職した後、Tさんは自治体や寺院などに呼ばれて、ロンタールを音読する機会が増えている。地域や寺院で大切に保管されてきたロンタールに、実際は何が記されているのか知りたいと考える依頼者が、ロンタールのお披露目会のようなものを開催するためである。ある日、高名な司祭の自宅で、以前から周囲に自慢していた「由緒ある」ロンタールを司祭が音読するお披露目会が開催されることになった。Tさんは招待されてはいなかったが、知り合いと一緒にその催しを見物しに行ったそうだ。訪問客に昼食がふるまわれたが、会が始まる気配がいっこうになく、客はコーヒーを飲みながら時間を潰していた。夕方近くになって、司祭の家族からこっそりTさんが声をかけられ、別室に呼ばれた。司祭がいざロンタールを紐解いてみたら、あまりに難解で読めなかったので、代わりに読んでほしいと依頼してきたそうだ。結局その日の音読会は司祭の体調不良を理由に中止になり、日を改めてTさんが司祭宅でロンタールを読んだそうだ。他にも、バリアンにロンタールの翻訳や転写を依頼されることもしばしばあるそうだ。

以前のロンタール作製の依頼内容は、自然劣化したロンタールの転写や複製の依頼が主だったが、最近では経済的成功を収めた人から、自分の出自や家系のロンタールを作製してほしいとの依頼がくるようになった。まず依頼者から祖先や出身地域などの情報を聞いて、時代や地域に合わせてTさんが情報を加え、依頼者のロンタールに正統性を付与する。さらに、新品のロンタールを加工して、古いロンタールに仕立てあげる。このような話をうれしそうに語っている間も、ロンタールや儀礼の相談のために、大学関係者や行政関係者、寺院関係者などの訪問客が後を絶たなかった。

Tさんは一日の大半をロンタールの作製や読書、絵を描くといった作業などに費やしている。ロンタール以外にも、火葬の時に魂を乗せる神輿の製作、遺体を覆う白布（亡くなった人に関わるシンボルやマントラが描かれている）の製作においても評判で、村の王族の葬儀の際にTさんのところに依頼がきていた。火葬の神輿はバリの伝統的建築の知識が必要であり、遺体にかける白布には、死者のルーツなどの情報を聖なる文字やシンボルを用いて記す必要がある。貴族層の司祭が描いたものを見る機会があったが、Tさんが描いた白布は、それとは比べ物にならないほど丁寧で繊細なものだった。

## 村の一員として

これまでの彼の経歴をみると、高等教育は受けていないが独学でロンタールの知識を蓄えてきた学究肌の人物のように思われる。たしかに彼の知識は、研究者を凌駕するレベルのものであり、社会的にも高く評価されてきた。しかし、Tさんのことを理解するためには、彼が生まれ育ったクシマンという地域の特性を知る必要がある。

クシマンは、現在デンパサール市の一慣習村となっているが、十八世紀には当時隆盛を誇ったクシマン王国の中心地だった。オランダ植民地時代に、ロンタールが上位階層に集約され、平民層の手の届かないものとなったことは前述したが、クシマンでは他の王国と異なり、平民層の家でもロンタールを所有継承してきたそうだ。そのため、Tさんの自宅にも多くのロンタールが継承されていて、Tさんのロンタールへの探求心をかりたてた要因の一つとなったようである。さらに、Tさんの祖父は有名なバリアンだったといううわさもあり、ロンタールと接する機会にも、家系的に超自然的力を身近に感じる機会にも恵まれていたと言えよう。

また、クシマン王国の影響があったバリ南部地域では、村の宗教儀礼で神の依代となるサダッグと呼ばれる宗教的役割がある（吉田、一九八三）。村内の寺院の祠に祀られている神ごとにサダッグがいる。クシマンの儀礼では、四〇人前後のサダッグが集団でトランス状態になり、神々の言葉を村人に伝える役割を果たしている。儀礼では上下白の服を着て境内に集団で坐し、サダッグに降臨した神々が司祭や村長と対話し、その後の村の運営に影響を及ぼすこともある[11]。Tさんは十数年サダッグの役割を果たしている。新しいサダッグは、儀礼中にトランス状態のサダッグによって村人の中から指命される。著名な知識人である一方、村社会におけるTさんは、高名なバリアンの孫であり、村の宗教儀礼の宗教職能者であり、ニスカラの世界にきわめて近しい存在であるといえる。

## 6. おわりに

Tさんがロンタールに関心をもつきっかけとなったのが、たまたま手に取った本が翻訳本だったということに、大きな意味があるだろう。ロンタールの翻訳プロジェクトが本格的に展開されるようになった一九七〇年代以前に、すでにロンタールの翻訳本が出版されていて、従来の世襲や師弟関係によって継承されてきたバリ社会の伝統的知識へのアクセスの方法が、少なからず変容し始めていたことを意味する。しかし、バリアンたちにとってのロンタールは、秘匿性の強いものとして変わらず継承されてきた。翻訳された知識に満足しなかったTさんは、一人で学ぶという手法によって知識の源へ直接アクセスしたため、伝統的な継承方法を続けてきたバリアンとは異なる形式でロンタールと向き合うようになった。Tさんにとって、ロンタールは秘匿されているものではなく、翻訳可能であり、望む者は誰でも読むことのできる知識として認識されていた。

このようなTさんのロンタールに対する姿勢と深い知識は、一九七〇年代に博物館で職を得たのち本格化していくロンタール翻訳プロジェクトの中で高く評価されていった。単に文字の知識があるだけではなく、Tさんの絵を描く才能によって、文字と様々なシンボルが組み合わされたロンタールの複製に大きく寄与した。しかし、翻訳プロジェクトでは、実質仕事の大半を彼が担当したにも関わらず、表にTさんの名前が出る機会は少なかった。その理由の一つには、高等教育を受けていなかったということも考えられるが、ロンタールが持つシンボリックな一面つまり権威や力を志向することなく、自らの知的好奇心、探求心に従って知識として向き合い続ける彼の姿勢が少なからず影響したと考えられる。

Tさんは、ロンタールやニスカラの話題になると本当に楽しそうに話をする。筆者がバリアンとのインタビューの内容を話すと、時々「それは間違っている」と言われることがあった。指摘を受けるのはバリアンが拠り所とする力や知識に関することだったが、何が間違っているのかについて滔々と語り、そのバリアンがどんな人物なのか、誰の紹介でそこに行ったのか、クライアントはたくさん来ていたかといった質問をされることもあった。Tさんにとってのロンタールの知識は大切にしまい込んで埃をかぶった宝物のようなものではなく、常に調べたり、検討したり、議論したり、説明したりすることができる開かれた知識であるということだ。

一方視点を変えて、クシマンという地域社会の中でTさんを位置づけてみると、単なる学究肌の人物ではないことがわかる。ロンタールが平民層の間にも継承されているクシマンの地域性も色濃く反映されている。さらに、村落儀礼で神の依り代となるサダッグの役割を担うことによって、ロンタールに記されているニスカラの世界を、単なる知識としてではなく、リアルな世界として経験できる立場にもある。

「病いの治療をするためのウサダがあれば、その病いにさせるロンタールが必ず対である」「呪いの方法がわからなければ、呪いからの救済方法はわからない」とTさんが教えてくれた。バリでは「呪術は良いほうでも悪いほうでも、やり方を知ったら必ず使ってみたくなるのが人間の性だ」という話をよく耳にした。呪術への圧倒的知識をもつTさんが、その知識を実際に試したことはないのか気になって仕方がなかったので、勇気を出して聞いてみたことがある。「私はやらないよ。たくさん知識はあるけれど、試す必要はない。」との答えだった。かつて治療の依頼に訪れた人もいたそうだが、「私はそういうことはしない」と断ったそうだ。ロンタールへの関心を知識の世界でとどめようとする意志の強さが伝わる。誰もが傾倒するほどの知識と技術をもちながら、Ｔさんはこれまで頑なに弟子入りを断ってきた。ロンタールについて質問されれば教えるし、ロンタールに関する依頼も受けるが、師弟関係の中で継承していくような秘匿性の高い知識の伝承の形式をさけているようだ。

他者に比類ないほどの呪術に関する知識、シャーマン的資質があること、これほどバリアンになれる要素を持ち合わせているにもかかわらず、Ｔさんはその知識を（今のところ）力に変換しようとする気持ちはないようだ。翻って、知識と力が限りなく結びつきやすく、そして自己の欲望を呪術という手法で具現化していくことがめずらしくないバリ社会で、知識が生み出す力の世界をよく知っているがゆえに、純粋ともいえる知識への探求に自分をとどめているというＴさんの生き方は、極めて珍しい。

注

（1）　一九二七年ニューヨーク生まれ。文化人類学者。プリンストン大学名誉教授。インドネシアのジャワやバリ、そしてモロッコなどでフィールドワークを行ってきた。著書多数。中でも、バリ社会のサクティ（超自然的力）を電流のようなエネルギーではなく、個人が有する能力だと再定義したことは、その後のバリ社会における宗教人類学的研究に大きな影響を与えた。近年は、バリ村落社会における世界観と芸術の関係性とその時代的変遷についての研究成果が発表されている。

（2）　ロンタールは、ヤシの葉に先端が鋭利な道具で文字や絵を刻み、そこに炭を擦りこんで作成された文書である。大きさは大体一枚が五×三〇センチメートル位にそろえられているものを麻糸で括っている。貝葉は高温多湿の環境で劣化しやすく、司祭など知識人たちが転写し継承してきた（Goris, 1937; Nala, 2005）。転写の作業では、知識人たちが自らの知見により加筆修正をしてきたものが今日に至っているため、ロンタールの本来の内容を把握することは難しい。十年ほど前までは貝葉から貝葉に転写することが主だったが、最近はハンディ・ルーター（金属やガラスなどに彫刻や研磨できる道具）の登場により貝葉から銅板に転写されることが増えてきている。オランダ植民地時代に行政府が置かれていたシンガラジャ市のグドゥン・キルティヤにも多くのロンタールが収集・保管されている。

（3）ウサダは、十五世紀前後に東ジャワからバリにやって来た知識人たちによってもたらされた知識と、土着の知識が融合して文字化されたものがその始まりだと考えられている。ウサダには、ニスカラと身体の関係や、病気やその治療方法など様々な情報が記述されている。どのくらいの種類と数のウサダがバリに存在しているのか、正確な数字は把握されていない（ロンタール・ウサダの研究者として高名なNala N. 氏のご教示による）。

（4）東南アジア島嶼部では、インドネシア・ボルネオ島やフィリピン南部などに、同じくバリアンと呼ばれる呪術師がいることが報告されている（奥野、一九九八）。

（5）プラサスティは、インドネシア国内では主に石碑のみを意味するが、バリ社会では銅板や貝葉も含み、古文書という意味合いで使用されている。

（6）ロンタールは、サンスクリット語にルーツをもつカウィ語から派生した古ジャワ語が多い。ジャワ史の研究者によれば、現在インドネシア国内で古ジャワ語に堪能な人は少なく、ジャワ島には古ジャワ語の文字はほとんど残っていないそうだ（大阪大学言語文化研究科の菅原由美氏からのご教示による）。

（7）転写をする一方で、いつかは自分だけの文字を作りたいという思いも募り、少しずつ独自の文字を考案し始めたそうだ。

（8）ロンタールの朗読を聞いて、それを文字に落としていく作業のこと。録音したものを文字にすることも多い。

（9）ガラスや金属板などに柄や文字を刻む電動工具。

（10）この目録の作成にあたっては、JSPS 科研費 JP15H03282 の助成を受けた。

（11）サダッグは、祭礼中にトランス状態のサダッグによって村人たちの前で選ばれる。

参照文献

奥野克巳（一九九八）「シャーマニズム研究における「治療効果」再考―ボルネオ島カリス社会のバリアン儀礼を事例として」『民族学研究』第六三巻三号、三一六―三三八頁。

大橋亜由美（二〇一二）「バリにおける呪術的世界の周縁」白川千尋・川田牧人編『呪術の人類学』二〇七―二三二頁、人文書院。

吉田禎吾（一九八三）『宗教と世界観―文化人類学的考察』九州大学出版会。

Barth, F. 1993 *Balinese Worlds*. Chicago: University of Chicago Press.

Connor, L. Asch, P. and T. Asch 1986 *Jero Tapakan: Balinese Healer: An Ethnographic Film Monograph*. Cambridge: Cambridge University Press.

Eiseman, Jr. F. B. and M. Eiseman 1990 *Bali: Sekala and Niskala. 2 Vols*. Periplus Editions.

Geertz, H. 1994 *Image of Power: Balinese Paintings Made for Gregory Bateson and Margaret Mead*. Honolulu: University of Hawaii Press.

Goris, R. 1937 The Balinese Medical Literature. *Djawa* 17: 281–287.
Hinzler, H. I. R. 1982 Balinese Palm-Leaf Manuscripts. *Journal of the Royal Institute of Linguistics and Anthropology* 149(3c): 438–473.
Nala, N. 2005 *Usada Bali*. Denpasar: Upada Sastra.
Wikan, U. 1990 *Managing Turbulent Hearts: A Balinese Formula of Living*. Chicago: University of Chicago Press.

# 第4章　西欧近世における「呪者の肖像」――高等魔術師と魔女

黒川正剛

## 1. はじめに

「魔術師（magus）とは、学識のある人々のあいだでは、妖術師、迷信深い者、悪魔のような者ではなく、賢人、聖職者、預言者なのだ」（Agrippa, 1533：65）。これは、ルネサンス期最大の魔術師とされるハインリヒ・コルネリウス・アグリッパ・フォン・ネッテスハイム（一四八六～一五三五年）が、主著の一つ『オカルト哲学について』（一五三一～三三年）のなかで述べている言葉である。高貴な存在としての魔術師が、ほかならぬ魔術師自身によって高らかに称揚されているわけだ。

アグリッパは、同時代に生きた医学者パラケルスス（一四九三～一五四一年）と並んで、魔術哲学の創始者として、近世において肯定的にも否定的にも頻繁に引用された魔術師である（Lehrich, 2006：22）。パラケルススは錬金術を行う過程で金属化合物を内服薬として初めて採用した人物であり、医化学の祖として知られる。パラケルススの例が示すように、アグリッパが生きた時代は中世から近代への過渡期にあたっており、中世以来の呪術的世界観が色濃く残存しながらも、十七世紀以降に大発展を遂げる近代科学の萌芽が見られ始めた時代であった。

このような時代のなかで、魔術はいつなんどき悪魔の領域に転落するかもしれないという危うさを胚胎しながら、当時の知の世界を一身に集約する営為でもあった。アグリッパと魔術と知の世界とのつながりについては、十七世紀のフランスの人文学者で国王ルイ十三世の名誉侍医を務めたガブリエル・ノーデ（一六〇〇～五三年）

のアグリッパに対する評価が参考になる。ノーデによれば、アグリッパは「神学・法学・医学の三つの上位の学部における新しいトリスメギストゥスであるばかりでなく、ヨーロッパのあらゆる土地を自身で旅することを欲し、あらゆる学問分野で知力を働かせた」知識人にほかならなかった（『魔術の嫌疑を誤ってかけられた全ての偉大な人物たちに対する弁明』一六二五年）（Keefer, 1988：614）。

トリスメギストゥスとは、ヘルメス・トリスメギストゥス（三重も偉大なるヘルメス）のことだ。この神話的なエジプト人はモーゼと同じ頃か、それ以前に生きていたとされ、一～三世紀頃に成立した『ヘルメス選集』の著者と信じられていた人物である（イエイツ、一九八四：三七—三八）。『ヘルメス選集』には哲学・神学と並んで魔術・占星術・錬金術などに関する内容が含まれており、ルネサンス期の魔術師たちに多大な影響を与えた。ノーデはアグリッパを「新しい」ヘルメス・トリスメギストゥスと形容し、その学問的な偉大さを称賛しているのである。

ところで、アグリッパが生きた時代が魔女狩りの時代とも重なることを忘れてはならない。一四二〇年代からアルプス山脈西方一帯で起こり始めた魔女狩りは、十六世紀前半まで小康状態を維持していたが、一五六〇年代から一六三〇年代まで激化し、十五世紀から十八世紀中頃までに約五万人の人々が魔女として処刑された（Goodare, 2016：27）。アグリッパが誕生した一四八六年は、奇しくも魔女狩りの手引き書として悪名高い『魔女への鉄槌』が出版された年でもある。

本稿では、西欧近世という時代の「呪者」としてアグリッパと魔女を取り上げ、その比較検討を通して、その特質を明らかにしたい。

## 2. アグリッパという呪者

アグリッパは遍歴の呪者であった。彼の足跡はドイツ、フランス、スペイン、イングランド、イタリア、スイス、ネーデルラントなどヨーロッパ各地に残されている。だが、同じ国に七年以上滞在することはなく、宮廷と極めて近い関係にあったときもあるが、人生の大半を過ごしたのは上流貴族や権力者から成る社会の周縁部であった（Nauert, 2001：13）。

アグリッパはケルンの上流の商工業者か下流貴族の両親のもとで生まれたようである[1]。彼自身が言うには、神聖ローマ皇帝を輩出したハプスブルク家に代々仕えた名門の出ということだが、これは庇護者の寵愛を得るための言辞であったのかもしれない。一四九九年、十三歳の時、ケルン大学に未成年で入学を許可され、一五〇二年に学芸学士号を得た。後にアグリッパは、ここで二人の神学博士から受けた教育を酷評している。舌鋒の鋭さはアグリッパの特徴である。

一五一〇年頃のアグリッパの知人宛の書簡によると、少年の頃から自然の中の神秘的な力を探究することに並々ならぬ関心を抱いていた。一五〇七年から二年間、明確な動機は不明だが、フランスとスペインを訪れ、そこで関心を共有する友人たちとオカルト（神秘学）を探究するある種の秘密結社を結成し加わったらしい。ここで仲間と生涯秘密を守ることを誓ったため、錬金術について自由に書くことができなくなってしまったことを、後年、『オカルト哲学について』と並ぶ主著『学問と学芸の不確実性と無益さについて』（一五三〇年）の中で述べている。

アグリッパの法学・医学・神学の博士号取得の経緯は明らかではない。いつどこの大学で授与されたのか等の情報について、本人の主張以外に裏付ける証拠がないからである。しかしながら、多くの著作物を含め、生涯にわたって様々な場面で見せた三分野に関わる知識と実践、また王侯貴族の招請状況から察するに、極めて高度な知識と実力を兼ね備えていたことは間違いない。ノーデのアグリッパ評価を思い出そう。

一五〇九年、アグリッパはブルゴーニュのドル大学でドイツの人文主義者ヨハネス・ロイヒリンの著したカバラ主義的な内容を持つ『驚くべき言葉について』（一四九四年）に関する公開講義を行った。これは皇帝マクシミリアン一世の娘マルグリットに敬意を表して行われたものであり、アグリッパの大学教授としての最初の仕事であった。この講義のおかげで、アグリッパはドル大学から神学の博士号を授与されたという。しかし喜びも束の間、講義内容が異端の嫌疑を受け、アグリッパは「ユダヤ的な異端者」として非難されることになる。これはアグリッパが公然と非難された最初の事件であった。弁明の機会を与えられず、アグリッパは追放者としてドルを去った。ちなみにロイヒリンはギリシア語・ラテン語だけでなくヘブライ語を研究し、画期的な『ヘブライ語入門』を著したほか、ユダヤ人の保護をめぐってカトリック教会と衝突した人物である。

同年末、アグリッパはドイツのシュポンハイムの大修道院長ヨハンネス・トリテミウスのもとを訪れている。トリテミウスは聖職者でありながら、魔術師としても夙に知られ、「魔術を愛する者」と自称していた人物である（Tuczay, 2006：1136）。この訪問のすぐあと、アグリッパはトリテミウスに『オカルト哲学について』の初期の草稿を贈った。トリテミウスはその内容を好意的に評価し、オカルト哲学の研究を続けるよう勧めた。約二〇年後に出版されるまで、この書は写本の形で流布し、アグリッパも修正を加え続けた。

一五一〇年、アグリッパ本人がいわくありげに語るには、秘密の用向きでロンドンに居を移した。当地でアグリッパはイングランドを代表する人文主義者ジョン・コレットと一緒に使徒パウロの書簡の研究を行い、『ローマの信徒への手紙』の註釈を書き始めた。ほどなくしてケルンに戻ったあと、一五一一年から一八年初めにかけて、北イタリアで皇帝マクシミリアン一世の軍事行動に仕えるかたわら、オカルト哲学と神学の研究を続けた。また、一二年にパヴィア大学でプラトンの『饗宴』、一五年にヘルメス文書『ポイマンドレス』について講義を行っている。敬虔なキリスト教信仰とオカルト哲学や魔術に対する熱烈な嗜好の濃密な同居、それがアグリッパという呪者の類稀なる特徴である。次にトリノに移ったアグリッパは同地の大学で聖書に関する講義を行った。これがアグリッパの大学教授としての最後の仕事となった。

一五一八年、三十二歳になったアグリッパは帝国自由都市メッスに法律顧問として姿を現す。当市でアグリッパは弁護士として魔女裁判に関わり、一人の女を魔女として処刑しようとした異端審問官と対峙し、弁護して女を救った。異端審問官が女の母親がかつて火刑に処された魔女であることを理由に裁こうとしたのに対し、アグリッパは子供に施される洗礼の恩寵などを理由に反論したのである（Agrippa, 1643：279–280）。メッスを後にしたアグリッパは、ケルン、ジュネーヴ、フライブルクへと移り住み、一五二四年にはフランスのリヨンに所を変えた。フランス国王フランソワ一世の母后ルイーズ・ド・サヴォアの侍医を務めるためである。宮廷へのこの滞在も長くは続かなかった。なぜなら、占星術にもとづく予言を書くことを求めた彼女の依頼にアグリッパが気分を害し、二人の仲が極めて険悪になったからである。アグリッパは民間信仰的な占星術を軽蔑していた。

図1　アグリッパの肖像(2)

一五二五年、リヨンを去りスペインを経由してパリに移ったルイーズは、アグリッパにリヨンに留まるよう命じた。この時期以降、アグリッパの地位は揺らいでいく。宮廷から支給されていた俸給は止まり、宮廷とルイーズの裏切りにアグリッパの不満は募っていった。一五二七年、宮廷に辞表を提出し、年末にはリヨンを去った。

翌年七月、アグリッパはアントウェルペンに到着し、ネーデルラントを支配する神聖ローマ帝国の摂政マルグリット・ドートリッシュに相談役兼修史官として仕えることになる。激変する環境の中、アグリッパはフランス滞在中の一五二六年に大著『学問と学芸の不確実性と無益さについて』を書き終えている。それはあらゆる知識は不確かだとする極端な懐疑主義に立つ書であり、モンテーニュやデカルトに影響を与えたことでも知られる。初めて出版されたのは一五三〇年のアントウェルペンにおいてであった。

アグリッパの苦難は続く。この書の出版は国王勅許を受けていたが、出版されるや内容の正統性に疑念を抱いたマルグリットがルーヴァン大学神学部に検閲を依頼したのである。その直後マルグリットが急逝すると、この書は神聖ローマ皇帝カール五世の弟フェルディナント一世に送られ、その内容に激怒したフェルディナントは皇帝にこの書について知らせた。いずれにせよ、『学問と学芸の不確実性と無益さについて』をめぐる揉め事のために、アグリッパは宮廷の寵愛を失い、俸給も途絶え、再び貧窮に陥った。一五三〇年末にはアントゥエルペンからメヘレンに移ったが、貧困状態に改善は見られず、翌年八月には借金問題ために一時的に投獄された。

一五三二年、釈放されたアグリッパはケルンに向い、大司教選帝侯ヘルマン・フォン・ヴィートのもとを訪れている。選帝侯との接触が前年の初めにあったことは、アグリッパが『オカルト哲学について』第一巻を三一年一月に選帝侯に献呈していることから明らかだ。『オカルト哲学について』全三巻が出版されたのは一五三三年のケルンにおいてであり、第二巻に掲載されている選帝侯への献辞の内容から、選帝侯の援助のおかげで『オカルト哲学について』全三巻の出版が成就したことがわかる。その後、アグリッパはボンに移り住み、マルグリット・ドートリッシュの後を継いでネーデルラントを支配していたマリア・フォン・エスターライヒに対して、支払いが滞っている俸給を求める嘆願書を送っている。

一五三三年の中頃以降、アグリッパの消息を伝える史料は現存せず、晩年のことはよくわからない。次節でふれるアグリッパの弟子ヨーハン・ヴァイヤー（一五一五～八八年）が述べるところでは、三五年にリヨンに移ったアグリッパは、フランソワ一世の母后を侮辱した咎により、国王によって一時投獄され、同年、グルノーブルの地で没した。誠に波乱に満ちた四十九年の生涯であった。

## 3. 高等魔術師から魔女の一味への転落

アグリッパが亡くなってから約半世紀後、魔女狩りを扇動する一冊の悪魔学書が出版された。ジャン・ボダンの『魔術師の悪魔狂』（一五八〇年）である。ボダンは、国家主権の重要性を唱えて近代主権概念の基礎を打ち立てた人物であり、政治学史上、重要な位置を占める。その彼が魔女狩り賛成派の旗頭でもあった。

さて、ボダンは同書で次のようなことを述べている。

［幾人かの著作家たちが］アグリッパが御主人様と呼んでいた黒犬が、アグリッパがグルノーブルの施療院で息を引き取るやいなや、衆人の目の前で川に身を投げ、それ以来目撃されていないと書いていることに関して、ヴァイヤーは、それは犬の格好をしたサタンではなかったと述べている（Bodin, 1580：folio 220r）。

ここからわかるのは、生前のアグリッパについて広まっていた巷間の噂である。アグリッパは黒犬をペットのように飼っていた。それは実は彼が仕えていた悪魔にほかならず、彼が息をひきとると、悪魔は契約関係が切れたので忽然と姿を消したというのである。

では、ヴァイヤーはなぜ黒犬が悪魔ではないと断言できるのか。ボダンが先の引用文の直前で述べるには、「ヴァイヤーが、生まれてこの方かつて存在した最大の魔術師アグリッパの弟子であり、また、そればかりか、召使、奉公人でもあり、寝食を共にしていたと告白したことが十分に注意されなければならない」（Bodin, 1580：folio 219v）。

ボダンがヴァイヤーを批判するのも無理はない。ヴァイヤーの魔女に関する議論は、ボダンの主張と真っ向から対立するものであったからだ。ヴァイヤーはパリ大学とオルレアン大学で医学を学び博士号をとったあと、クレーフェ・ユーリヒ・ベルク公領のウィレム五世の侍医を務めていた医者であり、一五六三年に魔女狩りを批判する大部の『悪魔の眩惑について』を出版している。ヴァイヤーは一五七七年には同書の内容を縮約した『魔女について』を出版していた。ヴァイヤーの論点は、魔女として告発されている者は、黒胆汁過多に起因するメランコリー症に冒された老女であり、魔女が自白する悪魔との同衾や空中飛行は想像にすぎない、したがって魔女は火刑にすべきではない、というものであった。魔女の実在を堅く信じ、魔女狩りを鼓吹するボダンにとってヴァイヤーの見解は容認できるものではない。先の引用箇所は、『魔術師の悪魔狂』の最終章「ヨーハン・ヴァイヤーの見解に対する反駁」において記されているものだ。

実際、ヴァイヤーは大学入学前の十五歳の時、アグリッパに弟子入りし、三年間起居を共にしていた。アグリッパが四十四歳の頃である。では、ヴァイヤー自身の証言はどうなのか。『悪魔の眩惑について』には、体験にもとづいた次のようなくだりがある。アグリッパが亡くなったとき、彼に付き添っていた悪魔である黒犬が姿を消したという話にふれた箇所である。

> これほどまでの名声を持つ人々が下層民の無駄話にもとづき、極めてくだらない事柄について時折書いていることに私は相当に驚きを禁じえない。私は問題となっているこの犬について見たし、よく知っていたのだ。それは黒色で大きさは中くらい、御主人様と名づけられていた。私がアグリッパと一緒に住んでいたとき、私が犬を綱につないで歩いた。だがそれは正真正銘の雄犬であった。そしてそれは妻として同じ大きさと色の雌犬を娶り、奥方様と呼ばれていた（Wier, 1579 : 191)。

この引用は一五七九年出版のフランス語増補版からのものだ。したがって「これほどまでの名声を持つ人々」はボダンを直接名指したものではない。アグリッパが飼っていた「黒犬＝悪魔」説は、当時、広範に広まっていたのであろう。ヴァイヤーはさらに続ける。

私が思うに、この誤った見解は、（飼い主の中にはよく見られるように）彼がこの犬を過度に甘やかし、接吻し、テーブルで彼の近くに侍らし、特に一五三五年に離婚してからは彼の寝床で寝かせたことから生じたのだ。さらに彼は書物で溢れる書斎に犬を侍らせていた。そして普段この犬はアグリッパと私の間に座っていたのである（Wier, 1579：191）。

アグリッパは愛犬家であり妻帯者であった。アグリッパは生涯のうちに三度結婚しており、一人目と二人目の妻とは死別している。また子供も複数もうけていた。このようなアグリッパの姿から見えてくるのは、波瀾万丈の生涯であったとはいえ、悪魔の手下という人物像ではない。だが、ヴァイヤーは次のような解釈も述べている。

アグリッパは始終、研究に引きつけられ、外出もせず部屋にまる八日間閉じこもっていることが時折あったにもかかわらず、様々な国で起こったことを熟知していた。人々の中には、これを魔術（magie）のせいにする者がいた。この犬が様々な情報を彼に報告した悪魔であると考えたのである。しかし実のところは、彼はそれらを学者たちがあらゆる場所から送ってくる書簡によって知ったのである（Wier, 1579：191）。

寝食を忘れてオカルト哲学と神学の研究に没頭し、余人が想像もつかない、ヨーロッパ中の学者たちとの間に張り巡らされたネットワークを駆使して情報を手に入れるアグリッパの姿は、魔術師そのものに見えたのであろう。

しかし、アグリッパに弟子入りし、身近に接したヴァイヤーにとって、アグリッパは敬愛すべき「私のかつての宿主にして師匠」（Wier, 1579：187）にほかならなかった。

ヴァイヤーのアグリッパ擁護の主張もむなしく、悪魔に仕える魔術師としてのアグリッパ像は拡散していった。たとえば学識高いイエズス会士マルタン・デル・リオが著した悪魔学書『魔術探究六巻』（一五九九―一六〇〇年）には、魔術を使って石をお金に変えて宿代を不正に支払うアグリッパが登場する（Zambelli, 1976：69–70）。

ボダンもアグリッパの『オカルト哲学について』の「第四巻」の存在について、次のように述べている。同書は全三巻なので第四巻は偽書である。

アグリッパはオカルト哲学の鍵を友人たちだけに残したということだ。それは第四巻のことで、それをアグリッパの弟子や友人たちが彼らの師の死後、印刷させたのである。この書によって、白昼のもとにさらけ出すように、魔術（Sorcellerie）という唾棄すべき毒薬が、あらゆる種類の悪魔召喚、魔法陣、護符、サタンに捧げられる生贄ともども露わにされたのである（Bodin, 1580：folio 220r）。

この引用の直後に記されているように、ボダンがこのように言うのは、魔女を裁く裁判官を死刑執行人呼ばわりし、魔女狩りに反対するヴァイヤーを批判するためであった。この師匠にしてこの弟子ありということを言いたいのである。ボダンにとって、ヴァイヤーの魔女救済論は、魔術師がその同類を逃れさせ、サタンの支配を増大させるための口実に過ぎなかった（Bodin, 1580：folio 225v）。その理屈からすれば、ヴァイヤーとその師アグリッパはともに魔女の一味にほかならないということになろう。

このように誹謗中傷されたアグリッパだが、彼自身の魔術観はどのようなものだったのか。『オカルト哲学について』第一巻の第二章「魔術（magia）とは何か、その諸部分とは何か、そして、魔術の専門家にとって何が必要か」（アグリッパ、二〇一七：四二一）[3]の中でアグリッパはこう述べている。

> 魔術的諸能力は（…）もっとも完全で最大の学知であり、より上位の、より聖なる哲学であり、結局、もっとも高貴な哲学全体の絶対的な完成である。（…）魔術自体は、三つ［自然学、数学、神学］のもっとも支配的な能力を有しており、それらを結合し、そして現実化する。それゆえ、古代の人々がそれを最高で、もっとも聖なる学知と見なしたのは当然のことである（アグリッパ、二〇一七：四二一―四二三）。

魔術師については、第一巻第一章で次のように述べられている。

> ［魔術師たちは］元素界の諸力を医学と自然哲学に従って、自然的事物のさまざまな混合によって得ようと努める。次に彼らは、占星学者の法則と数学者の規則に基づき、天界の光線と流入によって、天界的な諸力を元素界の諸力に結びつける。さらに彼らは、宗教の聖なる祭儀を通して、さまざまな叡智の権能によって、これらすべてを強固にし、確証する（アグリッパ、二〇一七：四二一）。

ルネサンス精神史の碩学F・イエイツが述べているように、「アグリッパの描く〈魔術師《マグス》〉は三つの世界すべてを通り抜けてひたすらに上昇を続ける。四大［土・気・火・水］の世界を抜け、天上の世界を抜け、知性的、天使的、神霊的世界に到り、さらにその世界をも超え出て造物主自身へと向かい、彼の神的な創造の力をわがものにしようとする」ものであった（イエイツ、二〇一〇：二一七）。アグリッパ自身が語る魔術と魔術師に関する考え方は、巷間の魔術観・魔術師観と似て非なるものであった。そして魔術師アグリッパは、自負心をもって自らの魔術について語る呪者であった。

しかし、アグリッパがこの世を去って約半世紀後、アグリッパの考え方は通用しなくなっていた。ボダンの次の言葉は一六世紀後半から一七世紀前半にかけての魔女狩り高潮期の魔術・魔術師観を端的に表現するものと言えるであろう。

魔術という言葉は古代ペルシアに由来し、神に関わる諸事物、また自然の諸事物に関する学問を意味する。そして祭司《マギ》（Mage）、もしくは魔術師（Magicien）は哲学者にほかならなかった。さりながら、哲学がソフィストたちによって、また神の賜物である叡智が異教徒どもの不敬虔と偶像崇拝によって変造されたのと同じように、魔術は悪魔の魔術（Sorcelerie Diabolique）に変えられてしまったのだ（Bodin, 1580：folio 51r）。

確かに、ボダンも高等な魔術と魔術師の存在について認めている。しかし、それはもはや過去のものであった。今の世に蔓延っているのは「悪魔の魔術」とそれに手を染め、悪魔に仕える下等な魔術師と魔女の一味にほかならなかったのである。

## 4. 呪者としての魔女の肖像

アグリッパがメッスで魔女の弁護を引き受けたのは一五一八年のことであったが、その前年、ウィッテンベルク大学の神学教授であったルターがカトリック教会の贖宥状販売に対して『九十五ヵ条の論題』を公表し、宗教改革の狼煙が上がった。その後、宗教改革は燎原の火の如くヨーロッパ各地に広がり、カトリックとプロテスタントが戦火を交える宗教戦争の時代に入った。一五四五年から六三年にかけて、イタリア北部のトリエントで公会議が断続的に開催され、カトリック、プロテスタントの調停が目指されたが、プロテスタント側は出席せず、結局、公会議はカトリック側の教義を確定する場となり、新旧両教会の決裂は決定的となった。『学問と学芸の不確実性と無益さについて』におけるアグリッパの反教会的な傾向から、彼をプロテスタントと解釈することが時にあるが、アグリッパがプロテスタントを支持していたことを示す明白な証拠はない（Lehrich, 2006：24）。アグリッパは、十五世紀末から十六世紀前半にかけてのルネサンス思想界を席捲した新プラトン主義の信奉者であったが、彼らの宗教的問題に対するスタンスは、キリスト教カバラに基づいた神秘主義的な総合を目指すものであった。しかしながら、トリエント公会議の結果はキリスト教世界の宗教的統一が不可能であることを決定づけ、宗教的統一を目指す思想自体が異端視されるようになった（黒川、二〇一二：四八―四九）。アグリッパという呪者への否定的評価の顕在化は、以上のような社会的変化のもとで見られねばならない。

そしてヨーロッパ各地で魔女狩りが激化し始めたのも、トリエント公会議を経た一五六〇年代以降のことであった。カトリック、プロテスタントを問わず進められた呪術的な民衆文化世界の抑圧、絶対主義国家による臣民の規律化の推進、父権制社会の進展に伴う女性への否定的な眼差しと処遇の昂進などの諸原因が相俟って本格的な魔女狩りを稼働させていくことになった。アグリッパの否定的評価の顕在化と魔女のヨーロッパ社会における前景化の時期は重なっている。

図2　魔女／呪者ジョウン・ウィルモットの肖像。中央。松葉杖をつき、使い魔を左肩に乗せた老女の姿で描かれている。「アン・ベイカー、ジョウン・ウィルモット、エレン・グリーンの尋問」より[4]。

それでは、魔女狩り時代にアグリッパがその同類とみなされるに到った魔女という呪者の肖像を見てみることにしよう。断るまでもなく、時期や地域によって魔女の具体像は様々だが、ここで取り上げるのは魔女という呪者の肖像の一つの典型を示すものと言える事例である。

一六一九年末、ロンドンで『マーガレットおよびフィリップ・フラワーの魔術の驚くべき暴露』という一冊のパンフレットが出版された。前年の三月十一日に処刑された魔女たちが引き起こした事件と尋問を内容としたものだ[5]。この事件では、三人の魔女による魔術によって、貴族の二人の息子が死亡し、一人娘が重篤な病と異常な発作により生命の危険にさらされた。当時のヨーロッパでは多くの印刷業者が戦争、災害、殺人、処刑等を題材としたビラやパンフレットを出版しており、魔女もまた目を引く題材の一つであった（吉見、二〇〇一：二十七）。

事件の顛末は次の通りである。ラトランド伯フランシス・マナーズはイングランド中部の現レスターシャーに存在するベルヴォアール城を根城に、伯爵領に属する町や荘園を治める領主であった。ラトランド伯は「生涯のあいだ、小作人を立ち退かせることも、召使を解雇することも、貧者が近寄ってくるのを拒むこともせず、よそ者を喜び迎え入れ、高貴な領主の全義務を実行するほどに高潔に暮らした」人物であった（TWD, 1619：289）。そのおかげか、ベルヴォアール城は「絶え間のない歓待の宮殿となり、貧富を問わずあらゆる人々にとって、日々の避難所となった」（TWD, 1619：290）。そのような人々の中に、城の近所に住んでいた老女ジョウン・フラワーとその娘マーガレットとフィリップがいた。彼女たちは家政婦として受け入れられ、なかでもマーガレットは城中に住むことを許され、屋内では洗濯所で、戸外では家禽の世話をして働いた。

だが、程なくして伯夫人シシリー・タフトンはマーガレットを城中から追い出し、解雇してしまう。理由は「彼女の生活と仕事の怠慢の双方におけるいくつかの不品行を発見した」（TWD, 1619：294）からであった。解雇によって、マーガレットの「この高潔な伯とその家族に対する愛と好意は憎悪と深い恨みに変わ」り、その上、母親ジョウンは「それほどまでに軽んじられたことに悪意を抱いて憤慨し、娘が追い出されたことを隣人たちから厳しく非難され、そしてほかにも不満を抱き」、「この不満足の原因の全てである彼らを呪った」（TWD, 1619：

294）。悪魔が「この見下げ果てた輩の堕落した気質」を見逃すはずはなく、フラワー家の三人の女は「易々と悪魔の王国を拡大するための道具にされた」（TWD, 1619：294）とパンフレット作者は述べる。

一体、魔女はどのような魔術を行ったのか。たとえば、マーガレットに対して行われた尋問について、パンフレットは次のように記している。

彼女は次のように供述し、自白した。（…）彼女の母は彼女にロス卿ヘンリ〔ラトランド伯の息子の一人〕の右手袋を取りに行かせた。そののち彼女の母は再び彼女にベルヴォアール城に行くよう命じ、ロス卿ヘンリの手袋か何か他の物を取ってこさせた。彼女は何をするのかと尋ねた。彼女の母はロス閣下に損害を与えるのだと答えた。そこで彼女は手袋を取ってきて母に渡した。母はそれを使って彼女の猫ラターキンを撫で、それを熱湯に浸したあと、続いて何度も針で刺した。そのあとロス卿ヘンリは一週間経たないうちに病気になり、酷く苦しめられた（TWD, 1619：316）。

パンフレットには、フラワー家の三人の魔女以外の別の三人の魔女の尋問も記されている。二組の尋問が同じパンフレットに記載された正確な理由は不明だが、後者の魔女たちはラトランド伯の魔女事件について何か知っていることはないのかと尋問されている（Gibson, 2000：276）。たとえば、「レスター州に住む未亡人、ゴードビーのジョウン・ウィルモットの尋問」（TWD, 1619：310）の箇所には次のような話が記されている。ゴードビーはベルヴォアール城から約五十キロメートル南の土地である。

さらに彼女〔ジョウン・ウィルモット〕は供述した。ジョウン・フラワー、マーガレット・フラワー、及び彼女はジョウン・フラワーが逮捕される約一週間前にブラックボロウ丘で会った。そしてそこから前記ジョウン・フラワーの家に行った。そこで彼女は二匹の使い魔を見た。一匹は鼠、もう一匹は梟のようであった。そのうちの一匹は、彼女が思った通り、彼女の右耳の下から血を吸った。前記ジョウンは、自分の使い魔たちは自分が縛り首にされることも火炙りにされることもないだろうと言ったと彼女に告げた。さらに彼女が供述したことには、前記ジョウン・フラワーはいくらかの土を取ってそれに唾を吐きかけ、指で捏ね、がま口に入れて、こう述べた。卿自身に損害を与えることはできなかったが、亡くなった卿の息子は殺したんだよ（TWD, 1619：311）。

「使い魔」とは、一般に小動物の姿形を取った、個人が所有する飼い慣らされた悪魔である。魔女がマレフィキウム（害悪を与える魔術）を行うときに手助けする存在であり、イングランドの魔女信仰に顕著に見られるものだ。使い魔は魔女への奉仕と引き替えに魔女の血液を要求すると信じられていた（Sharpe, 2006：347–349）。ジョウン・フラワーは、ラトランド伯の長男を殺害するための魔術を行うにあたって、使い魔の力を借りているわけである。ここで思い出されるのは、アグリッパと黒犬の関係である。この件に関しては、二つの事例は時空を超えて似通っている。

魔女たちの具体的な肖像を見てみよう。ジョウン・フラワーは次のように描写されている。

母親ジョウン・フラワーは、悪罵、呪い、不敬な呪詛に満ち溢れた極悪非道の悪意ある女であり、人々が彼女のそばで遭遇したあらゆることに関して無神論者であった。そのうえ最近、彼女のまさしくその顔つきがよそよそしくなり、両目は落ち込み、ぎらぎら光り、話しぶりは粗暴で嫉妬深く、振る舞いは異様で人目を引き、人付き合いは疎遠になっていた。その結果、彼女の全生活が彼女が札付きの魔女だという強い疑念を与えた（TWD, 1619：291）。

ジョウンの外見・表情・話し方・物腰すべてが魔女を想起させるのだ。城から追放されたジョウンの娘マーガレット、そしてフィリップはどうであったか。

マーガレットに関しては、彼女は城から母親のところにしげしげと通い、召使が盗むには相応しからぬと思われるような貯蔵品を持ち運び、きわめて不適切な時間にやって来るのだった。そして彼女たちは彼女たちのあいだで、ある悪だくみを考えずにはいられなかった。また彼女たちの尋常ではない放蕩と物入りは、伯夫人からの略奪と、この母親ジョアン・フラワーの家、とりわけ末娘のもとに足繁く通ったある放蕩な卑しい連れとの関係に至りついた。フィリップに関しては、トマス・シンプソンという愛人に淫らに夢中になった。彼が推測して言うには、彼女が彼に魔術をかけた（bewitched）のである。なぜなら知り合って以来、彼女から離れることができず、彼が思うように、心身ともに驚くべきほどに変わってしまったからである（TWD, 1619：292）。

フラワー家の三人の女には、奸計、性的なふしだらさ、盗癖といった特徴が付与され、それらが彼女たちの魔女としての重要な属性となっているのだ。

## 5．おわりに――呪者の創造と没落

フラワー家の三人の女は十七世紀初めのパンフレットにおいて「魔女」と明記されることで魔女として認識されたわけだが、彼女たち自身が魔女であると自称しているわけではない。また言うまでもなく、彼女たち自らがパンフレットの原稿を書いたわけでもない。パンフレットの内容のもとになったと考えられる裁判記録は現在失われており、パンフレットとは独立して事の真相を追究することは不可能である（Gibson, 2000：276）。パンフレットは匿名のパンフレット作者によるある種の創作であるという点を忘れてはならない[6]。したがって、フラワー家の三人の魔女という呪者は、ある意味で「創造」されたものとも言えるのだ。「呪い、不敬な呪詛」という言葉は史料上確認できるが、彼女たちが自身を「呪者（魔女）」として自覚していたかどうかは不明である。また、一見、パンフレットから読み取ることができる彼女たちの「呪術的行為に対するまじめさ」も額面通り受け取ることは難しい。確認できるのは、パンフレット作者がフラワー家の魔女たちが実践したとみなした呪術的行為をまじめに受け取っているということなのだ。

一方、アグリッパの場合は異なり、事情がやや複雑である。アグリッパは自他ともに認める「魔術師」であった。アグリッパにとって魔術師とは自然学、数学、神学を駆使して造物主である神の高みへと飛翔しようとする存在であり、類い稀なる高貴な存在であった。彼の呪術（魔術）に対する態度は自覚的で極めて真面目であった。メッスに滞在したときは、洗礼に関する神学上の議論によって異端審問官の立論を粉砕し、魔女として処刑されようとする一人の女を救いもした。彼は高等魔術師と魔女を峻別していたのである。だが、そのアグリッパ自身が結局は悪魔に仕える魔女の同類とみなされるようになってしまった。それは高等な魔術師から下等な魔術師への転落であり、呪者の「没落」とも言えるであろう。

西欧近世においては、あたかも貼り合わせになっているかのような「呪者の創造」と「呪者の没落」という過程を通して、魔女狩りで裁かれることになる「悪魔に仕える呪者」という存在が生み出されたと言えるであろう。

## 注

（1）アグリッパの生涯については、Lehrich, *op.cit.* 23; van der Poel, 1997: 15-49; Nauert, 2001:15-109、また、伊藤博明氏による「解題」（アグリッパ、二〇一七：四一八—四二〇）を参照のこと。
（2）図1の典拠は、Gloger, B &W. Zöllner. 1985 *Teufelsglaube und Hexenwahn*. Wien: Herman Böhlaus Nachf. である。
（3）訳中のラテン語は、Agrippa（1533）から筆者が挿入したものである。
（4）図2の出典は、TWD（参考文献参照）である。
（5）ギブスンによれば、匿名のパンフレット作者は、受胎告知日（三月二十五日）に年が変わる伝統的な日付記入方式に従って記述しているため、正確な年代を確定できず、魔女が処刑された年は一六一八年か一九年のいずれかである（Gibson, 2000：278-279）。
（6）パンフレットが出来上がるまでには、様々な「入力（input）」（犠牲者、尋問者、魔女、書記、速記者、著者、編集者、印刷者等）が関係しており、その内容は確実で不正のないものだと言うことはできない（Gibson, 2000：5）。

## 参照文献

アグリッパ、H.（二〇一七）『オカルト哲学について（第一巻）』伊藤博明訳・池上俊一監修『原典ルネサンス自然学（上）』名古屋大学出版会。
イエイツ、F.（一九八四）『魔術的ルネサンス—エリザベス朝のオカルト哲学』内藤健二訳、晶文社。
------（二〇一〇）『ジョルダーノ・ブルーノとヘルメス教の伝統』前野佳彦訳、工作舎。
黒川正剛（二〇一二）『魔女とメランコリー』新評論。
吉見俊哉（二〇〇二）「活字メディアの時代」吉見俊哉・水越伸『改訂版メディア論』二五—三五頁、放送大学教育振興会。
Agrippa, C. 1533（1992）*De occulta philosophia libri tres*. ed. by V. Perrone Compagni. Leiden: E. J. Brill.
------ 1643 *De incertitudine et vanitate omnium scientiarum et artium liber*. Leiden: Lvgdvni Batavorvm（http://ebooks.library.cornell.edu/w/witch/digital.html, access date 2018/05/04）.
Bodin, J. 1580 *De la démonomanie des sorciers*. Hildesheim: Georg Olms Verlag 1988.
Gibson, M. 2000 *Early Modern Witches: Witchcraft Cases in Contemporary Writing*. London: Routledge.
Goodare, J. 2016 *The European Witch-Hunt*. Routledge: New York.
Keefer, M. H. 1988 Agrippa's Dilemma: Hermetic "Rebirth" and the Ambivalences of *De vanitate* and *De occulta philosophia*. *Renaissance Quarterly* 41-4: 614-653.
Lehrich, C. I. 2006 Agrippa von Nettesheim, Heinrich Cornelius（1486-1535）. In R. M. Golden（ed.）*Encyclopedia of Witchcraft: The Western Tradition*.

pp. 22–24. Santa Barbara: ABC–CLIO.

Nauert Jr. C. G. 2001 *Agrippa et la crise de la pensée à la Renaissance*（traduit de l'anglais *Agrippa and the Crisis of Renaissance Thought* par Véronique Liard）. Paris: Dervy.

Sharpe, J. 2006 Familiars. In Golden, *op.cit.*, pp. 347–349.

*The Wonderful Discovery of the Witchcrafts of Margaret and Philip Flower*（...）, 1619, George Eld for John Barnes: London. In M. Gibson（ed.）2003 *English Witchcraft 1560–1736*, Volume 2（Early English Trial Pamphlets）, pp. 275–323. London: Pickering & Chatto（TWD と略記）.

Tuczay, C. 2006 Trithemius, Johannes（1463–1516）. In Golden, *op.cit.*, pp. 1136–1137.

van der Poel, M. 1997 *Cornelius Agrippa, the Humanist Theologian and His Declamations*. Leiden: Brill.

Wier,J. 1579 *Histoires, disputes et discours des illusions et impostures des diables, des magiciens infames, sorcieres et empoisonneurs...*, Volume I. A. Delahye et Lecrosnier coll.《Bibliothèque Diabolique》: Paris, 1885.

Zambelli, P. 1976 Magic and Radical Reformation in Agrippa of Nettesheim. *Journal of the Warburg and Courtauld Institutes* 39: 69–103.

# 第Ⅱ部　呪術にせまる

# 第5章　日常から呪術への跳躍

## ——ミャンマーにおける「上道の師」と「精霊の妻」の憑依実践(1)

飯國有佳子

### 1. はじめに

東南アジアの最西端に位置するミャンマー連邦共和国（以下ミャンマー）の呪術に関する調査を筆者が始めたのは二〇〇八年以降であるが(2)、「ナッを信じるのか」、「ウェイザーの薬は効くのか」といった質問を現地で受けることがある。前者の質問の後には「調べるだけ無駄だ」と言われることもあるが、質問には、ある共通した特徴が見られる。それは、ナッやウェイザーなどの霊的存在の実在性についてではなく、何かを実現するために、彼らの持つ超自然的な力は当てにできるのか、頼りになるのかを確認する質問ばかりであるという点だ。

浜本は呪術を「なんらかの意図を実現するための活動」（浜本、一九八五）や「技術的な行為と同様、特定の対象に働きかけて望ましい結果を手に入れようとする行為」（浜本、一九九七）とするが、川田が述べるように、それは「通常の作用や能力によらず超越的な力に働きかけて、特定の現象を目的的に引き起こすための行為または知識」でもある（川田、二〇〇九、傍点筆者）。つまり、呪術的実践とは「何らかの意図を実現する」という点では日常的な実践と変わらないが、超越的な力への働きかけという点で、日常とは一線を画すものといえる。では、人々はどのように超越的な力を当てにできるものとみなし、呪術的実践の沃野へと踏み出すのだろうか。

そこで本節では、タイプの異なる憑依実践を行う二人の女性呪者に着目する。ここから、ミャンマーの憑依実践の多様性を示すとともに、人々はどのように憑依を介した呪術的実践を当てになるもの、すなわちリアリティ[3]あるものと捉え、そこに参与するのかを考えてみたい。

## 2.「上道の師」アドー

一人目は「上道の師」と呼ばれる呪者である。ミャンマーの憑依実践に関わる最も主要な霊的存在としては、「ウェイザー」（ダッ）[4]、「タイッ」[5]、「ナッ」の三つのカテゴリーが挙げられるが、「上道の師」はこのうちウェイザーの力を用いる。

上座部仏教では、高度な瞑想修行によって、空を飛ぶ、本人の知り得ない言葉を話す、同時に二つの場所に存在するといった超常的な力を、悟りに至る過程の副産物として獲得できるとされるが、ウェイザーという霊的存在への信仰はこうした仏教教義の延長線上にある。ウェイザーとは、五十六億七〇〇〇万年後に弥勒仏が悟りを開く場面に立ち会うことを目指し、高度な仏教修行を積むことで「この世を抜ける」、すなわち肉体を棄てて精神だけの存在となり寿命を延ばしたとされる人々で、「上の方々」とも呼ばれる。このウェイザーは弥勒仏に逢うまでの間、人の身体を借りて仏教を護るための諸活動を行うとされており、ウェイザー直伝の秘儀的知識や超自然的な力により、病気治療やパゴダ建立など、仏教を護り広める活動を行う者は「上道の師」と呼ばれる[6]。

「上道の師」であるアドー[7]は、一九六一年にミャンマー中部マンダレー地方域の避暑地メイミョ（ピィンウールウィン市）近郊の村で生まれ、現在も同じ村に住んでいる。十六歳のある夜中、突然耳元で「娘よ。起きよ」という男の声が聞こえ、周囲を見回したが誰もいないという出来事があった。以後その声は毎夜聞こえ、護呪経文を教えたり、数珠を爪繰る等の仏教修行を彼女に課すようになる。同時にナッやタイッ、観音菩薩など様々な霊的存在に憑依されはじめ、声の主以外に憑依された時にはその間の記憶はなく、気付いたら八十キロメートル以上離れた町まで一人で出かけていたこともあった。

怖くなった彼女は、「パヨーガ」（多様な霊的存在により引き起こされる心身や社会関係の異常の総称）の治療で名を馳せる村の僧院に行き、「夜中に他人の声が普通に話している感じで聞こえます。私は狂ったと思います」と住職に相談した。住職は彼女に薬を処方すると同時に、様々なパヨーガの治療法と仏教修行を指導した。修行の結果、あるはずのない匂いがしたり、心の中で遠方の町に行けるようになった他、ある年のダザウンモン月(8)満月日の翌日には、枕元に大量の薬があるのを発見する。「上の方々」から下された貴重な薬だと住職が言うので、年に一度届く度に彼に渡していたが、その師僧は一九八三年に逝去する。

住職亡き後、二十二歳になった彼女の元に患者が来るようになったため、仕方なくパヨーガの治療を始めた。すると手元の薬は彼女の修行の多寡に応じて自動的に増減した。在家信者が守るべき五戒(9)を遵守しながら修行を続けた結果、今は一生かかっても使い切れないほど大量になった。二十五歳頃に、声の主である「上の方々」の命で、下位の霊的存在は身体に入ってはならないとしてからは、「上の方々」の助力によって治療を続けている。

一方で、彼女は常に自分が普通の人であることを強調する。「先生」と呼びかける患者には、「おばさん」と呼ぶよう柔らかく訂正する。加えて、火曜日と土曜日以外には決して治療しない。これは「上の方々」が週二日しかお越しにならないためであり、普通の人間である自分には、彼らなしでは恐ろしくて治療などできないという。また、「上の方々」から直接他者を救う力を授けられたが、その力は仏教修行を怠ることを許さない上、自ら求めて得た訳ではないため、できるなら知識を全て他者に譲り、治療活動から退きたいと考えている。しかし、かつて実際に治療を退いた時には、身体的不調に陥ったため、「上の方々」の命で仕方なく治療活動を続けている。

さらに、診察や治療に際しても、「上の方々」の言う通りに動いているだけなので、効くとは思うが、自分としては患者に絶対に治るとか効くとは言えないという。では、彼女の治療とはどのようなものなのだろうか。

## 3.「上道の師」の呪術的実践とその効果

アドーの治療は自宅の仏間で行われ、少ない時で数十名、多い時には二〇〇名以上の患者が一日に訪問する。時には彼女の噂を聞きつけて、遠くチン州やカチン州のクリスチャンがわざわざ治療を受けにくることもある。「上道の師」は仏教を護るというウェイザーの使命を遂行する人々であるため、自ら治療費を要求してはならないとされ、治療費の決まりもない。そのため、患者は仏壇の供物の中に三〇〇〇円程度を入れることが多いが、貧しい場合には払う必要はなく、逆にアドーが金を持たせて返すこともある。

彼女に治療をさせる「上の方々」とは七柱のウェイザーで[10]、それぞれ得意とする治療分野がある。彼らは治療中常に彼女の横におり、その姿は彼女には普通の人と同じくらいはっきりとみえるが、筆者を含め、修行を積まない一般の人には見えない。診察は、赤い薬を自分の指につけ、患者の手のひらの手首側三か所を触って仏法僧の三宝を請来し、診察担当の一柱に心（マノー）で伺いを立てるところから始まる。その後、順に手のひらを指で触っていく。邪術師なら術をかけるのに使った服や骨などが、小さい幽霊ならモワモワしたものが、手のひらの定位置に現れるが、これらは「上の方々」なしでは見えない。「娘よ。そこではない」、「娘よ。こっちを試してみなさい」という声に従って、実際にそこを触ると蠢いていたり、引っ張られたりするという。このように、「上の方々」は視覚や聴覚、触覚、嗅覚といった諸感覚を通じた教示をするが、傍目には単に手のひらを触っているだけにしか見えない。

診察の結果、パヨーガであれば治療を行う。治療法は多岐に渡るが、薬と針を用いた治療が多い［写真1］。あるケースでは、薬を付けた針で額の頂点を触って三宝を請来した後、呪符（イン）を作りながら針を徐々に下へと動かしていた。頭頂部から降りてきた中の悪い物を動けなくするため、別の薬を首の後ろにつけて動きを封じた後、この時は飲み薬を数日服用して体外に排出させることとなった。大量の髪の毛や骨、コイン、銅板、歯、呪符等が出てくることもあり、実際には切れないナイフで身体から直接取り出すこともある。

表1はクライアントの相談内容や治療法を示したものである。ここから相談内容は、単なる身体の異常だけではなく、事故や試験、妊娠といった非日常的な出来事の他、仕事や金銭問題、人間関係、夢の内容など多岐に渡ることがわかる。その背景には、人間の身体はもとより、仕事や人間関係といった身体を取り巻く環境における問題がパヨーガに起因する場合、その原因を取り除かなければ問題は解決しないという考えがある。実際にはパヨーガの診断が下る頻度は十件に一件あるかどうかという程度であるが、アドーの元を訪れる者は、まずパヨーガか否かの診断を求め、パヨーガの場合にはそれを取り除いてもらうことを期待する。その際、既に述べた「上の方々」より下された特別な薬が用いられるが、薬は飲用や塗布など、西洋医学に基づく一般的な薬の使い方と変わらない。

写真1　身体内の呪物の動きを針で封じるアドー

しかし、一般的な薬は誰が処方してもその効果は同じであると想定されるが、彼女の薬の場合、患者及び処方する者の態度とその効果が連動する。前節で述べたように、薬の量はアドーの修行に応じて増減する。また、異教徒に薬を処方する場合には、病気でないのに病気だと嘘をつく、薬を商売に用いない、飲酒しないといった条件の遵守を必ず約束させる。これは、「上の方々」から下された薬は、処方する者とともにそれを服用する者が仏教規範に従わなければ効果がなくなるという、「上道の師」の間の共通認識を教えるためである。

また、西洋医学同様に診察を行う点は同じであるが、パヨーガか否かに関わらず、殆どの治療で薬が処方されている点と、薬が身体的不調以

表1　アドーの治療内容

| | 相談者の特徴 | 年齢 | 相談内容 | 診断 | 治療内容 |
|---|---|---|---|---|---|
| 1 | 女性 | 34歳 | ひどい眩暈。首が座らない。喉が熱くしゃべれない。唾を飲めない。左側の腹部痛 | ナッが憑依したことによるパヨーガ | 粉薬の服用。針で呪物を取り出したのち、医者に行くよう告げる |
| 2 | 女性 | 16歳 | 大学受験について | 問題なし | 花を仏に喜捨 |
| 3 | 女性 | 40代 | 娘のお腹の中にいる子供について | 問題なし | 白傘を仏に喜捨 |
| 4 | 男性 | 30代 | 車の売買について | 約90万円で売却するよう指示 | 飲み薬を処方 |
| 5 | 男性 | 30代 | バイク販売の仕事について | パヨーガではないが障害が多い | 飲み薬を処方 |
| 6 | 男性 | 20代 | 腹にガスがたまって痛い | 女性邪術師によるパヨーガ | パヨーガの飲み薬を7日間処方 |
| 7 | チン人夫婦 クリスチャン | 不明 | 10日後の首と胃など3か所の手術のため大病院に回されたが、ここに来れば手術をしなくてよい可能性があると聞いて来た | パヨーガ | パヨーガの薬を1日3杯飲ませると、手術の必要がなくなる。その後、禁酒を絶対条件に、1年分の薬を処方 |
| 8 | 女性 | 40代 | 息子と嫁の喧嘩について | パヨーガではない | 朝5時に飲む薬を9日分処方 |
| 9 | 女性 | 40代 | 寮に住む娘が食事もできず帰りたいと泣く | パヨーガではない | 飲み薬を処方 |
| 10 | 飲食店経営女性 | 20代 | 仕事を2つしているが良いか | パヨーガではない | 飲み薬を処方 |
| 11 | シャン人女性 | 50代 | 耳が聞こえにくい | パヨーガ | 身体の中にいる鬼と、地面に棲み死にかけの人の血を吸う霊的存在を、針で閉じ込める。塗り薬と飲み薬を処方 |
| 12 | シャン人女性 | 40代 | 皮膚がかゆく化膿が2、3か月続く | パヨーガではなく普通の病気 | 塗り薬を処方するが、病院で医者に血を綺麗にする薬をもらうよう指示 |

| | | | | | |
|---|---|---|---|---|---|
| 13 | シャン人女性 | 30代 | 10代の娘の唇が白く、病気ではないと診断されたが心配 | パヨーガではないが、血液の異常のため命の危険がある | 薬草の球根を自分で擦って飲ませると同時に医者に行くよう指示 |
| 14 | シャン人女性 | 50代 | 体力がなく働けない | パヨーガではない | 飲み薬を処方 |
| 15 | シャン人女性 | 50代 | 手の片方が痛い | パヨーガではない | 塩湯で患部をこする |
| 16 | 男性 | 17歳 | バイクで事故を起こし、病院で錯乱 | 邪術師が和えそばの中に仕込んだ呪物を摂取したことによるパヨーガ | 薬と針で呪物を取り出す |
| 17 | FtoM男性 | 40代 | 3人に金を貸したが利子も元手も戻ってこない | パヨーガではない | 口を滑らかにする塗り薬を処方 |
| 18 | 女性 | 30代 | 健康について | 問題なし | 飲み薬を処方 |
| 19 | 女性 | 30代 | 結婚相手を見つけたいので、薬が欲しくて来た | 問題なし | 飲み薬を処方 |
| 20 | 夫婦 | 50代 | 27歳の子供が就職試験を受けたが失敗し、胃を悪くして入院した。パヨーガではないか | パヨーガではないが、病気は1つある | 朝5時と夜7時の1日2回飲む薬を処方し、9日後に再訪させる。3カ月ほどたてばよくなるので手術はしないよう指示 |
| 21 | 女性の親子連れ | 60代と30代 | 化膿した | パヨーガ | 今は良いが15日後には悪化するので、塗り薬を処方 |
| 22 | 女性の親子連れ | 30代と10代 | 夢の中で、自分の家の前で娘を見ている人がいて、「ついてきなさい」と娘に声をかけたので、走って逃げた | タイッとのつながりを持つことによるパヨーガ。5，60代のタイッの統領が娘をタイッの世界に呼び戻しているが、死んだ祖母が姿を変えて守ってくれた | パゴダの西と南西の方角で、娘自身が仏像に金箔を貼り、祖母に守護を祈願 |

注）網掛け部はパヨーガの症例を示す。
出典：筆者作成。

外にも効くと期待されている点も異なる。「上の方々」から下されたアドーの薬には、パヨーガに効く薬（アチャン）と、健康や人間関係、商売などパヨーガ以外に効く薬（アヌ）があるが、結婚相手を探したり、利息や借金の返済のためにアヌの薬を服用するのは、人間関係を良くしたり、自分の発言を魅力的にすることで、要求が通りやすい状況を作るためだと聞いたとアドーは言う。ところが、ほぼ全ての患者がこうした薬の効能には一切注意を払わず、薬をもらうだけで納得する。

アドーの事例では、治療中彼女が憑依されていることは傍目にはわからない。実際多くの患者は、彼女が横にいる「上の方々」の命に従って診断や治療を行っていることを知らない。というのも、ウェイザーの憑依では、自らの意識や憑依されているという感覚を保ち、彼らと心（マノー）で対話することが重視される。そのため、「上道の師」の憑依では、身体を占有する主体の転換は抑制的になり、傍目には普段と変わらないように見える。

また、薬が力を発揮するには、提供者と使用者双方に仏教戒の護持が求められるが、条件さえ守れば、その効果は仏教徒に限定されない上、患者も薬の成分には注意を払わない。つまり患者にとっては、薬として渡されたモノの成分ではなく、「上の方々」や「上道の師」の薬を服用する行為が大切だといえる。ここから、憑依を介した「上道の師」による治療の場合、「上の方々」の超自然的な力により聖別化されたモノを、身体化するという行為そのものの中に効果が宿っていると考えられる。

一日の治療人数や治療内容を見ると、人々は困ったことがあれば、気軽にアドーの元を訪れて薬をもらっており、「通常の作用や能力によらず超越的な力に働きかけて、特定の現象を引き起こす」ことへの躊躇はないようにみえる。この事例の場合、呪術の効果は薬の服用や仏への喜捨といった日常と地続きの実践に宿るため、呪術的実践への跳躍のハードルは低いといえるが、人々が気軽に呪術的実践に踏み出す理由はこれだけではない。表面上、呪術的実践と日常的実践が酷似していることに加え、三つの点すなわち呪者の力の源泉と呪者の性質、コストの低さも関係している。患者から見れば、呪者の力の源泉となるウェイザーの知識や力は、仏教教義に連なる点で「正統」なものである。[11] また、「上道の師」は仏教倫理に沿わなければ力を失うため、嘘をつけず、涅槃到達への妨げとなる強欲さや執着も忌避しなければならないとされる。つまり、患者は過大な報酬を要求されることなく、少額を都合に合わせて払えばよいため、呪術的実践に疑義を持つ者でも試しに相談しやすい。「上道の師」が提供する呪術的実践に人々が惹きつけられる背景には、それが仏教的倫理に則るという安心感と、「失敗しても惜しくなく、うまくいけば儲けもの」というハードルの低さがある。[12] 一方で、参与するには高いハードルの呪術的実践もある。次に「精霊の妻」であるキンキンフラの事例を見てみたい。

## 4.「精霊の妻」キンキンフラ

ミャンマーの憑依実践に関わる主要な霊的存在として、ウェイザー、タイッ、ナッの三つのカテゴリーがあることは既に述べた。「精霊の妻」を意味する「ナッガドー」は、ナッの中でも特に「三十七柱のナッ」と呼ばれる精霊群に属する一柱のナッとの間で、魂を介した恒常的な紐帯を結んだ人々である。「精霊」と訳されるナッの範疇には、由来を異にするいくつかの霊的存在が含まれるが、「上のナッ」と呼ばれる仏教の守護神（天）を除き、いずれも供物を捧げるなど丁重に扱えば人間を守護するものの、怒ると災厄を与えるという両義的性格を持つ。特に「三十七柱のナッ」は、生前王権と密接なかかわりを持った横死者の霊からなるが、仏教教義上、死後転生しない存在の位置づけはなく、横死は過去の悪徳の結果と捉えられる。また、飲酒をはじめとした儀礼における仏教戒からの逸脱行為に加え、「精霊の妻」と守護霊との関係は潜在的な性的関係を基盤とするため、[13]「三十七柱のナッ」への信仰は、仏教教義的観点から低く位置づけられることが多い。

キンキンフラは二〇〇七年からナッによる託宣を始め、二〇〇九年に正式に「精霊の妻」になった。一九六八年に旧首都ヤンゴン市のダウンタウンで生まれた彼女は、現在も生家で母と夫、大学生の一人娘たちと生活して

写真２　パカン王の祭礼で踊りを奉納する直前のキンキンフラ

いる。中国系ムスリムとの結婚を機に女優業を引退し、子育ての傍ら自宅で衣料品販売業を始めた彼女の元に、二〇〇四年のある日女行者が訪れる。キンキンフラは「前世の母は龍女で、あなたは龍界からきた」と女行者に告げられた途端、急に龍女に憑依されるという経験をする。その間の記憶はなく、突然床に倒れ込み、シューシューというヘビの威嚇音を立てながら、苦しそうな顔で両腕を伸ばしてくねくねと這っていたといい、その後何年も同じような龍女の憑依が断続的に続いた。

　そこでキンキンフラの母は、女行者の求めに応じて、二〇〇六年と二〇〇七年に三日間の大規模祭祀（ナッガナー）を主催した。二〇〇六年には、威嚇音だけで話せなかったキンキンフラにナッが初めて憑依し、二〇〇七年に女行者がキンキンフラと「龍界とのつながりを切って[14]」潜在能力を開くと、荒々しい憑依はなくなり、ナッが託宣するようになった。以後、自宅で服を売る傍ら、週一日だけ託宣を始めると、まずムスリムの夫が仏教徒に改宗し、仕事を辞めて彼女の助手を務めるようになった。さらに、大臣の娘や軍の情報局の家族、教員、海外在住者の家族、商人など、様々な人が彼女のクライアントとなった。

　そして二〇〇九年八月、キンキンフラに二度目の転機が訪れる。パゴダ建立[15]で名を馳せる「細糸僧正[16]」との出会いである。多様な霊的存在についての知識と経験を持つ僧正と会ったことで、キンキンフラは二〇〇九年十二月に、酒と女と闘鶏好きで知られる「パカン王[17]」の娘として正式に「精霊の妻」となるが[18]［写真２］、以後別の変化が生じる。それまでにもパカン王の命で、菜食主義や瞑想、数珠を爪繰る等の仏教修行を行っていたが、二〇一二年頃から時折「……と言えと、ボーミンガウン[19]が言っている」と、最も有名なウェイザーの一柱が、パカン王の口を借りて託宣をするようになったのである。これにより、ボーミンガウンが彼女に修行をさせるとした期間は、パカン王が憑依してもボーミンガウンに遠慮して飲酒せず、キンキンフラは常に瞑想修行者の衣服の着用を義務付けられた。一方、修行により当初週一日だった託宣は、水曜日以外いつでもできるようになった。

細糸僧正は二〇一三年頃から、土地に棲むタイッや悪霊を排除させるために、パゴダ建立に必ず彼女を伴うようになる。さらにキンキンフラは、二〇一四年三月に軍高官家族の依頼を解決した見返りとして、四二五万円のアパート一室を祭祀専用部屋として購入してもらう。全てがうまく行くように思えた矢先、同部屋で四月に開催された祭礼中に、細糸僧正が急逝する。細糸僧正の急逝後、キンキンフラは細糸僧正が開催していた「ボーミンガウンが『この世を抜けた』記念祭礼」を自宅で行うようになる[20]。

二〇一五年からは衣料品小売業に替わり、託宣の傍ら宝石のブローカー[21]を始める。二〇一六年十月のある日、アフリカに移住した家族への託宣中に、その一人が過去世でソーモンフラと同じタイッに属した縁から、ソーモンフラが彼らに戸建ての棲家を要求したことがあった。多額の支払いを恐れた家族は三十万円相当の金の首飾りだけを渡して、連絡が途絶えたが、キンキンフラはソーモンフラの願いを叶えるべく、他のクライアントに掛け合う。その結果、五ヶ月という短期間に約七〇〇万円を集め、二〇一七年にソーモンフラの故地に近いメイミョ近郊の土地を約二〇〇万円で購入し、五〇〇万円をかけてソーモンフラのための家を建てた。

キンキンフラが託宣を行う際の主たる憑依主体は、パカン王というナッである。「そもそも憑依の間のことは覚えていないし、後で言われて『そんなこと言ってたんだ』と思うくらい」というように、憑依中の記憶はなく、後に周囲から託宣内容を聞かされて驚くこともある。また、クライアントとの間で願望成就のための契約を結んだり、上記のような霊的存在からの特別な要求があった場合、霊的存在はその願望を叶えるために、彼女に断食や瞑想修行などの様々なミッションを課す。こうしたミッションを彼女は責任を持って行うが、その成否について一〇〇パーセントの確証を持っている訳ではない。精霊の託宣はどのような効果を持つのか、精霊はどのように人々の願望を叶えるのかと訊ねると、「『実際に経験』（レットゥエトゥエ）しないと分からない」と述べるに留まる。では、「実際に経験する」とは一体どのようなことを指すのだろうか。

## 5．「実際に経験する」とは―憑依における「適度な荒々しさ」

「実際に経験する」ことについて考える前に、まず「精霊の妻」の力を頼ることが、ミャンマー社会でどのように捉えられているかについて述べておきたい。

「村の九割の男性はほとんどのナッガドーはいんちきだと考えている」とスパイロが述べるように（Spiro, 1967：209）、「精霊の妻」にはある種の胡散臭いイメージのほかに、人の困難や欲望に付け込んで、騙して金を巻き上げるというイメージがある。上記のアフリカに移住した家族が、首飾りだけを渡して連絡が途絶えたのは、こうしたイメージそのままに、多額の金銭を要求されることを恐れたためといえる。

実際、「上道の師」とは対照的に、「精霊の妻」に願いを叶えてもらうよう特別に依頼する場合には、多額の支払いを覚悟する必要がある。「精霊の妻」に特別な依頼をする場合、願望成就の祈願や成就の暁には、数日間の大規模祭祀（ナッガナー）を行う契約をするため、「精霊の妻」の力量は、大規模祭祀の開催回数で量られる[22]。二〇〇九年二月に、筆者が別の「精霊の妻」に依頼して大規模祭祀を主催した際の儀礼費用は、二日間で九万円程度だったが[23]、現在では少なくとも十数万円はかかると推察される。ちなみに、キンキンフラは相場の費用の一・五倍から二倍の額を要求するにもかかわらず[24]、二〇〇八年以降、毎年数回の大規模祭祀を行っており、二〇一八年四月の開催費用は約三十万円で、メイミョで実施すれば、像の輸送代等で八十万円はかかるという。

「精霊の妻」やその力の源泉であるナッに対するマイナスイメージに加え、ナッに頼んでまで欲求を叶えたいという執着や欲深さそのものが、仏教教義上忌避すべきものであるため、多くの人は「精霊の妻」だけでなくナッそのものを敬して遠ざけようとする（飯國、二〇一一）。こうした、ナッや「精霊の妻」をめぐる社会一般の認識は、自らを篤信な仏教徒と自負すればするほど、ナッや「精霊の妻」の力を恃むことを躊躇わせる。では、人々に高い障壁を越えさせる鍵となる「実際に経験する」こととは、どのようなものなのだろうか。

「実際に経験する」ことの一つとして、精霊の顕現を目の当たりにできる、憑依儀礼におけるキンキンフラの身体的パフォーマンスを挙げられるだろう。大規模祭祀などでは一般の人もナッに憑依されることがあるが、その憑依は時に下半身が露出しても気付かないほど荒々しく、しゃべることはおろか自らの行動を抑制できない完全な自失状態に陥る。こうした一般人の「荒々しい憑依」に対し、「精霊の妻」の憑依は洗練されている。通常「精霊の妻」になる者は、憑依や夢のかたちで精霊から愛を表明され、師匠に弟子入りした後、自分を愛する精霊を確定してもらい、神話や儀礼の手順や方法とともに憑依技法を学ぶ。そして「婚約式」を経て、人とナッの魂を同衾させる成巫儀礼を行うと、人に愛を表明していた精霊は守護霊となり、「荒々しい憑依」は穏やかで洗練された憑依へと変化するとされる。その結果、成巫儀礼を経た正式な「精霊の妻」は、傍目には優雅に踊っているようにしかみえない。

また、人とナッの間に魂同士の紐帯が出来上がると、ナッは常に人の「頭に固着する」（ガウンズエ）すなわち憑依した状態にあるとされる。そのため、自分の「頭に固着する」守護霊に意識を集中させれば、耳元や頭の中で声が聞こえたり、あるビジョンが浮かんだり、香りがしたり、ひらめいたりするという。このように、多くの「精霊の妻」は五感を介して得られるものを託宣として伝えるため、託宣に際して人称を変えることはあっても、声色や立ち居振る舞いがナッそのものに変化することは殆どない。つまり、「精霊の妻」の憑依はその洗練さゆえに、一般の人には分かりにくくなっているといえる。

一方、弟子入りすることなく憑依技法を習得したキンキンフラの場合、合わせた両手を何度も額に打ち付けるという憑依に入る所作は、他の「精霊の妻」と同じであるが、憑依状態に入ると、パカン王であれば男性の声で中部ビルマ方言を話し、ユーモアにあふれた豪放磊落な田舎者といった口調となる。一方、ボーミンガウンが憑依すると、片足を膝の上に組み上げ、かすれた小さな男性の声で、必要最低限を訥々と話す。声色と人称が別の人物へと完全に変化する上、女性はしない所作を目の当たりにすると、素人目にもその憑依は本物のように見える。しかも、一般人の「荒々しい憑依」とは違い、きちんと意思の疎通を図ることもできる。「『精霊の妻』はうそつきだ」といわれる所以の一つには、憑依のあり方が洗練されすぎるがゆえの分かりにくさも関係していると思われるが、キンキンフラの憑依はこうした「荒々しい憑依」と「洗練された憑依」のちょうど中間にあるといえる。その結果、彼女の憑依の「適度な荒々しさ」は、「本物らしさ」を担保すると同時に、他の「精霊の妻」との差異化を図ることを可能にしている。

憑依儀礼に参加する人々は、キンキンフラの身体的パフォーマンスにより可視化された見えないものを感得することで、「私」という堅固な意識に支配された身体が、日常の常識を超える可能性を有する様を目の当たりにする。しかも、器となる身体を介して現れ、時に「私」の意思に反するような要求や能動的な振る舞いをする何者かは、超自然的力を持ち、交渉次第で願いを叶える力を持つとされている。花渕は、不可視のものを身体パフォーマンスにより可視化するという「見せながら隠す」情報操作が、見えないものへの際限のない解釈運動を誘発し、それこそが憑依への信念を維持することを指摘しているが（花渕、二〇〇五）、キンキンフラの場合も、「本物の憑依」と思わせるパフォーマンスそのものの中に、人を信じさせる効果が一定程度宿っているということができるだろう。

## 6．「実際に経験する」とは――託宣における解釈

以上、憑依実践の行為面における特徴について述べたが、次に言葉の面から「実際に経験する」ことについて考えてみたい。

「実際に経験する」ことの具体例を訊ねると、祭祀に常に同席するキンキンフラの母は、口コミでやってくるヒンドゥー教徒の増加も彼らが「実際に経験」したからだと言う。二〇一六年の夏頃、ヒンドゥー教徒と仏教徒が託宣儀礼に参加した際、突然キンキンフラが訳の分からないことを話しだし、ヒンドゥー教徒だけがざわめいた。訳を聞くと、キンキンフラがヒンディー語で、彼らにしかわからないことを話したという。キンキンフラの母はそのヒンディー語の単語と内容を尋ねたが、単語は復唱してくれたものの、内容までは教えてくれなかったという。

キンキンフラは守護霊等に命じられてヒンドゥー寺院に参拝し、指定された供物を捧げることはあるが、ヒンディー語を話せるわけではない。にもかかわらず、キンキンフラがヒンディー語を話したことから、ヒンドゥー教徒の間で彼女の憑依は「本物」であるという噂が流れ、その結果、他のヒンドゥー教徒が増え始めたと母は考えている。同じような経験は筆者にもある。家族のことを訊いた際、パカン王が「おまえの祖先か何かは分からないがやってきた。何を言っているのかワシには分からないが、『イドゥモデス』と言っている」と言う。

知らない異国の言葉を話す、常人では知り得ない情報を知る、通常では成し得ないことを成し遂げるといった事柄は、ウェイザーを始め、目に見えない存在が有する超越的な力の顕現例としてしばしば語られるものである。しかし、これらが「実際に経験」したこととして語られるには、儀礼の場での解釈が不可欠である。憑依儀礼の場には、クライアントとキンキンフラ、彼女の母の他に、補佐役を務める彼女の夫か甥が同席し、要求された供物を準備したり、質問を補ったり、クライアントの要望に応じて託宣内容を紙に記録したりする。筆者の場合、

ビルマ語とは異なる「イドゥモデス」という不明瞭な発話があり、発話者が筆者の祖先であったため、キンキンフラの母が「日本語か。祖先は何といっているのか」と訊ねてきた。儀礼の間中、不明瞭な発音と祖先という発話主体の関係性を母とともに考え、最終的に、筆者の出身地を示す「出雲です」という発話だったのではないかという結論に落ち着いた。ちなみにキンキンフラの母とは二十年以上の付き合いになるが、筆者が出雲出身であることを告げたことはなく、キンキンフラも挨拶程度の単語をいくつか知っているだけで日本語は話せない。

このように、言葉の面が卓越する託宣では、偶然を必然化する再帰的な解釈が行われるが、言葉の解釈の手前で、感覚的に身体が反応することもある。二〇一七年八月に自宅で開催された「ボーミンガウンが『この世を抜けた』記念祭礼」の席上、キンキンフラに憑依したボーミンガウンが突然、「この中で土地を購入した者がいるだろう」と言った。その場にいた約四十名の熱心な信者は、うつむいて誰一人何も言いださなかったが、中央にいた一人の女性がビクッと身を震わせ、その後隣の人に腕を見せて擦る出来事があった。筋肉が突然収縮する、鳥肌が立つ、ゾッとするといった、言葉の内容を解釈する手前で現れる身体的反応も、発話者に対する畏怖の感覚を引き起こし、「実際に経験する」という語りへとつながる可能性を持つ。

また、再帰的な解釈は、儀礼の場だけでなく日常にも及ぶ。野家は「物語り」という言語行為は複数の出来事を時間的に組織化する言語行為であり、偶然的なものを何らかの因果関連の中で「関係了解」することによって、直接的体験を受容可能かつ理解可能な経験へと組織化する役割を果たすという（野家、二〇〇五：三二三―三二七）。また関は、柳田国男の俗信論「兆応禁呪」のうち、過去に遡って「ああそういえば」と考える応の思考法の重要性を指摘している（関、二〇一二：九九）。

キンキンフラの主たるクライアントで、彼女に二〇一四年にアパートを購入した軍高官の娘は、当初キンキンフラの託宣を信じていなかった。しかし手を尽くしたにもかかわらず、三年以上処分できず困っていた土地の相談をしたところ、託宣でパカン王が売ってやると言い、キンキンフラがパカン王から課された食事制限や瞑想等の仏教的修行を忠実に実践すると、程なく土地は売れた。娘は約束通り、二〇一三年の大規模祭祀の費用として二十万円を支払ったが、その席上パカン王に祭祀部屋を要求されたため、怖くなり足が遠のいた。半年後突然娘が来た時には、顔が変色して腫れ上がり、動くのも難しい状態だった。娘は、病気に罹ったのはパカン王の命に背いたためであると考え、何とか許しを請おうとやってきたと話した。娘は結局、祭祀部屋をキンキンフラ名義で親に内密で購入した後、バンコクの病院で手術を受けた。現在病状は安定しているが、バンコクの病院に行く前や何か気になることがあった時には、必ずキンキンフラを訪ね、パカン王の命に従うようにしている。

この事例で、キンキンフラは娘が病気に罹ったことを「偶然」（タイサインフム）だと明言している。一方の娘は、半年後に再訪するまでの間に、土地が売れた、病気に罹ったといった出来事と、パカン王の託宣やナッにまつわる一般に流布するエピソードを自分で関連付けて想起している。偶然起きた過去の出来事が、「そういえばあれは」という応の思考法によってエピソードと結び付けられ、さらに「パカン王の命に背いた怒り」という補助線でストーリー化されることで、過去の出来事やエピソードは一つの文脈へと再配置され、「物語り」化される。さらに娘の「物語」や前述の筆者の事例は、そこに関わるキンキンフラと共有され、娘や筆者が精霊の持つ超自然的力を「実際に経験」した出来事として、他者に語られる。その結果、「実際に経験」する「物語り」は、キンキンフラの力を高い障壁を越える価値のある「本物」にし、他者を呪術的実践に導く呼び水となる。

## 7. おわりに

以上、「上道の師」と「精霊の妻」の憑依を巡る呪術的実践について述べてきた。ここから、人々は呪者の力の源泉や呪者そのものの性質に加え、金銭的コストなどを計算に入れ、それらと自らの願望を天秤にかけるという極めて理性的な判断に基づいて、呪術的実践に足を踏み入れるか否かを決めているということができる。

「上道の師」では、呪者が憑依されていることは患者に示されず、聖別化された薬の身体化という日常と地続きの実践の中に呪術の効果は宿る。さらに、呪者の力の源泉は、強欲や執着を戒めることをはじめとする仏教的倫理の遵守にあるため、患者は高額な支払いを要求されることもない。こうした日常的実践との離床度とコストの低さが人々を安心させ、気軽に呪術的実践へと導いていたといえる。

他方、「精霊の妻」の場合、人の不幸に付け込んで金を巻き上げるといったイメージが社会一般に流布しており、場合によっては実際に多額の支払いを覚悟する必要がある。また、その力の源泉であるナッは仏教的価値観において下位に位置づけられることから、敬虔な仏教徒を自負する者ほど、「精霊の妻」への願望成就の依頼には、かなりの覚悟を要する。こうした高いハードルを越える際の鍵となるのが「実際に経験する」ことだった。その内容は場合により違う上、同じ事象を見ても、それをナッの超越的力の顕現と取ることもできれば、単なる偶然と解釈することもできる。しかし、「本物の憑依」を思わせるキンキンフラの憑依技法や、儀礼の場における託宣内容の再帰的解釈、その手前で起こる身体的諸反応に加え、儀礼の場を離れた日常生活において、「ああそういえば」と過去の出来事を振り返り、偶然の事象を一つの必然性を帯びた物語へと組織化して語ること等を通して、ナッの超越的力を「実際に経験する」物語は積み上げられていく。高い掛け金を支払ってでも「精霊の妻」の力は当てになることを例証する「実際の経験」は、自分や他者が次なる呪術的実践に踏み出す際の跳躍を助けるものとなる。

実際には、薬を飲む、託宣を聞くといういずれの行為も、それらと望ましい状況がもたらされるということの間に直接的な因果関係はない。しかし、行為と望ましい状況の間に横たわる余白にこそ、ありうべき別の現実の可能性がある。偶然性に支配された世界の中で、望ましい状況を引き寄せる可能性を少しでも高めようとする営為。それは人間の本質にかかわる行為ではないだろうか。

注

（1）本節の執筆にあたっては、JSPS 科研費 JP20720247、JP25300054、JP16H01895 の助成を受けている。
（2）キンキンフラに対しては二〇〇八年以降、アドーに対しては二〇一四年以降、ほぼ年二回のペースで聞き取り調査と儀礼等への参与観察を継続しており、二〇〇九年にはキンキンフラと細糸僧正とともに国内巡礼旅行に同行した。
（3）浜本はリアリティを、「それを当てにして（勘定に入れて、頼りにして）行動することによって物事がうまく運ぶようなもの」とする（浜本、二〇〇六：六八）。
（4）「尊いダッ」（ダットー）は仏舎利や高僧の遺骨といった聖遺物を意味するが、ウェイザーを指す場合の「ダッ」は「本質的な要素」といった意味となる。
（5）タイッとは、パゴダ（仏塔）に納められた宝物を守護する霊的存在、あるいは彼らの棲む世界を意味する。龍あるいは龍界が有名であるが、特定のパゴダに関連した個人や、異民族や異教徒の神も含まれる。かつては「オウッサーザウン」という呼称で呼ばれることが多かったものの、昔からその存在は知られていた。しかし、九十年代以降特にタイッへの信仰が盛んになり始めたという指摘のように（Brac de la Perrière. 2014）、タイッにまつわる言説には比較的新しいものが多く、これらの言説には相互に矛盾するものが含まれる。タイッだけを奉じる専門家はおらず、「上道の師」やナッガドーが対処することが多い。
（6）但し、ウェイザー信仰において憑依は下位に位置づけられており、全ての「上道の師」が憑依を行う訳ではない。詳しくは（土佐、二〇〇〇）を参照。
（7）仮名として、会話時に本人が用いる自称（アドーは「おばさん」の意）を用いる。
（8）ビルマ暦で八番目の月。太陽暦の十一月半ば頃。
（9）不殺生戒、不偸盗戒、不邪淫戒、不妄語戒、不飲酒戒の五つ。
（10）七柱のうち五柱は僧名。
（11）仏教教義では、高度な瞑想修行により超自然的力を獲得できるとされる。しかし、それらの力は涅槃に到達した時点で力を得た者とともに消滅するため、力の獲得に執着すべきではないともされる。この点で、ウェイザー信仰を否定する瞑想修行者も多い。
（12）本人の希望により本名を用いるが、普段は通名を用いているため、本名を知る者は少ない。
（13）「御坐に入る」（サンカンウィン）という成巫儀礼の中心的シークエンスでは、人間の結婚式と同様に、守護霊とその「妻」となる人間の生活用具が二揃い準備され、鏡を用いて両者の魂を重ね合わせる。その後、「妻」には結界の中で七日間を過ごすことが要求される。
（14）パゴダに納められた金銀財宝を護るタイッは、執着ゆえに転生できないため、人間界に送り込んだ仲間に彼らの財宝を使って大規模な喜捨を行わせ、得た功徳の転送を期待すると言われる。そのため、「タイッとのつながり」（タイッセッ）を持つ者は非常に裕福になるが、前世の仲間への功徳の転送という役割を果たせば、死んでタイッの世界に引き戻されるとされる。「タイッの紐を切る」儀礼や延命儀礼は、短命の運命を免れるために行われる。

(15) パゴダ建立事業は、ウェイザーや「上道の師」の他、威徳の大きな僧侶など、限られた者しか成功に導けないといわれるが、その難しさは目に見えない存在の妨害にあるとされる。

(16) 細糸僧正の名は、最難関であるパゴダ頂点への傘蓋の取りつけを、綿糸だけで成し遂げたことに由来する。九十日間の墓場での瞑想等、様々な修行により超能力を得たウェイザーであると彼女たちは考えており、宝くじの当選番号をはじめ、その力を求めて多くの人が彼の元に集まっていた。

(17) コーザーチョー、ウーミンチョーなどの異名もあるが、ミャンマー中部マグエ管区のパカンザー市を領土とするため、この名でも呼ばれる。

(18) 正式な霊媒になるには、まず守護霊を特定し、守護霊との間で「浄水を飲む」と呼ばれる婚約式を執り行い、その後「御坐に入る」必要がある。詳しい成巫過程については、(飯國、二〇一三)を参照。ちなみに、守護霊との間で「夫婦」ではなく「娘」として関係を結んだ場合、夢を通した性的関係はないとされる。

(19) 一九三〇年前後から各地を巡って人助けやパゴダ建立を行った人物で、一九三八年からポウッパー山で瞑想修行を行い、一九五二年八月に「この世を抜けた」とされる(土佐、二〇〇〇)。毎年八月に、ポウッパー山で「『この世を抜けた』記念祭礼」(トゥエップエ)が開催される。

(20) ウェイザーとナッの憑依実践は異なるものとされ、専門家も憑依技法も異なる。そのため、高位にあるウェイザーが下位の「精霊の妻」となった者の身体に「乗る」ことは通常ない。しかしこの時だけは、ボーミンガウンがキンキンフラの身体を通じて顕現することから、二〇一七年には招待状をもらった熱心な信者四十名のみが臨席を許されていた。

(21) 十一世紀にバガン朝を築いたアノーヤター王の皇后。南詔への遠征時にシャンの土候から献上された姫で、その美しさから王の寵姫となったが、他の妃の妬みを買い、邪術師の告発を受けたことで宮殿を追われる。故郷へと戻る途上、マンダレー市近郊にシュエサーヤンパゴダを建立したことから、現在パゴダを守護するタイッの一柱として信仰を集める。

(22) 近年は物価の高騰により、年に一回も大規模祭祀を開催できない「精霊の妻」もおり、年に二、三回開催できれば良い方といえる。

(23) ナッガナーでは、ナッの神話を再現するため、主催する「精霊の妻」一人では開催できず、最低でも七名の「精霊の妻」が必要になる。九万円には、精霊への供物代の他、「サインワイン」と呼ばれるミャンマーの伝統的オーケストラと六名の「精霊の妻」の招聘費用が含まれているが、この時には別途、儀礼会場となる精霊の祠の使用料(七〇〇〇円)と行政への儀礼実施許可(七〇〇〇円)、「精霊の妻」の衣装代(一万円)、音響機器賃借料(五〇〇〇円)、当日の布施(五〇〇〇円)の計三万四〇〇〇円がかかったため、実施総額は十二万四〇〇〇円であった。

(24) 二〇〇九年当時のキンキンフラへのインタビューによると、儀礼費用は供物を使いまわせば約五、六万円で済ませられるが、彼女は三日間の祭礼の場合、毎日きちんと新しい供物を捧げ、当日の布施を含め追加料金を一切取らないため、十五万円程度かかるとしていた。

## 参照文献


飯國有佳子（二〇一一）『現代ビルマにおける宗教的実践とジェンダー』風響社。

――――（二〇一三）「職業的霊媒という選択―ビルマ霊媒カルトにおける女性の関与の多様性」『大東文化大学紀要〈社会科学〉』第五一号、一―一九頁。

川田牧人（二〇〇九）「呪術」日本文化人類学会編『文化人類学事典』四四四―四四五頁、丸善出版。

白川千尋（二〇一二）「言葉・行為・呪術」白川千尋・川田牧人編『呪術の人類学』九―四六頁、人文書院。

関一敏（二〇一二）「呪術とは何か―実践論的転回のための覚書」白川千尋・川田牧人編『呪術の人類学』八一―一一二頁、人文書院。

土佐桂子（二〇〇〇）『ビルマのウェイザー信仰』勁草書房。

花渕馨也（二〇〇五）『精霊の子供―コモロ諸島における憑依の民族誌』春風社。

浜本満（一九八五）「呪術―ある『非―科学』の素描」『理想』第六二八号、一〇八―一二四頁。

――――（一九九七）「呪術―呪術は技術か象徴か」山下晋司・船曳建夫編『文化人類学キーワード』一一四―一一五頁、有斐閣。

――――（二〇〇六）「他者の信念を記述すること―人類学における一つの疑似問題とその解消試案」『九州大学大学院教育学研究紀要』第五二号、五三―七〇頁。

野家啓一（二〇〇五）『物語の哲学』岩波書店。

Brac de la Perrière, B. 2014 Spirit versus Weikza: Two Competing Ways of Mediation. In B. Brac de la Perrière, G. Rozenberg, and A. Turner (eds.) *Champions of Buddhism: Weikza Cults in Contemporary Burma*. pp. 54–79. Singapore: NUS Press.

Spiro, M. E. 1967 *Burmese Supernaturalism: A Study in the Explanation and Reduction of Suffering*. New Jersey: Prentice-Hall.

# 第6章　力と感性―北タイにおける二人の呪者

飯田淳子

## 1. はじめに

呪術はその行為者（呪者）という特定個人がおこなうから効力を発揮するのか。本稿では、北タイのある対照的な二人の治療師をとりあげ、彼らが治療師になった過程や治療実践の特徴、そして彼らが実践できなくなった後の状況等を見ていくことにより、呪術の呪者からの離床度（＝代替可能性）（関、二〇一七：一五七）を検討する。このうち一人の呪力には出家経験が色濃く影響を与えているとされるのに対し、もう一人は出家経験をもたない。また、両者はともに近代医療とかかわりを持ち、一人は病院に勤務していた。したがって、本稿は宗教や科学との関係の中で呪者と呪術を考察する試みでもある。

宗教・呪術研究において、「力」という語は多用され、きわめて多義的な概念であるが（藤原、二〇〇五、阿部、二〇一二）、本稿では「力」ないし「呪力」を「呪術的実践の説得力」という意味で用いる。モースによれば、呪術は「儀式的動作や身振りが機械的効能とは異なったまったく特殊な効験をもつようにおもわせる観念の世界が支配する」（モース、一九七三：五八）。彼は「呪術という事実がたえず『信じ込ませること』を内容とすること、また、呪術師の真剣な妄想がつねにある程度意識的であったことは疑いない」（モース、一九七三：一五三）と指摘する一方、「呪術師は、人から求められるからこそ、人がかれに会いに来て、そのような行動を強制するからこそ、偽装をするわけである。かれは自由ではなく、無理矢理に、伝承的役割とか、公衆の期待を満足させるような役割とかを演じさせられる」（モース、一九七三：一五四）と主張している。呪者は周囲の共同演技者とともに呪術的実践を遂行し、オーディエンスを説得することにより、物語を共同で構築する（ゴッフマン、一九七四：関、一九九三）。つまり、呪術の「力」と人々からみなされているのは、呪術的実践の説得力といえよう。

単純化して言うと、呪術には効験がある（のではないか／かもしれない）と思われているからこそ人々（社会）は呪術を求め、人々から求められるからこそ呪術的実践が行われ、その実践が説得力（それがたとえ不完全なものであったとしても）を持つからこそ呪術には効験がある（のではないか／かもしれない）と思われ……という循環のなかで呪術的実践が存在している［図1］。とすれば、呪術的実践の説得力は呪術的実践の再生産に関わる重要な要素といえよう。

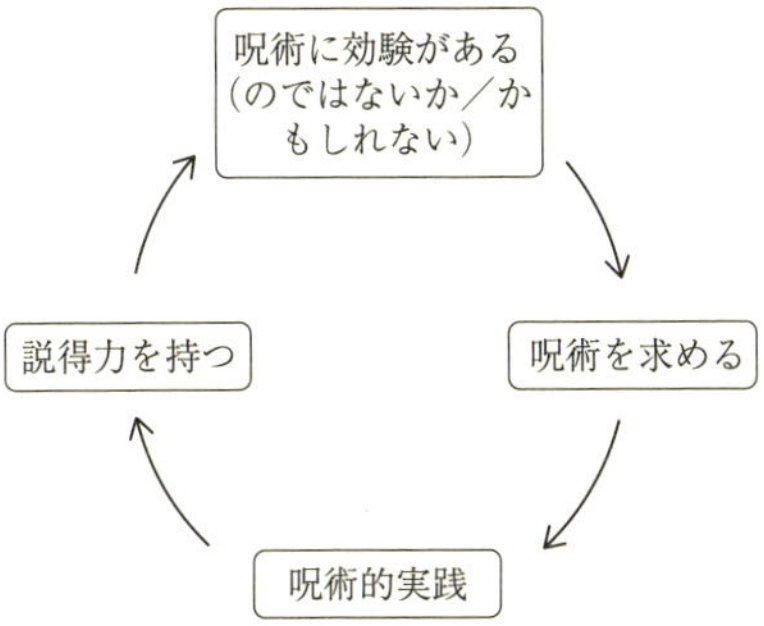

図1　呪術的実践の再生産

同様のことは宗教や科学に関してもあてはまる面がある。一般的には「技術の存在自体は原因と結果の等価性を絶えず知覚するかどうかにかかっている」（モース、一九七三：五八）とされているものの、例えば身体診察に安心を求める患者とそれに応える医師など（飯田、二〇一三）、医療の世界でも「機械的効能」とは異なる効果への期待を満足させる役割演技とその説得力、そしてそれに伴う実践の再生産にあたるものはある。

それでは、科学的・宗教的・呪術的実践の説得力はどれだけ個人から離床したものなのだろうか。例えば「名医」と呼ばれる医師や「神の手《ゴッドハンド》」を持つとされる医師もいるものの、所定の教育を受け、国家試験に合格すれば（誰でも）医師免許を持つことができ、医療機関等に就職すれば患者の診療に従事することはできる。他方、免許などの制度的な後ろ盾のない呪者たちは、どのようにして人々から「求められる」ようになるのだろうか。また、彼らが死や病いなどにより実践できなくなったとき、誰がどのようにして彼らに代わる役割をはたしていくのだろうか。これらのことを、以下、二人の治療師の肖像を描くなかで見ていきたい。

## 2. コンムアン社会における治療師

本稿は、タイ北部チェンマイ県メーヂェーム郡のコンムアン（*Khon Mueang*）[1]、ユアン（*Yuan*）と呼ばれるタイ系低地民の農村とその周辺地域で一九九五年から断続的におこなっているフィールドワークに基づいている。

本稿で「治療師」と呼ぶのは、この地域で「モー *mo*」（治療専門家）、「モーピー *mo phi*」（精霊の専門家）、「モードゥー *mo du*」（占い師）、「モームアン *mo mueang*」（北タイの民間治療師）などといわれる男性たちである。治療師は、精霊（*phi*）に代表される外的力の攻撃に容易に屈しない「強い魂」（*khwan khaeng*）の持ち主でなければならないとされる（アーナン、一九九三）。女性や子どもは弱い魂（*khwan on*）をもつとされるため、治療師になることはできない。また、治療師は薬草や儀礼、呪文（*khatha*）、接骨治療などに関する知識を習得している。

## 3. 出家経験に基づく力の持ち主[2]

調査当時、村の治療師たちのなかで一人だけ突出して若かったアネーク[3]は、好奇心旺盛で記憶力も抜群だった。日本について知りたがる村人は多いが、筆者の住む「オカヤマ」という地名をいち早く正確に、そして長年にわたって記憶していたのは彼だけであった。

アネークは一九六三年に調査村で生まれた。幼少時に両親が離別し、アネークは生みの母に育てられた。父は村の女性と再婚している。アネークは小学校卒業後十七年間、調査村とその周辺の仏教寺院で生活していた経験を持つ。最初の一年は近隣の村の寺でデックワット（出家者の身の回りの世話をする男子）として過ごし、その間に北タイ文字を習ったという。[4] その後出家し、ネーン（沙弥：二十歳未満の少年僧）としてその寺で六年間、さらに別の寺で二年間出家生活を続ける。中学校には寺から通った。二十歳のときにプラ（僧）となり、調査村の寺に招かれ、八年間住職を務める。村人になかなか還俗させてもらえなかったが、一人暮らしの母が心配で二十七才のときに還俗したという。そして二十九歳で他村出身の女性と結婚する。

## 治療師になった過程

最初に過ごした寺に治療師の僧がおり、アネークは足りなくなった薬を近隣の寺院に取りに行くなど、その僧を手伝うなかで次第に治療に関する様々なことを憶えていったという。また、アネークは近隣のさまざまな治療師たちに教授を乞い、生薬や呪術、接骨治療などに関する知識を習得した。知識の習得は、テキスト（*tamra*）、口頭による伝授、および経験による学習を通じて行われたという。[5] このうちテキストとは、主に生薬に関する知識や治療儀礼の際に用いられる呪文などが書かれたノートを指す。多くの治療師は知識習得の際に師匠からテキストを書き写させてもらい、それを大切に保管している。アネークに知識を伝授した治療師の一人は「（テキストに書いてあることを）記録させて一対一で声に出して教えた」と語っており、呪文を書き写すだけでなく、詠唱・暗唱することが治療師の知識習得において重要な要素とされていることが伺える。[6] 以上に加え、占い（手相、誕生日に基づいた占いなど）などに関することは本を読んで憶えたものもあるという。

治療師たちに教えを乞う際には、教えを受けたい師匠のもとに供物を持っていき、「ヨックー *yok khu*」（師を崇拝する）という儀礼をおこなう。「クー *khu*」とは自身が直接教えを受けた師匠だけでなく、師匠の師匠も、そのまた師匠も……というように、これまで知識を継承してきた人たち全てを含む集合体である。ヨックーについては、後述するトーのように、出家経験のない者はおこなってはいけないという人と、出家経験のない者もヨックーはできるが主要なモー（*mo yai*）にはなれないという人がいる。ヨックーでは、花やポップライス、ろうそく、キンマなどをバナナの葉で包んだ花束（*suai dok*）を弟子が四つ師匠に捧げ、習い終わるとそのうち二つを師匠が弟子に返す。全て返してしまうとクーのものが全て弟子に行ってしまい、返さない時はまだ教え終えてないということだという。主要なモーになるためにはそれに加えて鶏・酒・金（十二バーツあるいは三十二バーツ）を入れた大きな供物入れ（*khan luang*）を捧げる。三十二という数字は、人体の三十二の部位とそれに対応する三十二の魂が存在するというタイの身体観（Tambiah, 1970：223）に即しているものと考えられる。出家未経験者は花束に加えて六バーツを支払うという人もいる。[7]

アネークが治療師になったのには、自身の風邪が生薬で治った経験なども影響しているが、それ以上に大きなきっかけは、僧侶であった時に阿片中毒患者のケアに成功したことだという。当時、この地域では阿片中毒の人が数多くいた。アネークのオジもその一人であったが、彼はアネークのおかげでそれから脱却した。すると周辺の阿片中毒患者やその家族がアネークのもとに続々と訪れるようになったのである。アネークは患者を寺院で生活させ、嘔吐や下痢などの禁断症状を生薬で緩和させるのに加え、気を紛らわせるために農作業などをさせた。治療法は試行錯誤しながら自分で考えたという。当時、アネークのもとには、隣のヂョムトン郡からも含め、麻薬中毒患者が三〇〇人以上来たという。しかし、その後増加した覚醒剤中毒患者は、中断時に暴力的になる傾向が強いため、彼らの治療はできないとアネークはいう。

## 主な治療実践

アネークは接骨治療やヂェットカイ（*jet khai* 卵でこする：後述）、ヘーク（*haek* 剃る：後述）、ヒエクナムマンガー（*hiak namman ngaa* ゴマ油で呼ぶ）（飯田、二〇一二：一九〇―一九一）、ヂュークワン（*ju khwan* 招魂儀礼）、ブーチャーティエン（*bucha tien* ろうそく献上儀礼）、ソンコ（*song kho* 厄払い）など、様々な治療法を習得した。実際にそれらを実践することもあるが、圧倒的に村人からの依頼が多かったのはタットグート（*tat koet* 前世の親を断つ）とゲーピー（*kae phi* 悪霊祓い）という儀礼であった。タットグートもゲーピーもともに病いを引き起こしているとされる精霊を祓う儀礼であるが、前者は子どもを連れていこうとしている前世の親を子どもから断ち切る儀礼である。両者ともに、事前に占いや託宣により、いずれかの精霊がとりついていることが明らかにされた後、病人の家族がアネークに依頼して行われる。

【前世の親を断つ】

タットグートは病人の家の中で行われる。以下、一九九六年三月に筆者の滞在先で九歳の女の子のために行われたタットグートの場面を記述する（Iida, 2017：311–313）。まず、アネークは儀礼の成功を願って師を拝む（*wai khu*）。東の方角を向いて座り、子どもの家族が用意した供物と持参した刀を顔の前に持ち上げて会釈し、誰も聞き取れないぐらい低い声で唱文を唱える。次に、容器に入れた水を葉のついた枝でゆっくりとかき回しながら呪文を唱え、何度か水に息を吹きかける。それにより、その水は聖水（*nam mon*）となる。そして供物の中の酒を少し飲む。

家の入り口付近に、米・キンマ・噛み茶・葉・花などを入れ、四隅に旗を立てた供物入れ（*satuan*）が置かれる。そこから一メートルほど離れた屋内に、病気の子どもが供物入れに向かって片足を投げ出して座る。アネークは米粉に水を混ぜてこねたものに呪文を吹きかけた後、それを子どもの頭から全身にこすりつける。これにより、子どもの中の「毒」（*pii*）をこすり取るのだという。途中、子どもの祖父が替わってこすり、それを人の形にこねて供物入れの中に置く。この人形は「白い人」（*khon khao*）と呼ばれ、子どもの身代わりとされる。アネークは赤・黒・白色の綿糸を縒って作ったひもで子どもの左足と供物入れを結びつけ、ひもの中央部分をバナナの茎で包み、下にまな板を置く。祖父が供物入れのろうそくに火をともす。

アネークは左手に刀、右手に先述の枝をもち、まな板の前にしゃがむ。今度は大きく力強い声でパーリ語とタイ語の入り混じった呪文を唱えながら、枝で聖水を子どもの身体から供物入れの方向に何度も振りかける。子どもにとりついている精霊を供物入れの方に追い払う動作である。呪文では主に「この白い人はお前のものだが、黒い人は私のものだ。私の黒い人を放し、供物を全部持って行け」といった内容のことが唱えられる。五分ほどそれを続けた後、アネークは最後の一払いでろうそくの火を消し、コップ一杯の酒を供物入れに流し込む。供物入れにいるとされる精霊を酔わせるためだという。アネークは引き抜いた刀の先を供物入れに向け、低い声で呪文を唱えた後、その刀を振り上げてまな板の茎の上に振り下ろす。茎とそれに通した紐はふたつに切れ、それと同時に子供は立ち上がり、家の奥の方に向かって走る。紐が一発で切れれば精霊が身体から離れたことになるが、切れなければ同じ工程を繰り返すという。

その後、すぐに子供の祖父が供物入れを敷地の外に持ち出す。アネークはその後に続き、聖水をふり撒く。そして家の中で最初に師を拝んだ場所に戻り、唱文を唱えた後、師への供物入れをひっくり返す。北タイ語で「ひっくり返す」と「帰る」は同じ *pik* という語であるため、この行為は師に退去を促す意味があるという。アネークは子どもの足と供物入れを結んでいた三色の紐に枝で聖水をかけ、呪文を吹きかけたうえでそれを子どもの首にかけ、胸の前で結び、結び目に呪文を吹きかける。最後に子どもの手首に白い綿糸を結びつけ、子どもの魂を彼女の身体に結びつける。

【悪霊祓い】

ゲーピーは屋外（多くの場合は精霊がとりついたとされる場所）で行われる。以下は一九九九年九月に六十一歳の女性のために行われた儀礼の記述である。この女性は事前に霊媒による憑依儀礼で、彼女の娘の夫の実家がある隣村で川に落ちて死んだ村人の霊にとりつかれたため、隣村でゲーピーをするようにという託宣を受けた。タイではこのように不慮の事故などで亡くなると悪霊（*phi tai hong*）となり、人々に害を及ぼすことがあるとされる。当日は親族およそ十名が彼女に付き添って隣村に車で向かった。川岸で車を降り、親族の人々が儀礼の準備をする中、アネークは乗ってきたピックアップトラックの荷台で師を拝む。

ゲーピーの工程は既述したタットグートと似ているが、いくつか異なる点がある。第一に、ゲーピーでは動物供犠が行われる。この日は子豚が供犠された。第二に、ゲーピーでは供物入れの中に入れた人形に棘を刺し、タットグートの時と同様、呪文を唱えながら聖水を枝で患者から供物の方向に振りかけた［写真1］後、その棘を抜く。第三に、患者と供物を結んだ紐を断つ代わりに、ゲーピーではタレオという門が用意され、患者は古い服（この日はスカート）を着て供物とタレオの間に座り、呪文の詠唱と棘抜きが終わるとその古い服をその場で脱ぎ、タレオを通って供物の反対側に抜ける。その後、男性たちは豚を屠殺し、調理して精霊に捧げる。供犠された動物を使って作った料理は人々にも供されるが、アネークがそれを食べることはタブーとされる。その理由について、アネークは「治療師はクーだから」と説明した。また、別の村人は、「モー」であるアネークは「聖なるもの」が汚されるため、カンの酒しか飲まなかったのだと説明した。

写真1　悪霊祓い

このようにタットグートもゲーピーもアネークだけでできる儀礼ではなく、共同演技者たる村人の協力が不可欠である。その意味で、これらは社会的に合意されたパフォーマンスということもできるだろう。しかしそこには、完全にパフォーマンスとは言い切れない「半分の真面目さ」がある。例えば村人たちは悪霊を恐れ、悪霊祓いに付き添いたがらない。とりわけ、悪霊が患者の身体を離れた後は危険だとされる。この日、筆者が動物供犠の様子をいつまでも観察しようとしていたところ、患者の娘に「女性は皆もう家に行ってしまったから」と言われ、彼女の夫の実家に行くよう促された。弱い魂をもつ女性は男性よりも精霊の攻撃に屈しやすいとされるためでもあろう。アネークはこうした悪霊に容易に屈しない力を持っているとされ、悪霊に対峙する役割を果たしていたのである。

## 近代医療との関係

少し年月をさかのぼると、還俗後、アネークは行政区常勤医（*mo prajam tambon*）を志したが叶わず、家で農業をしていた。この間も治療師としての活動は続けていた。ちょうどその頃（一九九二年頃）、ある開発ワーカーがアネークに、メーヂェーム郡立病院で薬草に関する知識のある人を捜しているが関心はないかと尋ねた。若く、伝統的知識を豊富に持ち、元住職で村人からの信頼も厚いアネークは、当時メーヂェームで始まっていた「土着の医療」復興プロジェクトにとって格好の人材とみなされたのだろう。郡立病院で「タイ式医」（近代医学と伝統医学双方の知識を持つ医療者）とともに働く仕事を、アネークは引き受けることにした。以来、アネークは毎日病院で働くようになる。月給三三〇〇バーツ、さらに半日の休日出勤をすると日給二〇〇バーツが支給された。これは当時の村人の平均収入のほぼ倍に相当する。

病院で働くようになった後、アネークは病院から派遣され、当時、伝統医療復興運動の一環として全国的に開催されていたタイ・マッサージ復興プロジェクトの研修を受講する。その後、アネークは郡立病院の「タイ式医療科」で生薬に関する業務を担うだけでなく、マッサージ師としても働くようになる。

病院での勤務の経験は、アネークの考え方や実践に影響を少なからず与えた。アネークは村で治療師としての活動を続けていたが、病院で働くようになって考え方を変え、行う治療を取捨選択するようになった。例えば、彼は以前、接骨治療もおこなっていたが、「病院で働くようになっていろいろ学んだので病院に行かせる。レントゲンをとって骨が折れていたら病院で治させる」と語った。

また、アネークは、病院の患者に対しても占いや儀礼をおこなったりしていた一方、呪術に対してそれまでと違った意味づけ・意義づけを行うようになった。彼は筆者に対して説明するときなどには儀礼自体で病気が治るわけではないとし、「呪術（*saiyasat*）で患者を励ます」などという言い方をする。彼のこうした言い方は、「信仰は患者にとって力になる」と語る医師や、「精霊信仰や儀礼は精神的なケアにもなる」と語る開発ワーカーなどを含め、当時、都市中間層の間で盛んに展開した「土着の知恵」を開発に活かしていこうとする運動の言説が反映したものと考えられる。アネークは病院という場で、医療や開発の関係者の間でさまざまな経験をする中で、村の慣習的行為に対するリフレクシヴなまなざしを身につけ、外部者の視点に沿ったかたちで自らの行為を説明するようになったといえよう。

## 力の弱まり、寿命、あるいは…

村人からの人徳もあり、優れた治療師であり、かつ薬草に関する知識とマッサージの技術を持つ医療スタッフでもあったアネークは、非のうちどころのない人物のように見えた。実際、まじめで努力家の彼のことを尊敬する人はいても、悪く言う人は筆者の知る限りいなかった。

それが揺らぎ始めたのは、二〇〇四年、アネークが四十一歳の頃にアルコール依存症と診断され、チェンマイの精神科病院に入院してからであった。これについて、村人たちは（飲酒を伴う）タットグートやゲーピーのやりすぎであると解釈した。退院後も飲酒後、バイクを運転していて転び、三十分ほど意識不明になるといったことがあった。そのため、ゲーピーやタットグートをやめたと言っていたこともあったが、二〇〇九年と二〇一〇年に筆者は彼がタットグートをするのを目撃している。

二〇一三年にアネークと話をした際、彼は次のように語った（二〇一三年八月二十二日　聞き取り）。

アルコール依存症になってしまったため、ゲーピーは一年以上前にやめた。アルコール依存症はストレスのため。娘に怒られた。ポーギャオルワン（*po jao luang* 伝統的な国の守護霊）がやれと言えばまたゲーピーをする。他にもいろいろな仕事がある。ゲーピーは新世代（隣村の僧）が継承した。Tおじさんから学んだ人。

今、私は魂のモー（*mo khwan*）。招魂儀礼（*ju khwan*）をする。ろうそく献上儀礼（*bucha tien*）、厄祓い（*song kho*）も。先日は出産後、食べ物が匂うという女性が来たため、薬草サウナに入らせ（*op ya*）、毒の駆除（*jet, haek*）をした。また、M村の寺で儀礼をする際、特別なお経を読まなければならず、できる人が少ないので呼ばれた。

彼にどんな「ストレス」があったのかは聞き出せなかったが、彼が病院で近代医療の専門家に囲まれて仕事をすることには様々な苦労があったものと推測できる。この数年前に郡立病院でアネークと一緒に働いていた新任のタイ式医は、筆者に生薬の乾燥室を見せながら「これまではアネークに任せてきているが、農民のやり方なので、衛生面をもっと改良しなければいけない」と言っていた。また、院長は「アネークはアルコール依存症なのが玉に瑕。秩序も乱す」と話していた。

アネークの語りに出てくるポーギャオルワンとは、北タイの伝統的な国家ムアン（*mueang*）の守護霊とされ、この地域でしばしばおこなわれる憑依儀礼で霊媒に降りてくるとされる。病いの原因などに加え、霊媒や祭司が高齢になったり死去したりした際に誰が引き継ぐかについての託宣をおこなうことがある。霊媒や祭司の継承者に関する託宣では多くの村人の賛同を得られるような人が指名されることが多い。治療師が病気になった際、特定の治療をやめるようにという託宣がおこなわれることもある。アネークについてもそのような託宣がおこなわれたかどうかは不明だが、いずれにせよアネークは自分の再起をムアンの守護霊の託宣にゆだねている。当時、村人たちはアネークに依頼できなくなった悪霊祓いを隣村の僧に頼むようになっていた。これは単に村で悪霊祓いをできる人がアネーク以外におらず、もっとも近場でそれをできるのがこの僧だったためであり、これに関して守護霊の託宣はなかったという。この僧はアネークではなく別の人に弟子入りして悪霊祓いをおこなうようになっていた。アネークは飲酒を伴うタットグートやゲーピーはやめ、他にできることをおこなっていた。彼はタットグートを他村の僧侶に教えたことはあるが、その僧はその後、それを実践することはなかったという。

しかし、これが筆者がアネークと話した最後となった。翌年の三月、彼は病院での仕事の後、畑仕事に行き、一緒に行った妻が彼の姿が見えなくなったので見に行くと、川に落ちていた。車で病院に運ばれたが、死亡が確認された。五十一歳であった。彼の母もその四か月後に死亡した。母は持病があったが、息子が急死したことによるショックもあったのだろうと村人たちは語る。

アネークの死について、別の治療師は次のように語っている。

私は精霊に関することは敵を作ることになるのでやらない。アネークも（悪霊祓いを）やりすぎて若くして死んだ。そういう人を何人も知っている。今、村人たちがゲーピーを頼んでいるT村の人は僧だから強い。そうでないと結婚して子供も持って弱くなっていく（二〇一四年八月十三日　聞き取り）。

つまりこの治療師は、アネークが僧侶であったときにもっていた力を、還俗して結婚し、子どもを持つなかで失っていき、精霊に対抗できなくなって死んだと言っているのである。

他方、アネークの妻は次のように語る（二〇一七年八月十日　聞き取り）。

亡くなった日、私が田んぼに行くと言うと、アネークも行くというので「一人でも行けるから行かなくてもいいよ」と言ったのだけど、彼は行くと言い張ったの。田んぼに行く途中、私が運転するバイクの後ろに別の人が乗っていたという人がいてね。ピー（精霊）かもしれない（笑）。結局死因はわからなかったし、なぜ川に落ちたのかもわからないけど、たぶん何かを洗おうとして落ちたんじゃないかと思う。お酒を飲んでいたかどうかもわからない。少なくとも私の前では飲んでいなかったけれど。

霊媒に、一緒に田んぼに行かなければ死ななかったかと聞くと、「そんなことはない。五十一歳で死ぬことになっていた。さもなければ五十七歳だった」と言われた。断酒して間もない時だった。震えることもあった。真面目な人だった。アルコールだけが問題だった。知識がもったいなかった。悪霊祓いをしなくなった後もアルコールを飲んでいた。葬式には私が知らない病院関係の人がたくさん来た。徳をたくさん積んだからでしょう（*dai bun nak*）。

一緒に田んぼに行かなければ彼を死なせずにすんだのではないかと悔やむ妻に対し、霊媒はこれが彼の寿命だったと言っている。

アネークが亡くなったとき、彼の娘はまだ気づいていなかったものの妊娠しており、その後、大学を中退して子どもを産んだ。生まれた子どもはアネークの生まれ変わりといわれている。顔がアネークにそっくりで、頭も良く、一度言ったことはすぐに憶えるという。アネークの妻は「こんなにすぐに生まれ変わって、怖いぐらいね」と笑う。娘の子どもは写真でしかアネークを見たことがないが、部屋の一角を指して「アネークおじいさんだ」などと言うという。

以上のように、アネークは出家経験を基盤とする形で呪術に関する知識と力を身につけ、主に悪霊祓いを実践していたが、還俗後、その力が弱まったとされ、隣村の僧侶がその役割を継承した。次節ではこれとは対照的なもう一人の治療師をとりあげる。

## 4．卓越した感性の持ち主

トーは一九三四年に調査村で五人きょうだいの三男として生まれた。家が貧しかったため、子供時代は調査村から十キロ離れた山地民カレンの村のそばに住む親族の家に預けられていた。この親族も貧しく、借金をして土地を担保に取られたため、この村に逃れたようだ。トーは出家したかったがしなかったという。二十歳で調査村の人と結婚し、調査村に戻ってきた。

### 治療師になった過程

親族の家にいた時、治療師であったオジ（父の弟）が「病治しを学んでおけば家族ができて病気になっても誰にも頼まずにすむ」と言ったため、トーはオジに呪文などを習ったという。ただし、オジはクーではないという。出家した人でなければヨックーはできず、オジには「カン（*khan*）もスワイ（*suay*）も捧げていない」（師弟関係を正式に結ぶための儀礼であるヨックーをしていない）ためである。出家したことがない者がそのようなことをするのはタブー（*khuet*）だとトーは言う。トーはクーに習ったことは全くなかったという。同様のことを言う人は他にもいる。実際には何らかの形で誰か（トーの場合はオジ）から知識を習得したとしても、出家経験がなければヨックーをすることができないため、教えてもらった相手をクーとはみなさないということのようだ。

トーはまずオジに呪文を習った。彼は学校教育も受けておらず、文字の読み書きができないので口伝てで憶えたという。そして自分の妻や子供の具合が悪いときに様々な薬草を試し、薬の名前を憶えた。その後、村人に頼まれて治しているうちにモーになったという。

## 主な治療実践

トーがおこなう治療実践には、子どもが泣き止まないときに竈でご飯をつり下げ、その子の先祖の名前を言って回ればその人の生まれ変わりと判断するクウェーンカーオ（*khwen khao*）という占いや、産後女性のための薬草サウナの提供などもあるが、主なものは以下の通りである。

【剃る】

ヘーク（*haek*）：身体内部の痛みに対処するための治療法。切れ味を悪くしたナイフや木刀、水牛の角等に豚の油や酒、あるいは薬草（ウコン等）を溶かした水などをつけ、ひげを剃るときのように患部の表面を擦る。しばらく擦ると皮膚の表面が熱くなり、赤や緑に変色する。それがピット（*pit* 毒）の証拠とされ、ヘークを行なうとピットが出て行くとされる。呪文を吹きかけながら行う（飯田、二〇一二：一八八―一九〇）。

【卵でこする】

ヂェットカイ（*jet khai*）：病いの原因を特定する方法。ゆで卵の黄身を取り除き、白身に銀貨一枚を入れて呪文を吹きかけ、布で包んだもので患者の身体を呪文を吹きかけながらこすり、取り出した銀貨の色を見て病因を判定する［写真2］。日常使っている硬貨ではなく、かつてこの地域で使われていたルピー硬貨等を骨董品屋等から入手して使用する。トーは呪文をほとんど声に出さずにぶつぶつと唱え、時々息をふーっと銀貨や患者の体に吹きかける。痛みのある場合はその箇所を、全身に不快感のある場合は上半身全体を上から下、身体の中心から末端に向かってゆっくりとこするが、頭頂・目・耳・喉・脇の下・肘の裏側・手・へそ等で数秒間手を止め、そのポイントを押さえる。これらのポイントのいずれかに精霊がいる可能性があるためだという。こすっては銀貨を取り出し、色を見ることを二枚、あるいは三枚の銀貨で繰り返す。ヂェットカイの能力が村の治療師の中でも特に優れているとされているトーは、銀貨の色の見分け方についてこのように説明する（飯田、二〇一二：一九二）。

星のように小さい黄色や白の斑点や筋が銀貨にあれば悪霊（*phi tai hong*）、中心から外側に向けて一本筋が入っていれば祖先霊（*phi pu ya*）、ふちの所に小さなしみのようなものがあれば昔の寺の霊（*phi wat hang*）、銀貨の人物が帽子をかぶったようになるとムアンの守護霊（*po jao luang*）の仕業。ふちの辺りに筋が入ったら魂（*khwan*）が川に落ちたということ（二〇〇七年九月六日　聞き取り）。

写真２　銀貨の色を見る

この法則に従えば誰でも病因を特定できそうに思え、トー自身もそう言っているが、それほど単純なものではない。トーの他にもヂェットカイを行う者はいるが、トーの診立ては当たるとされ、多くの村人が彼にヂェットカイを依頼する。ヂェットカイを行う村人のうち一人は、その方法をトーに教わった後、患者をこすっては銀貨を持って行ってトーに見せ、診立て方を憶えたというが、「表に出れば悪霊、裏に出れば良い霊」など、トーとは異なる診立て方をする。近隣の人にこすってもらい、銀貨だけをトーに見てもらいに行く村人も多い。

【すじをつかむ】

ヂャップセン（*jap sen*）：患者の手首や腕を指で押さえながら質問

をし、脈打つかどうかによって病因を特定していく方法。治療師は患者の手首や腕を押さえながら、ほとんど声に出さず、ぶつぶつとつぶやくように「○○の精霊が噛んでいるのか」「魂が川に落ちたのか」などと尋ね、脈打てばさらに質問を続け、脈打たなければそれが原因と判断する（飯田、二〇一二：一九四）。

ギャップセンの感触は誰もが感知できるものではなく、トーの特殊能力が認められている。それについて、前述したアネークはこう述べている。

トーさんは文字を知らない。彼は違うやり方を学んだ。（中略）彼のセンス（*sen*）はもう一つ別のもの。他の人は感じないが彼は感じる。彼はセンスがある。彼の言うことは当たる。私にはこういうセンスはない。学ばなかった。私が学んだのは曜日に従うやり方。曜日によってピーに遭いやすい方角があるので、その日にどちらの方角に行ったか聞いてピーかどうか判断する（二〇〇七年九月九日　聞き取り）。

強調されているのは、トーの「センス」と自らの知識との対比である。タイでも「センス」という外来語は「彼はセンスがいい」というように、直感的な能力や感受性を指す言葉として用いられる。とはいえ、アネークは「彼は違うやり方を学んだ」と言っており、彼はトーの能力を生得的なものではなく、いわば別系統の知識とみなしている。上の語りの中でアネークが学んだという、曜日に従ってピーに遭ったかどうかを判断する方法は「一（日曜）・六（金曜）は西、二（月曜）・七（土曜）は東……」というように言葉を介して習得した知識である。また、既述したようにアネークは仏教寺院で長い間出家していた経験を持っており、出家中に治療に関する知識や北タイ文字の知識を習得している。彼が習得した治療に関する知識の中には、呪文をはじめ、北タイ文字で書かれているものが少なくない。それに対し、トーは文字を介さず身体で憶えた知識（感性を含む）に多くを負っている。アネークが文字知識の有無と「センス」に言及したのは、それらが自分とトーの知識の違いを端的に説明すると認識しているためといえよう（飯田、二〇一二：一九五―六）。

しかし、トーの感性はトーの身体だけに閉じているものではない。病因の特定はトーだけでは完結せず、村人との共同でおこなわれることが多い。例えば、以下は二〇〇九年八月十七日の出来事である。この日、トーのもとを訪ねてきた隣村の女性に対し、トーはまず、ヂェットカイをおこなった。トーは一回こすってコインを見、断固とした口調で「悪霊（*phi tai hong*）だ。……銀貨が黄色くなったから悪霊だ」という。もう一度こすっても同じ結果となる。ヂェットカイとヂャップセンはセットで行われることが多い。この日もその後、ヂャップセンがおこなわれた。トーは指を口もとでこすり合わせ、その指に呪文を吹きかけては、女性の腕の内側、手首と肘の上の辺りを親指で押さえる。呪文は他の人には聞き取れない。押さえながら、トーは患者とその連れの男性に、親族の中に（悪霊の）心当たりの人はいるかと尋ねる。患者はしばらく考え込み、連れと相談した結果、何十年も前に死んだ人だという。

このように、「悪霊」などという大枠はトーが特定するものの、「誰の」悪霊か、などといった詳細は村人がつきとめるという例は他にも見られる。別の患者に対して「魂が川に落ちた」とトーが言った後、患者の祖母が「そういえば先日、川ではしゃいで遊んでいたから…」などと言い、「いつ」落ちたのかを特定していたこともある。いわば、トーによって定められた大筋に沿って、ディテールを村人が特定していくといった形で、物語の共同構築がおこなわれているのである。ここで、村人たちはトーが仕掛けたパフォーマンスの続きを引き受ける共同演技者ということもできるだろう。このようにして、パフォーマンスの社会的合意が形成されていくのである。

### 近代医療との関係

一九九〇年代、この村にはチェンマイ大学やメーヂェーム郡立病院、ＮＧＯなどにより、「土着の医療」を復興させるプロジェクトの一環として「民間医療センター」が建てられた（飯田、二〇〇六：二六二―七）。トーはそこで「民間治療師」の一人として、医師や「タイ式医」の指導の下、衛生的な方法で薬を製造するなどの活動に加わっていた。しかしその後、創設時にこのプロジェクトを主導していた医師の異動や、治療師たちの高齢化により、センターは機能しなくなり、取り壊されてしまった。

とはいえ、トーは一ヶ月に一回、郡立病院で開かれていた治療師のミーティングに出席していた。「そういう場に出ていれば無資格でも何かあったときにとがめられない」（二〇〇六年三月五日　聞き取り）と語る一方、「ミーティング等に出ても（他の人が）話していることがわからず、恥ずかしい」（二〇一三年八月二十一日　聞き取り）とも言っていた。ミーティングは若い医療スタッフを中心に進行する。配付資料を読むこともできないトーには理解困難だったのだろう。

しかし、こうした近代医療との関わりはトーにも少なからず影響を与えた。アネークほどではないものの、トーもヂェットカイやヂャップセンのことを村外の者に「診察」と説明するなど、近代医療の語彙で自らの実践を対象化するような語り口を習得している。

## 代替困難な感性

二〇一七年八月の調査時、筆者がトーを訪ねると、彼は脳梗塞で半身不随になっており、家の前に置かれた柵つきのベッドに寝かされていた。開口一番、日本にいい薬はないかと筆者に尋ねる。痩せており、食欲がないという。排泄も自分ではできず、おむつをしている。「何もできず、死にもせず、辛い」という。

そのような状態では村人の治療をすることはできない。そのため、村人たちは、ヂェットカイについてはトーに教わったという二人の男性に依頼しつつあった。この二人はトーにやり方を教わり、それまでも実践はしてきたのだが、既述したようにトーの診立ての方があたるとされているため、村人たちは彼らにしてもらった後、その銀貨をトーに見せに行っていた。おそらくトーが倒れた後も、村人たちは銀貨だけトーに見せに行っていたものと考えられるが、容態が悪化するにつれ、(8)この二人の診立てのみに従うようになっていくのかもしれない。二〇一七年の調査時には、ヂャップセンをトーに代わって行う人はいなかった。トーからヂャップセンを継承した者はおらず、村人たちはヂャップセンができる人はもういないと言っていた。しかし二〇一八年五月に確認したところ、村人たちは直線距離で四キロ以上離れた別の村の男性（トーの弟子ではない）にヂャップセンを頼んでいるという。銀貨などの物質を介さず、直接的な感性が必要とされるヂャップセンは、継承がより困難と言えるのかもしれない。

## 5．力と感性

以上、対照的な二人の治療師について記述してきた。長い出家経験を持つアネークはもっぱら悪霊祓いを頼まれる。悪霊祓いができるのは、力の源泉としてのヨックーをおこなって師弟関係を結んだ者のみであり、それは出家経験者にしか許されていないためである。これに対し、トーは村人たちからヂェットカイやヂャップセンなど、医療で言えば診断にあたることを乞われることが多い。それは、銀貨の色を見分けたり脈を感じとったりする感性が並外れているとされているためである［表1］。

表1　二人の治療師

| | アネーク | トー |
|---|---|---|
| 出家経験 | あり | なし |
| クー | あり | なし |
| 識字能力 | あり | なし |
| 治療実践 | 主に悪霊祓い（治療） | 主に卜占（診断） |
| 特技・能力 | 悪霊に対峙する力 | 病因を感知する感性 |

この二人を比較すると、アネークの知識や力の方がトーのそれよりも本人からの離床度が高いように思われる。実際、出家経験に基づいたアネークの力は、還俗によって弱まってしまったとされた。また、アネークが実践できなくなった時の方が、村人の別の治療師への移行がスムーズであった。

このことは、第一に、アネークの知識・能力が宗教という制度的な基盤を持つことと関係していると考えられる。出家経験をもつことによりクーに正式に弟子入りすることができ、そのことで彼は悪霊と対峙する力と権威をもつことができた。しかし還俗後、年月が経つにつれてその力は弱まっていき、彼が実践できなくなると、同様、もしくは出家中のためそれ以上の力をもつ仏教僧に悪霊祓いの役割は移譲されていった。これに対し、宗教などの制度的な基盤を持たないトーは、彼独自の感性によって実践を展開し、村人たちをひきつけてきた。

第二に、アネークが鋭く指摘している文字の介在の有無も、この二人の呪術的実践の離床度に違いを生じさせる要因となっているといえよう。梅村絢美によると、スリランカ土着の伝承医療パーランパリカ・ウェダカマにおいては、治療家各人がもつ代替不可能な「個」の単独性を保持するために、診療や知識の継承の際、言語発話や言語表象が避けられる。「誰もが」理解できるよう情報として〈いま・ここ〉から離れることが前提とされるようなある種の言語活動は、単独性を剥奪するためである（梅村、二〇一七）。北タイの治療師はパーランパリカ・ウェダカマの治療家ほど徹底して言語発話や言語表象を避けることはしない。しかし、文字化されたテキストを介して習得された知識が一定の割合を占めるアネークの知識よりも、主に身体感覚を通じて獲得されたトーの知識の方が代替可能性は低いといえよう。もちろん、アネークの知識にも暗黙知・実践知・身体知といわれるような面はあるが、全く文字を介さずに習得されたトーの知識の方がその割合は高い。

以上のことは、呪術を宗教のネガとしてとらえることを意味しない。梅村は「言語化できない」ことではなく、「あえて言語化しない」「語るべきではない」とすることによって生まれる〈いま・ここ〉に根ざすアクチュアルな〈身〉のコミュニケーションに可能性を見出している。文字のもつ力や呪文のもつ力と同様、感性のもつ力（＝説得力）というものもあるのではないだろうか。

それでは、呪者と職人や芸術家との違いは何なのか。それは「半分の真面目さ」（関、二〇一七：Mauss, 1969）ではないかと考えられる。アネークは「呪術で村人を励ます」などと言いながらも、悪霊を祓う呪文を力強い調子で唱え、悪霊たちと何度も分け合った酒に溺れていった。トーも他の者が感知できないものを感知しているとされ、真剣な顔で「悪霊に噛まれた」などの「診断」を下しつつ、村人と共同で物語を構築していた。そのどちらも社会的合意にもとづくパフォーマンスである一方、彼らは「役者が芝居であることを忘れるように、自らたぶらかされ」てもいたものと考えられる（モース、一九七三：一五四）。そしてそれらが説得力を持つからこそ「悪霊祓いはあの人に」「あの人の診立てはあたる」と再生産されていたのである。それが彼ら以外の者によってどのように再生産されていくのか、今後も見守っていきたい。

注

（1）本稿のタイ語のアルファベットの翻字は、タイ学士院（*rachabanditsathan*）の「音声によるタイ語のローマ字表記規則（*lakken kanthot aksonthai pen aksonroman baepthaisiang*）による。長母音と短母音の区別および声調の表記は行わない。また無気音の「ch（皿の ch）」については「j」で表記する。

（2）本節は別稿（飯田、二〇〇六：二六九―二七五）を大幅に加筆修正したものである。

（3）調査地の人の名前はすべて仮名で表す。

（4）十三世紀から十九世紀末にかけてチェンマイを中心に栄えたラーンナー・タイ王国で用いられていた文字。現在は公用語とはされておらず、関心のある少数の人だけが学んでいる。治療師が用いる呪文など治療法に関するテキストには、北タイ文字で記されているものがある。

（5）アネークを含む治療師たちが知識を習得してから年月が経っており、知識習得の具体的な過程について、インタビューでは限られたことしか聴きとれなかった。女性である筆者は弟子入りすることもできず、参与観察も困難であった。タイの治療専門家モーの知識習得の過程については、東北タイにおける津村の研究（津村、二〇一五：一八二―二〇〇）が参考になる。特にモーになる過程を津村が記述した箇所で対象となっている、東北タイで仏法を背景とした力を用いて呪術的実践を行うモータムと、本稿において出家経験や仏教的知識をその力のよりどころとするアネークとは、共通する面が多い。

（6）津村は「呪文を学ぶとは、呪文を唱えることの習得を意味する」と述べている（津村、二〇一五：一九五）。

（7）一バーツ＝約三円。

（8）　本稿を執筆中の二〇一八年七月、トーが亡くなったという知らせを受けた。

謝辞
本研究はJSPS科研費JP25300054、JP16HO3330の助成を受けたものである。

参照文献

アーナン・カーンチャナパン（一九九三）「北タイにおける治療儀礼―モー・ムアンの力と地位の変化」加藤久美子訳、田辺繁治編『実践宗教の人類学―上座部仏教の世界』一三五―一六〇頁、京都大学学術出版会。

阿部年晴（二〇一二）「習俗論からみた呪術」白川千尋・川田牧人編『呪術の人類学』二六九―三〇六頁、人文書院。

飯田淳子（二〇〇六）『タイ・マッサージの民族誌―「タイ式医療」生成過程における身体と実践』明石書店。

――――（二〇一二）「不可視なものとの接触―北タイ農村における患いと治療」白川千尋・川田牧人編『呪術の人類学』一八一―二〇五頁、人文書院。

――――（二〇一三）「『手当て』としての身体診察―総合診療・家庭医療における医師―患者関係」『文化人類学』第七七巻四号、五二三―五四三頁。

梅村絢美（二〇一七）『沈黙の医療―スリランカ伝承医療における言葉と診療』風響社。

ゴッフマン、E.（一九七四）『行為と演技―日常生活における自己呈示』石黒毅訳、誠心書房。

関一敏（一九九三）『聖母の出現―近代フォーク・カトリシズム考』日本エディタースクール出版部。

――――（二〇一七）「呪者の肖像―『呪術・宗教・科学』再考」『宗教研究』第九〇巻別冊、一五六―一五七頁。

津村文彦（二〇一五）『東北タイにおける精霊と呪術師の人類学』めこん。

藤原聖子（二〇〇五）『「聖」概念と近代―批判的比較宗教学に向けて』大正大学出版会。

モース、M.（一九七三）『社会学と人類学I』有地亨他訳、弘文堂。

Iida, J. 2017 Tying the Hand: Life Sustaining Technique in Northern Thailand. *Asiatische Studien* 71(1): 305-326.

Mauss, M. 1969 *Oeuvres t.2* Paris: Minuit.

Tambiah, S.J. 1970 *Buddhism and the Spirit Cults in North-east Thailand.* Cambridge: Cambridge University Press.

# 第7章　タイ北部におけるシャンの在家朗誦師の活動

村上忠良

## 1.　はじめに

本稿では、タイ北部に居住するタイ系民族シャンの仏教実践のなかで重要な役割を果たしている在家の朗誦師の活動の特徴を明らかにする。ここで対象としている在家朗誦師は、もっぱら仏教儀礼において仏教説話などの仏教文書を朗誦する者である。その活動内容から見ると、厳密な意味では「呪術師」とは言えないが、朗誦師の中でも、その活動で生業を立てている「専業の」朗誦師は、個人的技能を活用して在家信徒の聴衆（クライアント）の求めに応じて宗教実践を行う点、また出家者（僧侶）を中心としたタイ国の仏教界の周縁に位置する点では、「呪者」という語で想定される人物像と共通点が多いと考えられる。

これまで筆者は、シャン仏教徒による仏教文書の崇拝、奉納、朗誦、書写、保存、文字知識の継承と口頭での上演といった宗教実践の総体を「仏教文書文化[1]」と捉え、その「仏教文書文化」の中心的な担い手としての朗誦師の研究を進めてきた（村上、二〇〇九、二〇一二、Murakami, 2009）。本稿では、「呪術」と「呪者」のアナロジーとして、「仏教文書文化」と「朗誦師」を取り上げ、宗教実践の集積である「仏教文書文化」が、いかに朗誦師個人の営為と不可分に現れてくるのか、あるいはどこから個人と離床した営みとして「仏教文書文化」をとらえられることが可能かを探ってみたい。

## 2. タイ北部におけるシャン

### 国境地域としてのメーホンソーン

シャンは、東南アジア大陸部に広く分布するタイ系民族（Tai）の一グループで、その多くは仏教徒である。主たる居住地はミャンマー東北部のシャン州を中心に、シャン州に隣接するカチン州や、タイ北部・中国雲南省の一部にも居住している。(2) 本稿で使う資料は、主としてタイ北部のミャンマー国境に近いメーホンソーン県での調査から得られたものである。(3) タイ北部の主要都市チェンマイの西方約八〇キロメートルの山間部に位置するメーホンソーンには、一九世紀初頭より近隣地域からシャンを含む多くの移住者が定着していった。その後二〇世紀初頭の英領ビルマとの国境画定で、メーホンソーンはタイ国に編入され、現在はタイ国の一県となっている。しかし国境が引かれた後もタイ側のメーホンソーンとミャンマー側のシャン州の間では人の移動が比較的自由で、シャン州から数多くのシャンの人々がメーホンソーンに移住している。

おおよそ一九七〇年代半ばごろまでにタイ国に入国し定住した人々はタイ国籍を取得できたようであるが、それ以降の移住者がタイ国籍を取得することは難しくなっている。そのため、現在メーホンソーンに居住するシャンは、タイ国籍を保有するシャンと、タイ国籍を持たないシャンに分かれる。前者のタイ国家への統合の度合いは非常に高く、「タイ国民」としての意識を強くもっており、後者は行政的には「戦乱を逃れた避難民」、「離郷者」あるいは外国人労働者とされ、タイ国内での一時的な滞在は認められていても、国籍が認められていないため、不安定な立場となっている。(4) そのため、同じシャンの間でもタイ国籍を持つ者と持たない者の間に明確な差異が生じている。メーホンソーンのシャンの人々は、「国境による民族の分断」と「国籍や国境を越えた民族のつながり」が同時に併存する国境地域の特有の社会状況下におかれている。

## タイ北部におけるシャン文字の継承

多くの上座仏教徒と同様、シャンの人々にとっても、近代教育制度が導入される以前は、寺院が伝統的な教育機関として機能していた。シャンでは、男子が一〇歳前後になると見習い僧として出家する「一時出家」の慣行があり、この出家期間は数カ月から数年に及び、この間に基本的なシャン文字の読み書き能力を習得することが一般的であった。しかし、現在メーホンソーンのシャンの若い世代の間では、シャン文字知識の継承が困難になってきている。

その原因の一つは、シャンの子弟の多くがタイ国の学校教育を受け、タイ語・タイ文字の学習を優先するからである。また一時出家の慣行も形骸化が進み、数日から一週間程度に期間が短縮されている。タイ国の学校教育の中ではシャン語・シャン文字は教えられていないため、このような教育の「脱寺院化」はシャン文字を学習する機会の減少に直結する。

もう一つの原因は寺院内教育の「タイ語化」である。タイ国は一九〇二年に「サンガ法」を制定し、それまで地域ごとに自立性・自主性を有していた出家者のネットワークを、国家が一元的に組織化し、仏教界の「中央集権化」を推進した。それとほぼ同時期に、教義面でも、出家者に対する教理学習の制度を整備し、タイ語を教授言語とした教理学習カリキュラムを策定した。これらの「タイ仏教」の中央集権化と標準化により、たとえシャンの子弟がメーホンソーンの寺院で一時出家したとしても、従来のようなシャン仏教の伝統やシャン文字を学ぶのではなく、タイ語・タイ文字による仏教教理教育を受けることになった。メーホンソーンではこのような変化は第二次大戦以降に生じている（cf. Keyes, 1975; Murakami, 2012）。僧俗を問わず、タイ国内で生活するためにはタイ語・タイ文字の知識が不可欠であることから、メーホンソーンのシャンの若い世代にシャン文字知識を学習させるインセンティブが弱まっている。

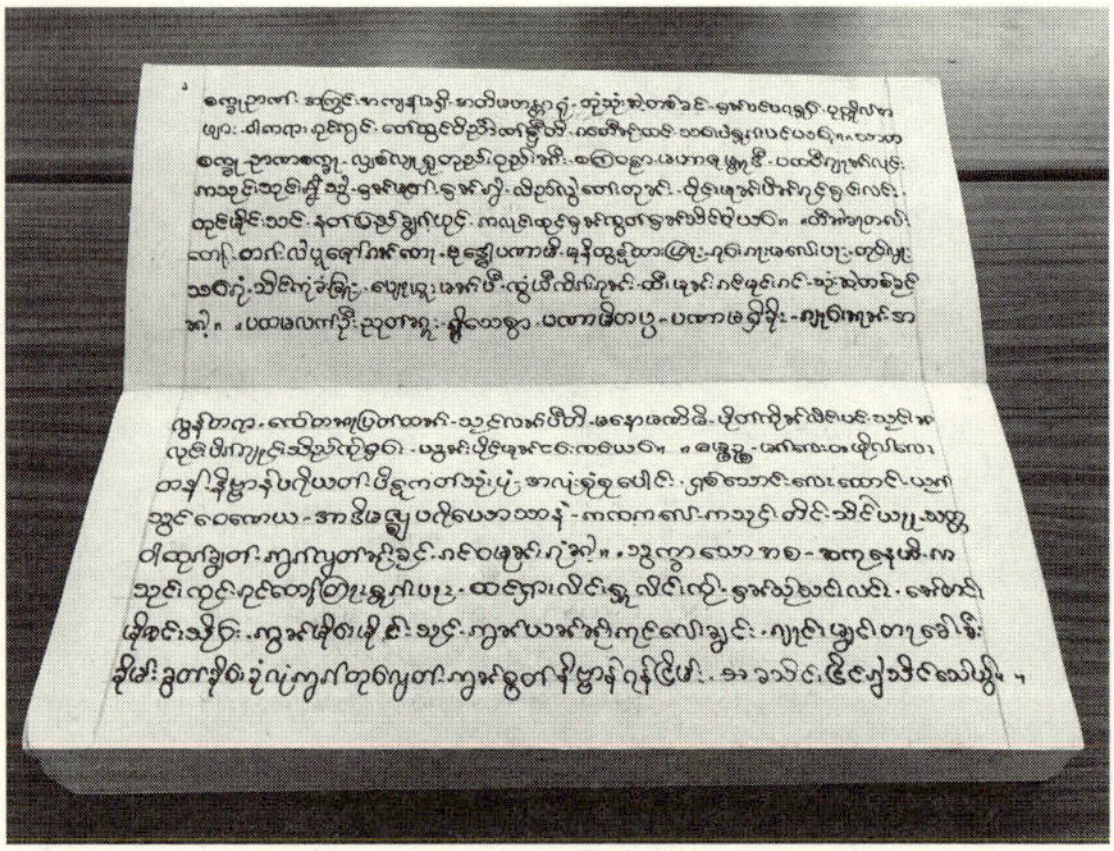

写真１　シャン語で書かれた仏教文書

## シャンの仏教文書

東南アジアの上座仏教徒社会では、パーリ語の三蔵経典や註釈文献に加えて、東南アジア地域内で著作されたパーリ語文書、ローカルな民族語・地域語によって書かれた仏教説話などの仏教に関わる様々な種類の文書が継承されてきた。在家信徒にとって、このような仏教文書の朗誦を拝聴することや仏教文書を筆写して寺院に供えることは、積徳になると考えられている（cf. Manas, 1995）。東南アジアの上座仏教徒の間では、仏教儀礼で仏教文書の朗誦が行われることが多いが、主として僧侶によって行われる。例えば、タイ国内では、仏教儀礼におけるウェートサンドーン・ジャータカ（布施太子本生経）やプラ・マーライ経[5]などのタイ語テキストを僧侶が朗誦することが広く行われてきた（cf. 村上、二〇一八）。さらに、仏教文書に書かれた文字に宗教的な力があるとして、パーリ語誦句の文字やそれらの文字を組み込んだ図像は、施術師による護符や刺青の図版としても使用されている。

シャンの仏教文書朗誦の特徴は、在家者が朗誦する点である。在家者による仏教文書の朗誦を拝聴することは、僧侶によるパーリ語の誦句の拝聴と同様に、積徳となるとされている（Crosby and Jotika, 2010）。僧侶が唱えるのは経典語であるパーリ語の誦句であり、一般の在家信徒がその内容を理解するのが難しいのに対して、シャンの在家者が朗誦する仏教文書はシャン語の韻文で書かれており、在家信徒にとって身近なことばで仏教の教えが説かれた媒体である。この仏教文書は、シャン語でリーク・ロン[6]と呼ばれ、葬送儀礼、死者供養、出家式、家の攘災儀礼などの仏教儀礼の際に朗誦され、また供物としても奉納される。寺院は供えられた仏教文書を多数収蔵しており、また寺院以外でも、在家信者が自宅に仏教文書を数冊所有していることもめずらしくはない。

しかし、現在タイ北部における、シャンの仏教文書の継承は危機に直面している。先述したように、タイ国内ではシャン文字の知識の継承が難しい状況にあり、タイ国生まれのシャンの人々の間では、仏教文書を取り扱うことのできる知識を持つ者が急速に減少している。一方、国境を越えた人の流れは続いており、ミャンマーのシャン州側からタイ国へと移住してきた者の中で、仏教文書についての高い知識を有しているものがおり、仏教文書文化の担い手となっている。本稿で取り上げるのは、そのようなミャンマー側から移住してきた在家朗誦師の活動である。

## 3．タイ北部のシャンの在家朗誦

### 出家者と在家者との関係

具体的な在家朗誦師の活動についてみていく前に、上座仏教における在家の宗教者の位置づけについて、簡単に整理をしておきたい。

東南アジア大陸部の上座仏教徒の社会では、出家者と在家者の間の区別は明確で、僧侶は二二七条の戒律を、見習い僧は一〇条の戒律を守り、寺院にて修行生活を送る[7]。世俗生活から離れた出家者の集団はサンガ（僧伽）とよばれる。サンガは厳格な戒律を守り、清浄な仏教の教えを継承することで、在家信徒に宗教的価値を提供し、在家信徒は「積徳行」として、日々の食事や日用品・金銭の布施をはじめとして、サンガを衣・食・住・薬の面で支えるという相互依存の関係にある。

ただし、出家者と在家者の厳格な区分は、両者を分断するものではない。男性が少年・青年期に一時的に出家し修行生活を送る「一時出家」の慣習は、「一人前の男性」となるための通過儀礼とみなされている。そのため、サンガの中には、長期間にわたって修行生活を送る者がいる一方で、短期間の修業ののち世俗に戻る者も多数存在する。男性にとって、この一時出家の経験は、様々な知識を習得する機会でもあった。還俗を否定的にはとらえないこの伝統は、一心発起した在家の生活者が、一時的にせよ修行生活に入ることができ、修行生活で様々な資質を身につけた者が在家の世界に戻るという、出家と在家の間の人的な循環を生み出している。

寺院は様々な知識や宗教実践の技能の教育機関として機能しているが、そこで教えられる知識や技能は、この人の循環を通じて、僧俗の境界を越えて広く社会で流通していく。宗教上の立場として僧侶と在家宗教者はしばしば対置されることが多いが、宗教実践に関わる知識や技能は、僧俗の違いには関係なく教授・継承されている。ただし、僧侶と在家宗教者の違いがあるとすれば、僧侶は制度的に宗教的な職能を認められているが、在家宗教者はそのような宗教制度上で地位が保証されているわけではなく、自らの宗教実践のみがその拠り所となっている点である。

## 在家朗誦師

タイ北部のメーホンソーンのシャン仏教徒の村落で、仏教書文書の朗誦が行われる機会として多いのは、葬儀である。人が亡くなると二～三晩は遺体を家に安置して通夜を行い、その後に寺院に遺体を移して最後の儀礼を行ってから、火葬を行う。通夜から火葬までに、遺族は、僧侶を葬家や寺院の本堂に招き、パーリ語の誦経を行ってもらい、供物を僧侶に寄進することで、死者のための「積徳行」を行う。シャンの葬儀の場合には、僧侶が誦経を行う前に、在家の朗誦師が棺の横で仏教文書を朗誦する。大きな村であれば、シャン文字が読めて朗誦の訓練を受けた年配の在家者が一人や二人はいるので、そのような村内の在家信徒か、あるいは近隣地域にいる朗誦に長けた者が招かれ、その朗誦を通夜や葬儀の参列者が拝聴する。二～三名ほどの朗誦者が三十分くらいで交替しながら、仏教文書を朗誦するので、朗誦自体はおおよそ一〜二時間程度のことが多い。朗誦される仏教文書は、仏教教義の解説書や仏教説話の内容を持ち、朗誦のために韻文で書かれたテキストである（cf. McDaniel 2000）。朗誦者に求められるのは、テキストを韻を踏んで正確に読み上げることと、抑揚をつけて美しい声で唱えることである。

仏教文書奉納のための写本の筆写や儀礼時の朗誦を行うのも、在家朗誦師である。在家朗誦師はシャン語でチャレーと呼ばれ、そのほとんどが男性である(8)。彼らは、基本的な文字知識の学習を見習い僧の一時出家時から始めている。ただし、仏教文書の朗誦や筆写には、シャン語だけではなく、仏教教義、パーリ語、ビルマ語等の文字知識に精通している必要があり、またテキストの韻を正しく朗誦する技能を身につける必要があり、チャレーとなるには、通常の男性が学ぶ基本的な文字の読み書き能力のレベルを超えて、更なる学習が必要となる。基本的な文字知識を学んだ後、仏教文書の朗誦に長けた者を師として、朗誦の学習をする。師が韻文を読み上げ、そのあとに続いて弟子が読み、正しく読めているかどうかを確認するという作業を繰り返しながら、シャン語の韻律、パーリ語の発音、ビルマ語の語彙などを習得していく。朗誦の技術が一定のレベルに達すると、師から「スラサティー」を受ける。スラサティーとはヒンドゥー教の芸術・学問の女神サラスヴァティーのシャン語名で、三×三のマス目にシャン文字を一文字ずつ書いた三〜四センチ四方の紙片の呪符で、技芸の師が弟子に渡す一人前の証である。スラサティーをもらった弟子は、それを丸めて水と一緒に飲み込む。このことにより、技芸が弟子の身体に入るのだとされる。

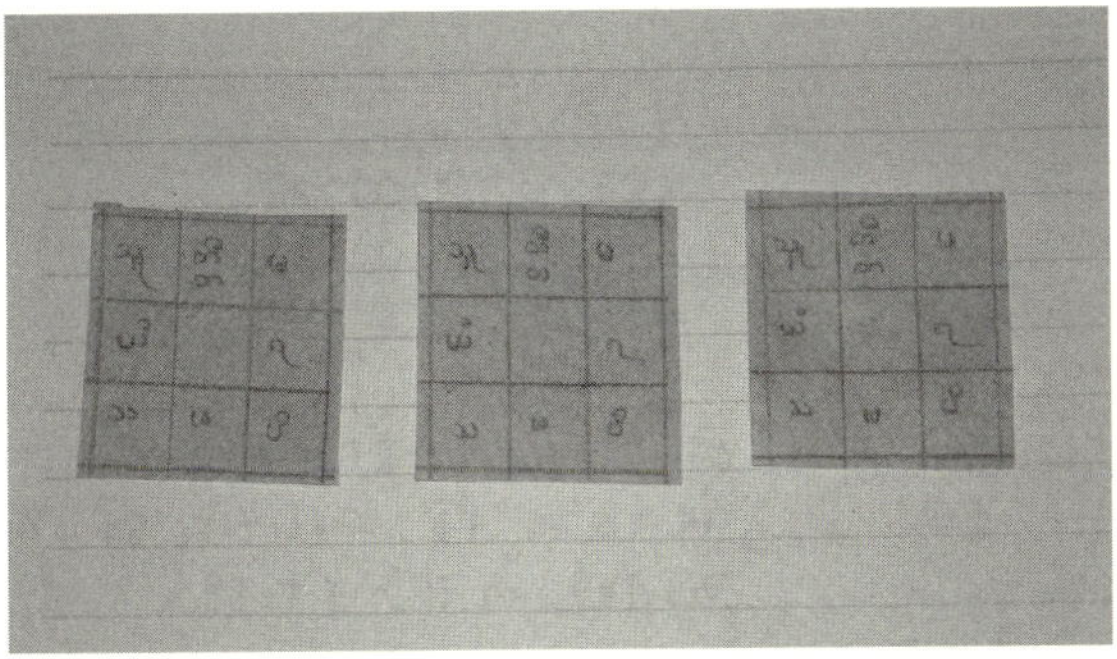

写真２　スラサティーの紙片

シャンの仏教文書は、近代学校教育によって人々が身につける「一般的な読み書き能力」によって在家信徒個々人が「読む」のではなく、師弟の間で伝承される文字知識や朗誦の技能を体得した一部の者によって朗誦され、在家信徒が拝聴することで共有されるテキストである。

当然のことながら、チャレーといっても、朗誦の技能の習熟度には個人差がある。複数種類ある韻律のスタイルを理解し、数多くのタイトルの作品をよどみなく朗誦できるのは、少数の熟練のチャレーに限られる。熟練のチャレーになる者は、幼少期から文字知識や朗誦の技能に秀でており、比較的若い年齢（二〇～三〇歳代）からチャレーの活動をしている者である。一方、多くのチャレーは、練習をしたいくつかの作品だけを朗誦できるというレベルの者で、五〇歳くらいから仏教文書に関心を持ち、熟練のチャレーに師事し朗誦の練習を始める壮年期から老年期にかけての篤信の在家信徒である場合が多い（Murakami, 2009）。

## 4．二人の朗誦師

以下では、仏教文書の朗誦師チャレーの中でも傑出したチャレーの活動を取り上げる。ここで取り上げる二人は、シャン文字知識の運用、仏教文書の朗誦などの宗教実践で得られる報酬で、生計を立てている「専業の在家宗教者」である。多くのチャレーが、別の生業を持ちながら、チャレーの活動を行うのに対して、この二人は専業であり、ある意味特殊な事例であるといえよう。ただし、シャン語では、「専業」も「兼業」もすべてチャレーと呼ばれ、区別していない。

### Ａ氏

Ａ氏は現在（二〇一八年時点）七一歳の男性で、チェンマイ市在住の朗誦師・施術師である。自宅には、運勢占いの看板を出し、依頼者からの相談を受け付けている。施術内容は、①運勢占い、②攘災儀礼・延命儀礼、③刺青、④悪霊払い、⑤開運、⑥護符・聖糸守り作製の六種類に分けられる。チャレーとしても有名で、チェンマイ市内だけではなく、チェンマイ県内の各郡や隣県のメーホンソーンまで招かれて朗誦することも多い。彼の主たる活動は、施術師としてのものであるが、人々からは「チャレーA」と呼ばれる。彼の朗誦は、非常に軽快で速いのが特徴で、他のチャレーの倍以上のスピードで文書を朗誦していく。それはまるで「機械のよう」といわれる。A氏の簡単な経歴は以下の通りである。

写真3　A氏、在家信徒宅での朗誦（メーホンソーン）

一九四七年、ミャンマーのシャン州中部のセンウィー郡タンヤーンに生まれる。六歳（一九五三年）の時に見習い僧として出家し、タンヤーンの寺院に三年間滞在し、この時にシャン文字を習う。九歳（一九五六年）でシャン州中部のキョクメーの寺院に移り、ビルマ文字・ビルマ語を学ぶ。キョクメーの寺院は、シャンの僧侶が住職であるが、ビルマ仏教色の強い寺院で、シュエジン派に属していた[9]。住職から運勢占いの知識を学び、また在家の施術師から刺青と攘災儀礼・延命儀礼の知識を学ぶ。この修業期間で、朗誦をはじめとするシャン文字の運用に関わる知識を精力的に学び、スラサティー一二種のすべてを師匠から受ける。一二歳（一九五九年）でミャンマー北部のマンダレーのビルマ仏教のシュエジン派教学寺院でパーリ語を四年間学び、その後、故郷のタンヤーンの寺院に戻る（一六歳、一九六三年）。この寺院でも住職からも占いの知識を学ぶ。

しかし、この時期にシャン州にビルマ政府軍が進駐してきたので、師僧である二名の僧とともに、シャン州東部のチェントゥンに逃れる。避難生活の中で、師僧二名の身の回りの世話をするためにA氏はここで還俗し、俗人となる。さらにシャン州内での政治情勢が混乱したため、師僧とともに、泰緬国境の町ターキーレックを経てタイ国に入国し、タイ国北部のチェンラーイ県のパーン郡のシャン寺院に止宿する。この寺院には、彼らより先にビルマ政府の支配を嫌ってシャン州から逃れていたシャン人僧が多数身を寄せていた。その後、彼は師僧たちと別れ、チェンラーイに移住し、さらにシャン州のタンヤーンに戻り、シャン民族の反政府軍の仕事に四年間従事する。それから、一九八〇年ごろに再びチェンラーイ県のパーン郡に戻ってきて、シャン州のランクーから避難してきたシャン人女性と結婚する。この女性との間に息子が一人いる。このころからチャレーの活動を始めるようになる。その後も、シャン州やタイ国北部の各地を転々と移動し、妻の故郷のシャン州のランクーや同じくシャン州のムンクンでは、その地の在家施術師に師事している。

その後一九八六年には、妻子をシャン州に残し、タイ国北部のメーホンソーン県のクンユアム郡に居を定め、一〇年ほど滞在した。この地のシャンの女性と結婚し、子どもを三人もうけている(10)。クンユアムでは、チャレーとして有名になり、彼が雨安居期間中の布薩日に仏教文書を朗誦すると、寺院の本堂内には三〇〇人以上の持戒者が詰めかけ、A氏の朗誦を拝聴したという。またこのころから占いや攘災儀礼などの施術を行うようになったという。その後、一九九六年にチェンマイに居を移し、チャレー、運勢占いなどの活動に加え、一九九七年から六年間は政府系ラジオ局のシャン語放送の仕事に従事している。現在は、チェンマイ市内のシャン人コミュニティの文化活動における顧問役も務めている。

A氏がこれまでに師事したのは、見習い僧の時の寺院の住職に加え、在家の施術師が四人で、全部で五人となる。これらの師から学んだ知識・技能は、内容が重なっているものもあるし、師ごとに少しずつ違っていたりもしている。これらを自分なりの知識・技能としてまとめて、現在の自分の活動に応用している。見習い僧のころから様々な知識や技能を学んではいたが、当初はチャレーとして主に活動しており、年齢も若かったので、施術師としてはあまり頼りにされず、そのような依頼もほとんどなかったという。しかし、ある程度年齢を重ねると、高い文字知識を有するチャレーであるので、いろいろなことを相談されるようになり、依頼に応じて運勢占いや攘災儀礼を行うようになったという。運勢占い・攘災儀礼などの施術をはじめたのは、四〇歳を過ぎてくらいからであった。A氏のところに、朗誦を習いに来る人はあまりおらず、運勢占いや攘災儀礼などの施術の知識・技能を習いに来るものがほとんどである。これまでそのような「弟子」は五〇人ほどおり、その内シャンは約一〇人、タイ・ユアン（北タイ人）が約四〇人である。

## S氏

S氏は、現在（二〇一八年時点）六九歳の男性。メーホンソーン市在住のチャレーである。多くのチャレーが、文字知識を活用してさまざまな施術を行うのに対して、S氏はチャレーの活動のみで生計を立てている珍しい存在である。仏教文書の朗誦に加え、仏教文書の筆写、筆写した仏教文書の販売、印刷された仏教文書の販売、護符メダルの販売、寺院の仏像や仏具の購入の際の代理人などを行う。仏教文書についての知識が豊かで、朗誦の技術も高く、メーホンソーン県内だけではなく、チェンマイ県のシャン在家信徒に招かれて朗誦にも出向く。メーホンソーンにおけるチャレーの取りまとめ役となっている。S氏の簡単な経歴は以下の通りである。

一九四九年、ミャンマーのシャン州南部クンヒン郡ワーンラーオの生まれ(11)。両親は農業に従事する家庭で、七人キョウダイ（男三、女四）の長男である。一二歳（一九六一年）のとき、ワーンラーオ寺院にて見習い僧として出家する。ワーンラーオ寺院はビルマの仏教教派ではトゥダンマ派に属する。この見習い僧の修業期間に、住職を師として、シャン文字の学習、シャン語仏教書の朗誦の練習を行う。六年間の修業を経て、一八歳（一九六七年）で還俗する。還俗後はワーンラーオの村に戻り、農業をしていた両親の手伝いをする。見習い僧をしていた時から仏教文書の朗誦が得意であって、還俗後も朗誦の練習を続けており、近隣の村に住むチャレーに師事し朗誦の練習を続ける。朗誦のスラサティーはこの時のチャレーから授けてもらった。二〇歳（一九六九年）の時に、ワーンラーオの女性と結婚し、この妻との間に三人の娘をもうける。二八歳のころには、近隣の村での仏教儀礼に招かれて、聴衆の前で仏教文書の朗誦を行うチャレーの役割を担っていた。

三四歳（一九八三年）の時に妻を病気で亡くす。その翌年三五歳（一九八四年）でクンヒン寺院において、僧として得度する。一年間僧としてクンヒン寺院に止住し、この間も仏教文書朗誦の練習をしていた。三六歳の時に還俗し、南シャン州から北シャン州の中国国境まで、シャン州の各地をチャレーとして回る。北シャン州では「南シャン州の（朗誦の）声も聴きたい」ということで、寺院や在家信徒の家に呼ばれて、朗誦を行った。このようなシャン州各地をチャレーとして移動する生活の延長で、四一歳（一九九〇年）の時に初めてタイ国に入国する。

一九九〇年陰暦三月にタイ北部のメーホンソーン市郊外のパーンムー寺院に止宿し、陰暦五月には拠点をメーホンソーン県内のクンユアム郡トーペー村へと移す。一九九〇年の陰暦八月の入安居の前にはシャン州に一旦戻る。その後は、雨安居期の三か月間はシャン州で仏教文書の筆写や朗誦を行い、出安居になってからメーホンソーンのトーペー村に戻ってくるという生活を数年送っていた。特に仏教文書の入手が難しくなっていたメーホンソーンの在家者の要望に応え、シャン州で仏教文書を探し筆写する、あるいは好まれそうな仏教文書を筆写し

写真４　Ｓ氏、仏教儀礼での朗誦（メーホンソーン）

てタイ国側に持ってきて販売していた。また寺院や在家者宅で仏教文書の朗誦も行った。

一九九五年、四六歳の時に、シャン州とタイ国北部の間を行き来する移動ルート上の国境の町ファムアンで女性と知り合い再婚し、それを契機にメーホンソーン市内の借家に居を構えた。一九九六年には息子が生まれる。この年にタイ国内の「一時滞在許可」を認められる。息子はメーホンソーン市内の公立学校を卒業し、現在タイ国籍を申請中である。

S氏は、一九九〇年にタイ国に入国してから、トーペー村のあるクンユアム郡やメーホンソーン市とその近郊の村落で、関心のある在家信徒に朗誦の仕方を教えて回ったという。メーホンソーンには、S氏から朗誦を習い、スラサティーを受けた朗誦者も少なくない。また、S氏は近年、雨安居期の三カ月間は、メーホンソーンを離れ、チェンマイ県のシャンの在家信徒が集まる寺院を訪問し、仏教文書の朗誦を行っている。

## 5. 朗誦師の知識と技能

### 「よそ者」としての朗誦師

前節でみてきたA氏とS氏の経歴を見ると両者ともシャン州出身で、生まれ育った土地を離れ、様々土地を遍歴・移動し、タイ北部のチェンマイやメーホンソーンにやってきた「よそ者」である。このような移動性の高さは、普通のチャレーよりも、熟練したチャレーに顕著にみられる。普通のチャレーは壮年・老年期に朗誦の学習を始めるため、居住している土地で、身近にいる師を探して、朗誦の学習を行う。一方、熟練のチャレーは、若年期から知識・技能への強い探求心を持っているため、師を求めて様々な土地を移動することが多い。あるいは、習得した知識・技能をより高く評価してくれる土地を求めて移動する。

先にみたようにメーホンソーンにおいては、タイ国家への統合とともに、寺院内教育によるシャン文字知識の継承が難しくなってきており、それに伴いチャレーの後継者を育てることも困難になっている。その一方で、シャンの仏教儀礼では、仏教文書は供物として供えられ、朗誦されるため、依然としてチャレーの活動は必要とされている。タイ国側では特に熟練したチャレーの数が急速に減少していることから、チャレーの知識と技能はシャン州よりも強く求められる。A氏やS氏の国境を越えた移動にも、このチャレーの「需給バランス」の影響を見て取ることができる。

## 技芸者としての朗誦師

僧侶のパーリ語誦句の朗誦は、どのような声の持ち主であっても、多少パーリ語の発音が不正確であっても、一人の朗誦でも、集団の朗誦でも、僧侶という宗教的立場・地位と、パーリ語経典に由来する誦句自体の正統性によって、その聖性が保証されている。出家者の朗誦の知識や技法は、出家者という立場やサンガという組織に共有され、個人的な資質からは離床したものとしてとらえられている。

いっぽう、チャレーは、僧侶のように地位や身分が宗教制度上で保証されていない。そのため、彼らが頼りにするのは、自らが習得した知識と技能である。チャレーの朗誦の価値は、仏教文書の韻文テキストを正確に美しく朗誦できる個人の技能にかかっている。チャレーの朗誦は基本的に一人で行われ、個人の技能が聴衆である在家信徒の審美の対象となる。美しい声の朗誦、流麗な調子の朗誦、韻律を聴衆に印象付けるような朗誦など、チャレーは自らの個人的な技能に依って立つのである。その点では宗教者であると同時に、技芸者でもある。

## チャレーの知識と技能

A氏とS氏の活動を比べてみると、同じチャレーといってもその活動内容の範囲にはかなりの差があることが分かる。A氏が朗誦とともに様々な施術を行うのに対して、S氏はその活動を主として仏教文書の朗誦や筆写の領域に特化している。この二人の違いは顕著な例であるが、一般的にチャレーの活動を調べてみると、文字知識や朗誦の技能の習熟度の違いだけではなく、活動内容の範囲に大きな差異がある。特に熟練のチャレーは、その学習の遍歴の中で、多くの師について様々な知識や技能を学ぶ。そのようにして学んだことを消化し、自らの知識や技法として統合し、自らが好む活動を選び習熟していく。

師弟間における仏教文書の知識の伝承過程においては、文字知識という観点から見ると個人から離床した正統な朗誦の「型」や客体化された知識・技能が伝承される。特に、初心者の場合には、師は弟子に対して、正しい読み方、韻の形式、またそこで説かれる仏教教理の理解について教授する。しかし、これらの知識や技能の学習は、仏教文書を朗誦したり筆写したりする具体的な技芸を身に着けることを意味しており、実際には、複数の師から学び取られた知識や技能は弟子の技芸として身体化・個人化される。一人前の証として師から授けられるスラサティーを飲み込むことは、伝承された文字知識と朗誦の技能が弟子によって消化され、身体化されることを表している[12]。特に朗誦は、個人の「声」と密接にかかわる知識・技能であるため、師の技芸とそれを学んだ弟子の技芸は、それぞれの身体が異なっているがゆえに、同一のものではありえない。このようにシャンの仏教文書文化は、一見誰にでも学習できる個人から離床した知識のように見えるが、そこには「正統」なるものは存在せず、個々人が身体化した知識と技能の集積として浮かび上がってくるものである。技芸が知識として離床するのではなく、伝承される知識が技芸として現前する。

身体化され、複数の知識や技法を統合して形成されるチャレーの知識や技法には、個々の間に「ずれ」が生じる。チャレーの朗誦の場合、「ずれ」は身体化された声の実践のなかに生じる。また、知識や技能を求めて各地を遍歴し、複数の師を持つことも「ずれ」を生じさせる。この「ずれ」が、仏教書文化でチャレーの個人の知識や技能を際立たせ、審美の評価の対象となり、在家信徒にとっての魅力を生み出す。反対に、他のチャレーとの「ずれ」がない朗誦や、師匠の朗誦をまねただけの朗誦は、凡庸な朗誦とみなされる。傑出したチャレーとは、様々な学習過程の中で自分なりの型を作り、そこから生まれる「ずれ」を個性として聴衆の前に提示できる者である。

クライアントによる実践者の技の評価という点では、審美的効果と呪的効果は、意外と近しい関係にあるのかもしれない。本稿で取り上げた仏教文書の朗誦と呪術は、正統を持たぬがゆえに、それぞれの実践者による知識と技能の集積体として現れる。個人の身体に取り込まれた知識や技能を際立たせる「ずれ」が、「美しい朗誦」、「よく効く呪術」とクライアントによって評価される構造は、相似の関係にあるのかもしれない。

注

（1）仏教文書を、テキストのみに注目する文献学の研究対象から解放し、社会的文脈の中での運用形態に焦点を当て、新たな仏教文書研究の方向性を提示したベルクヴィッツらの研究（Berkwitz et. al., 2009）を参照のこと。

（2）中国国内のタイ系民族は、「タイ族」と総称されるが、雲南省のミャンマーとの国境地域である徳宏タイ族ジンポー族自治州や臨滄市、普洱市のタイ族は、シャンとの文化的連続性を有している。

（3）JSPS 科研費 JP22520822、JP15H03282 の助成を受けた。

（4）二〇〇〇年代に入り、一定の条件を満たした一時滞在許可者に対して国籍付与の手続きが進められている。

（5）神通力を体得した長老僧マーライが天界や地下界をめぐる仏教説話で、因果応報の教理を説く。

（6）シャン語のリークは「文字・文書」、ロンは「大きい」で、「大きな・偉大な文書」という意味である。ターウェルとカムデーンヨートタイは、ドイツ国内の図書館に所蔵されている「シャン語の文書」三三五点の調査を行い、その内、最も多かったのが、護符作成のための図版写本一三五点、次いで仏教文書一〇八点、残りは護符そのものが八一点、その他が一一点として分類している（Terwiel and Khamdaengyodthai, 2003）。施術用の図版を除くと、仏教文書が最も多い。

（7）正式な僧侶として得度できる年齢は二〇歳以上であり、二〇歳未満の者は、サーマネーンと呼ばれる見習い僧となる。東南アジアの上座仏教徒社会では尼僧の伝統は継承されておらず、女性が出家者となり修行生活を送ることは、事実上不可能とされる。それゆえ東南アジアの国家が承認する仏教の出家者集団サンガのメンバーは男性によって構成されている

（8）ビルマ語のサーイェー（書記）からの借用語だと考えられている。本稿では、これ以降、シャンの在家朗誦師のことをチャレーと表記

する。理由は、チャレーの主たる活動は仏教文書の朗誦ではあるが、それ以外にも、仏教文書の書写などの活動も行うからである。なお、雲南省の徳宏タイ族は、在家朗誦者のことをホールーと呼ぶ。

（9）シュエジン派は、ビルマ仏教の公認九教派の中の一つで、最大派であるトゥダンマ派に次ぐ教派で、戒律に厳しい厳格派とされる。但し、シャンの寺院におけるビルマ仏教の教派所属はそれほど重要ではないという意見もある。

（10）先妻と離婚しているのかどうかは未確認。

（11）ワーンラーオは、シャンの仏教文書の作者として著名なチャオ・カーンスーの没地である。シャンの仏教文書の著名な作者についての簡単な紹介は、Murakami（2009）を参照のこと。

（12）タイ東北部のラオ人社会における呪文と身体の関係性について考察した林は、呪文が施術者の身体の中に取り込まれると同時に、それを取り込んだ身体が呪文によって変容するとしている（Hayashi, 2000）。

## 参照文献


小島敬裕（二〇一四）『国教と仏教実践―中国・ミャンマー境域における上座仏教徒社会の民族誌』京都大学学術出版会。

村上忠良（二〇〇九）「国境の上の仏教―タイ国北部国境地域のシャン仏教をめぐる制度と実践」林行夫編『《境域》の実践宗教―大陸部東南アジア地域と宗教のトポロジー』一七一―二三四頁、京都大学学術出版会。

――（二〇一二）「越境する在家知識人の活動―タイ国北部の国境地域のシャン文字知識の継承」片岡樹編『聖なるもののマッピング―宗教から見た地域像の再構築に向けて』CIAS Discussion Paper No. 26, 三六―四二頁、京都大学地域研究統合情報センター。

――（二〇一八）「シャンの在家仏教徒朗誦の特徴―タイ国内の仏教文書朗誦との比較より」『年報タイ研究』第一八号、五九―七二頁。

Berkwitz, S. C., Schober, J. and C. Brown 2009 Introduction: Rethinking Buddhist Manuscript Cultures. In S. C. Berkwitz, J. Schober, and C. Brown（eds.）*Buddhist Manuscript Cultures: Knowledge, Ritual, and Art.* pp. 1–15. Oxford: Routledge.

Crosby, K. and Jotika Khur-Yearn 2010 Poetic Dhamma and the Zare: Traditional Styles of Teaching Theravada amongst the Shan of Northern Thailand. *Contemporary Buddhism* 11(1): 1–26.

Hayashi, Y. 2000 Spells and Boundaries in Regional Context: *Wisa* and *Thamma* among the Thai-Lao in Northeast Thailand. In Y. Hayashi and Yang Guangyuan (eds.) *Dynamics of Ethnic Cultures across National Boundaries in Southwestern China and Mainland Southeast Asia: Relations, Societies, and Languages.* pp. 169–188. Lanna Cultural Center, Rajabhat Institute of Chiang Mai and Center for Southeast Asian Studies, Kyoto University.

Keyes, C. F. 1971 Buddhism and National Integration of Thailand. *Journal of Asian Studies* 30(3): 551–567.

Manas C.（ed.）1995 *Thai Literary Traditions*, Bangkok: Chulalongkorn University Press and Institute of Thai Studies, Chulalongkorn University.

McDaniel, J. 2000 Creative Engagement: Sujavanna Wua Luang and its Contibution to Buddhist Literature. *Journal of the Siam Society* 88(1&2): 156–177.

Murakami, T. 2009 *Lik Long* (Great Manuscripts) and *Care*: the Role of Lay Intellectuals in Shan Buddhism. In M. Kashinaga (ed.) *Written Cultures in Mainland Southeast Asia. Senri Ethnological Studies 74*. pp. 79–96. Osaka: National Museum of Ethnology.

------------- 2012 Buddhism on the Border: Shan Buddhism and Transborder Migration in Northern Thailand. *Southeast Asian Studies* 1(3): 365–393.

Terwiel, B. J. and C. Khamdaengyodthai 2003 *Shan Manuscripts Part 1*. Stuttgart: Franz Steiner.

# 第8章　冒険する呪者たち
## ――ナイジェリア都市部呪医の実践から

近藤英俊

### 1．カネになる呪術

本稿は、ナイジェリア北部の都市カドゥナにおける呪医の実践について考察する。近年アフリカの呪術研究は、アフリカに広範に見られる「伝統的な」呪者、呪医とも伝統医とも呼ばれる実践者の一見伝統的らしからぬ実践に注目するようになっている（Comaroff, 1999; Geschiere, 1997, 2013; Luedke & West, 2006）。これらの研究によれば、今日呪医の実践は金銭的利益への志向性が強く、商業化している。彼らの実践の顕著な特徴は、外来の技術や知識をふんだんに取り入れている点にある。これには外来の呪術的実践だけでなく、イスラム教やキリスト教の要素、さらには生物医療の技術も含まれる。これらの研究は、呪医による外来技術の利用は昔から行われているという歴史家の指摘を認めつつも、今日の社会変化がこの実践のあり方に拍車をかけているとみている。そして研究の多くが着目する社会変化とは、新自由主義に伴う富の追求、市場競争、格差拡大というグローバルな変化と、これらと相まって進行する地域的な変化―ポストアパルトヘイト（南アフリカ）、ポスト一党独裁（カメルーン）、ポスト内戦（モザンビーク）等―である。

本稿は、これらの研究が指摘する呪医実践のトレンド（商業化、外来技術の導入と複数化）については大筋において認めるものである。しかし近年の研究は、呪医実践を社会変化の文脈において捉えることに力点をおくあまり、呪医実践のあり方について踏み込んだ分析を行っていない。すなわち外来のものを導入する以外に、今日の呪医実践にいかなる特徴があるのか、そもそも呪医にとって呪術的リアリティとはいかなるものか、そうした現実感の基底には長期的な構造とでもよぶべきものもあるのではないか、そしてそれらが社会変化とともに呪術実践にどのような影響を及ぼしているのか、こうした課題については、いまだ十分に検討されていない。本稿はカドゥナ市在住の呪医の実践の事例研究をもとに、これらの課題検討のためのささやかな一歩を踏み出したい。結論として本稿は以下の点を示唆したい。

一般にカドゥナの呪医の実践は、「本物」の呪術の探究、見せかけの技、職業的転身を顕著な特徴とする。不確実性の逓減を目指す合理性とは対照的に、これらの実践に共通するのは不確実性の中に希望をみる冒険性である。冒険的実践は、複数の方法を次々に試し、希望を先延ばしにしてゆく。ここでは一つ一つの実践が互いに強い関りを持たない出来事の様相を呈している。呪医実践の冒険性の高さは、商業化の影響だけでなく、この都市ならではの複数の実践や情報の錯綜した交流、人の生や存在のあり方に関わる長期的な文化構造とも関連している可能性がある。

本稿は、一九九〇年代初頭におけるカドゥナ市（当時の推定人口一二〇万人）の呪医の状況について報告する(1)。カドゥナは自生的な基盤を持たない植民地都市である。当初イギリス植民地総督フレデリック・ルガードは、この都市をナイジェリア植民地全体の首都とすべく、サバンナの原野に建設した。その後植民地統治機構が再編され、カドゥナは北ナイジェリア地域における行政の中心として位置づけられる。独立後、カドゥナは紡績産業を中心とする経済活動も盛んになり。それとともに急速な人口の流入と面積の拡大を経験した。この傾向は一九九〇年代初頭も続いており、私が住んでいた地区でも農地は次々に宅地に変わっていた。

この人口の流入と大いに関連しているのがカドゥナの超多文化性である。カドゥナは言語や宗教の多様性において、多文化的なナイジェリアの中でも際立った存在である。この都市で話される言語は優に一〇〇は超えるものと推定される。宗教においても、カドゥナはイスラム教徒の支配的なナイジェリア北部とキリスト教徒の多い南部の境界地域に位置しており、住民に占める両宗教の割合はほぼ拮抗していると思われる。またそれぞれの宗教は、様々な宗派やセクトによって構成されている。

注目すべきは、多文化性が住民間に見られる全般的な状況というだけでなく、住民一人ひとりにも見られること、つまりこの都市では個々の住民が複数の文化と出会い、それらを習得し使いこなしているという点である。ここでは少なからぬ住民が、日常生活の中で複数の言語をある程度まで解するようになる。苦境に際し複数の宗教グループを梯子していくことも珍しくない。彼らは利用すべき文化を複数の選択肢の中から選ぶ立場にあるが、超多文化状況において彼らが掌握できる選択肢は限られている。むしろ彼らは他者との対面的なやりとりの中で、あるいはメディアや噂話を通し、新たな文化と出会う。出会いはときに文化間の反発を帰結するが、しばしば文化の混淆や一方から他方への乗り換えを生起する。言い換えれば、ここでは個々の住民が、複数の文化の流れの交差点となっている。私はこうした複数の文化の錯綜した交流を、文化のフラックス（flux）状況と呼ぶことにしたい。後に見るようにフラックス状況はカドゥナの呪術実践と呪者のあり方にも顕著に見られる。

カドゥナの呪者は大雑把に三つのカテゴリーに分けることができる。すなわち、イスラム教系の呪術の担い手であるマーラム（*mallam*）、キリスト教系のスピリチュアリズムの実践者、そして呪医である。それぞれのカテゴリーの呪者はさらに宗派や出身地域・民族などに応じた多様性を有している。キリスト教系の呪者についていえば、アラドゥラ教会の預言者（prophet/prophetess）とペンテコステ派教会の伝道師（evangelist）とでは、呪術実践のスタイルに大きな違いがある。

このうち本稿の焦点、私が便宜上「呪医」と呼ぶ人々は、アフリカ全土に見られる呪術的施術を生業とする人々である。いうまでもなく名称は地域や民族の言語に応じて異なる。ナイジェリアでは、例えばハウサ語圏ではボカ（*boka*）、ヨルバ語圏ではババラオ（*babalawo*）やオニシェグン（*onisegun*）、イボ語圏ではディビア（*dibia*）

と呼ばれる。一方、今日呪医たちはアフリカ各地で伝統医師会の主要なメンバーとなっている（近藤、二〇〇二）。伝統医師会は呪医の他に薬草売り、産婆、骨接ぎなど職業実践者によって構成されており、国や地方公共団体の公認を受けている組織も少なくない。伝統医師会は会員認定証を発行しており、建前上認定条件として試験を課すことになっていた。

以下の研究は、カドゥナ市在住の三十五人の呪医へのインタビューと彼らの実践の観察に基くものである。このうちの一人、コギ州出身でイヤバ人の中年男性、ジョセフのもとに私は二年間滞在し、彼の呪術実践と生活全般を参与観察することができた。

呪医の実践は、アフリカ大陸内で長期にわたって培われてきた要素、すなわち「伝統的」な核を有している。この中核的な実践は、現実を読み解き真実を明らかにする託宣と、現実を望ましいものに変える施術からなっている。託宣は、大半が卜占用の様々な道具を使うものだが、夢を読み解くものや憑依時に託宣をするものなどもある。施術は、祓い、治癒、防護、成就などのために行われる。植物や動物から作った薬をクライアントの身体に適用するものから、神秘的存在に供物を捧げる供儀に至るまで様々な方法がある。これらの実践は呪医の出身民族・地域や宗教に応じた特徴がある［表１］。

カドゥナで開業している呪医の数は定かではない。一九九〇年六月に実施された伝統医師会代表選挙の折に、私は一〇〇〇人余りの伝統医（その大半は呪医）を数えたが、実際の数はこれをはるかに上回るものと推測される。彼らにイスラム教系及びキリスト教系の呪者を合わせると、カドゥナには極めて多数の呪者が在住していることになる。彼らは競合関係にあり、この都市で呪術によって生計を維持するのは容易なことではなかろう。

カドゥナの呪医の多くは金銭的利益に高い関心を持っている。ジョセフは呪医業を営むのは金儲けのためであると言って憚らない。「私はこの小さな仕事（呪術）で家を五軒建てたんだ。息子に将来何をすべきか尋ねられたら、この仕事をしろというさ。なぜかって？　この仕事がナイジェリアでは一番手っ取り早く金が儲かる方法だからさ」

金銭的動機については、以下のエピソードも参考になる。

クワラ州出身でヨルバ人のA氏は、小学校五年生のときに呪医である父親から呪術について学び始めた。しかし小学校を卒業するとともに彼が選んだのは、電気技師になる道だった。彼は電気技師のところに弟子入りし、三年間の徒弟生活を送った。年季が開けると彼は自ら客を取ることを許され、少しばかり稼げるようになった。そんなある日、父親が彼のもとにやって来た。クライアントの一人がくれたものだと言って父親が見せたのは、札束だった。それは彼の一週間分の稼ぎの十倍もの額だった。呪医業は格の高い（prestigious）仕事だと父親は言った。それから彼は父親のもとで呪医業を始めた。父親の診察室の隣に、彼用の診察室が与えられた。父親が亡くなってからは、彼はどうやら技術だけでなく評判も父親から受け継いだようである。今ではカドゥナ南部で最も人気のある呪医の一人となっている。

この「格の高い」という父親の表現には、そんな沢山の金をくれるほど感謝されるといった意味合いもあるかもしれない。しかし彼が、見せられた金額の大きさに驚いたことは想像に難くない。

呪医の収入を調査するのは極めて難しい。しかし彼らの所持品や財産によって、ある程度まで収入レベルを推測することはできる［表2］。注目すべきは彼らの持ち家率の高さである。三十五人中二十一人の呪医が家を所有しており、このうち三人は家二軒、別の三人は三軒所有していた。これは大方のカドゥナ住民が賃貸住宅で生活しているのとは対照的である。診療費については、ジョセフの例でいえば、ヒツジやヤギなどの動物を供する供儀を行った場合、一回の儀礼で五〇〇〜一〇〇〇ナイラ（当時一ナイラ＝約〇・一米ドル）ほどの施術費を徴収する。これは当時、入社五年目の工場労働者の月収に匹敵する。呪医業は運転資金もさほど必要としない。供儀

表1　呪医の中核的な託宣・施術並びに関連した神・精霊

| 名前 | 性別 | 民族 | 出身州 | 宗教 | 中核的な託宣・施術、関連した神・精霊 |
|---|---|---|---|---|---|
| シャイーブ | 男 | ハウサ | カノ | イスラム教 | イスラム式砂託宣とコーランによる治療、憑依儀礼ボリ |
| ガルバ | 男 | ハウサ | カノ | イスラム教 | イスラム式施術、その他 |
| ハンザ | 男 | ハウサ | カノ | イスラム教 | イスラム式砂託宣とコーランによる治療、憑依儀礼ボリ |
| マアズー | 男 | ハウサ | カドゥナ | イスラム教 | イスラム式砂託宣とコーランによる治療、憑依儀礼ボリ |
| ハリバルデ | 女 | ハウサ | カドゥナ | イスラム教 | 憑依儀礼ボリ |
| ラミ | 男 | ハウサ | カドゥナ | イスラム教 | 憑依儀礼ボリ（とくに猟師霊ダン・ガラディマ） |
| ビエ | 女 | ハウサ | カドゥナ | イスラム教 | 憑依儀礼ボリ |
| メイジルギ | 男 | ハウサ | ソコト | イスラム教 | n.a. |
| シャガリ | 男 | ヨルバ | オヨ | イスラム教 | イスラム式託宣・施術、その他 |
| カモル | 男 | ヨルバ | オヨ | イスラム教 | ヨルバの神オリシャ（とくに水の神オサイン）の儀礼 |
| アブドゥラ | 男 | ヨルバ | クワラ | イスラム教 | イスラム式託宣・施術、その他 |
| オドゥドゥ | 男 | ヨルバ | クワラ | イスラム教 | イスラム式託宣・施術、その他 |
| ブサリ | 男 | ヨルバ | クワラ | イスラム教 | n.a. |
| イレルボ | 男 | ヨルバ | オグン | イスラム教 | ヨルバの神オリシャ（とくに鉄の神オグン）の儀礼 |
| ガルバ | 男 | ヨルバ | オグン | イスラム教 | イスラム式託宣・施術、その他（鏡を使った託宣） |
| ラミディ | 男 | ヨルバ | n.a. | イスラム教 | ヨルバの神オリシャ（とくにオサインとアエラ） |
| リミ | 男 | ヨルバ | クワラ | イスラム教 | ヨルバの神オリシャ（とくに託宣の神イファ）の儀礼 |
| ウゴ | 男 | イボ | イモ | 伝統宗教 | 水の神マミワタとアグに関連した儀礼 |
| イエロー | 男 | イボ | イモ | キリスト教 | 水の神マミワタの儀礼、その他 |
| エベレンバ | 男 | イボ | イモ | 伝統宗教 | アグとオフォの使用 |
| エミネケ | 男 | イボ | イモ | 伝統宗教 | 水の神マミワタの儀礼、その他 |
| ンコチャ | 男 | イボ | イモ | 伝統宗教 | 水の神マミワタの儀礼、その他 |
| ファビアン | 男 | イボ | イモ | 伝統宗教 | 様々な神々の象徴（イケンガなど）と関連した儀礼 |
| ンナナ | 男 | イボ | イモ | n.a. | オフォの使用 |
| カルフェ | 男 | グバギ | カドゥナ | イスラム教 | グバギの神アシャーに関連した儀礼 |
| マダキ | 男 | グバギ | カドゥナ | イスラム教 | イスラム式施術 |
| ジャガバ | 男 | グバギ | カドゥナ | キリスト教 | 亀の甲羅を使った託宣 |
| ガルクワ | 男 | グバギ | カドゥナ | イスラム教 | イスラム式託宣、その他 |
| シャノノ | 男 | フラニ | n.a. | イスラム教 | イスラム式託宣、その他 |
| ジュッジ | 男 | フラニ | n.a. | イスラム教 | 託宣は行わない |
| セヴァヴ | 男 | ティヴ | ベヌエ | n.a. | 特定の神々に依拠しない |
| Aイガラ | 男 | イガラ | ベヌエ | イスラム教 | イスラム式託宣と様々の神に関連した実践 |
| アウォロ | 男 | イジム | クワラ | 伝統宗教 | ヨルバの神オリシャ（とくに天然痘の神ショポノ）の儀礼 |
| アジーズ | 男 | アブヌ | クワラ | キリスト教 | ヨルバの神オリシャ（とくに託宣の神イファ）の儀礼 |
| ジョセフ | 男 | イヤバ | クワラ | キリスト教 | キリスト教施術とオリシャ（イファ、オグン、エシュ）の儀礼 |

表2　呪医の財産、副業、転職、移動

| 名前 | 家 所持品 | 副業 | 以前やっていた仕事 | 地理的移動 |
|---|---|---|---|---|
| シャイーブ | 持家 | 羊の飼育 | 農業 | カノ→カドゥナ（引越5） |
| ガルバ | 持家 | 警備員 | 税金徴収、警察官、会社員 | カノ→カドゥナ（引越2） |
| ハンザ | n.a. | 警備員 | 農業 | n.a. |
| マアズー | 持家 | なし | なし | 故郷→ザリア→カドゥナ（引越2） |
| メイジルギ | 持家 | 伝統医代表 | n.a. | ソコト→カドゥナ |
| ハリバルデ | 持家3 | 大家 | 主婦 | ザリア→カノ→メッカ→カドゥナ＋他 |
| ラミ | 持家 | なし | 商売：食品-服-調理具-宝石 | 故郷→カドゥナ（引越3） |
| ビエ | 持家 | n.a. | n.a. | n.a. |
| シャガリ | 持家、単車 | 大家 | 教員-左官屋-兵士-会社員-公務員-政党員-会社員 | ロメ→イラロ→オボモショ→カドゥナ |
| カモル | 借部屋 | なし | なし | オヨ→イバダン→ラゴス→オヨ→アビジャン→ポルトノボ→ジネタ→カドゥナ |
| アブドラ | 持家2、TV 車 | 大家、農業 | 電気技師-運転手 | グニ→カドゥナ（引越1） |
| オドゥドゥ | 持家2 | n.a. | n.a. | n.a. |
| ブサリ | 所持品少 | なし | 農業 | イロリン→カドゥナ |
| イレルボ | 持家 | n.a. | n.a. | シャンゴオタ→ガーナ→カドゥナ＋他 |
| ガルバ | 持家 TV、VD | 大家、その他 | n.a. | イジェブ→オトゥンポ→エヌグ→カドゥナ |
| ラミディ | 借部屋 | n.a. | n.a. | n.a. |
| リミ | 所持品少 | n.a. | n.a. | 流しの呪医 |
| ウゴ | 持家 TV、VD 車 | なし | なし | 故郷→ジョス→故郷→アビジャン→故郷→イバダン→カドゥナ |
| イエロー | n.a. | なし | n.a. | 故郷→カドゥナ |
| エベレバ | n.a. | n.a. | n.a. | n.a. |
| ンコチャ | 借部屋 | n.a. | 教員-ガソリンスタンド店員-農業労働-農業労働-石油公社 | 故郷→カメルーン→フランス→赤道ギニア→ワリ→故郷→カドゥナ |
| エメネケ | 借部屋 | 単車タクシー | 仕立屋-兵士-仕立屋-銀行員 | 故郷→ラゴス→エヌグ→ラゴス→故郷→カノ→ベニン→カドゥナ |
| ファビアン | 持家 | 企業経営：ビニール袋製造、金融、電気製品の販買、他 | 会社員-金の採掘-荷物運び-靴の販売-薬の販売 | 故郷→ラゴス→アメリカ→ガイアナ→カドゥナ |
| ンナナ | 借部屋 | n.a. | n.a. | n.a. |
| カルフェ | 持家 | 農業 | n.a. | n.a. |
| マダキ | 持家 | なし | 農業、王の警備 | カドゥナ生まれ育ち（引越4） |
| ジャガバ | 持家 | 農業、籠の製造 | なし | カリフェ→他の村→カドゥナ（引越1） |
| ガルクワ | 持家 | なし | 農業 | アブジャ→ビマ→バウチ→カドゥナ |
| シャノノ | 持家 | 伝統医代表 | n.a. | n.a. |
| ジュッジ | n.a. | （農業） | n.a. | n.a. |
| セヴァヴ | 借部屋 | n.a. | n.a. | n.a. |
| A イガラ | 持家3、TV、車 | 大家、運輸 | 工場労働者 | 故郷→カドゥナ（引越1） |
| アウォロ | 所持品少 | なし | n.a. | 多くの場所 |
| アジーズ | n.a. | n.a. | 斡旋業 | 多くの場所 |
| ジョセフ | 持家4、TV、単車 | 大家 | 大工-会社員-斡旋業-運輸 | モパ→ラゴス→モパ→カドゥナ |

注）地理的移動の（引越 算用数字）はカドゥナ内での引越の回数を指す。n.a. は（不明）を表す。
出典：筆者作成。

に使われる高価な動物はクライアントが購入する。また施設の面でも、畳二畳ほどの部屋さえあれば行うことができる。このことからクライアントの多い呪医はかなりの稼ぎがあるとみてよかろう。しかしながら呪医業は失敗のリスクも高い職業である。

呪医の収入には明らかに個人的な格差がある。私の知るかぎり最も人気のある呪医は、町はずれの掘立小屋の前に、いつも数十人のクライアントを集めていた。そのなかには遠方から車で来訪した者も含まれる。その一方でクライアントがほとんど見られない呪医もいる。呪医業は浮き沈みもある。当時近隣に引っ越しきたティヴ人の呪医の場合、当初診療室の前には長蛇の列ができていた。ところが数ヶ月後そこに人影はなかった。ジョセフの診察室は、朝からひっきりなしにクライアントが来ることもあれば、丸一日ほとんど来ないときもあった。呪医にとって利益の追求は同時に競争に勝ち抜くことを意味する。ここには明らかに呪術市場が存在する。それでは具体的に呪術でカネを儲けるために、彼らはどのような実践を行っているのだろうか。

## 2.　本物の探究

大方の呪医は、クライアント数の多い評判の呪医になることを目指している。この評判とは「その呪医の占いは当たる」、「その呪医の薬で病気が治った」といった具体的な情報、噂である。単純に考えれば、評判は実際の効果に裏打ちされたものである。つまり評判を得るためには呪術の効果を高める必要がありそうである。問題はしかしそれが可能なのかどうかである。果たして呪医は占いの正答率や施術の成功率を高めることができるのだろうか。これは呪術の本質に関わる問題である。

まず指摘したいのは、呪医は呪術的力を信じていることである。たとえ常に功を奏するとは限らなくとも、彼らは自らの呪術実践が力を秘めていることを疑わない。だが力があることと、その力が放たれ効果をもたらすことは同じではない。呪術的現実は二重性を帯びている。一方において呪術は、五感で捉えることのできる物、音、匂い、所作などからなっている。祈祷の言葉、卜占の道具とそれを操る所作、薬草とその製造、供え物、神的象徴（いわゆるご神体）、供儀の所作等々、これら一連のものは知覚できるもの、なかんずく目に見えるものである。他方においてこれらは、目に見えない力、神秘的存在を伴っている。祈願にはそれが向けられる相手が、あるいは言葉自体の力が、卜占には結果を決定する存在が、供儀には供物を受け取る他者が存在しているとみられている。呪術の効果を高める上で、可視的な実践には改善の余地があるだろう。可視的実践の改善は不可視の神秘的力の作動を助けるかもしれない。しかし呪術の効果は基本的にはこれら不可視の力に依拠している。この不可視性は不可知性や不確実性と結びついている。神秘的力が祈りや供儀を受け入れる様は目に見えない。したがって受け入れてくれたかどうかは定かでない。神秘的力は可視的実践と関わりながらも、前者は後者から自立している。呪医はこの力をコントロールしきれない。ところが逆説的にも、不可視・不可知で自立しているからこそ、呪医はそこに力を想像する。

したがって呪医にできることは限られている。呪術が成功するかどうかは神秘的力次第である。呪医はこの点をよく知っている。実際、呪術に失敗はつきものである。神秘的力に由来する失敗は反省的に活かしようがない。こうしたなか、呪医はすでに持っている呪術技術、その知覚しうる実践を改善することに熱心ではない。むしろ彼らの関心事は、新たな呪術、惜しげもなく願いを叶えてくれる力を秘めた「本物」の呪術の発見と習得である。

カドゥナの呪医は呪術について知識欲旺盛である。彼らは様々なレベルで互いに交流しているが、その際、呪術に関する情報交換も行っている。彼らは呪術の知識をノートに書き取っておく。そうしたノートを数冊持っている呪医もいる。ジョセフの場合、新たな呪術の習得は二通りの仕方で行っている。一つは他の呪医を自分の家に住まわせることである。ジョセフの家には知り合いの呪医や、ナイジェリア内外を転々とするいわば流浪の呪医がしばしば滞在している。彼らはジョセフ邸に滞在するばかりか、部屋を与えられクライアントをとることまで許されている。その代わりジョセフは彼らから新しい呪術について学ぶことができる。もう一つはジョセフが旅に出る方法である。行く先はナイジェリア南西部、ヨルバ地域が多い。現地で評判の呪医を探し当て、ヤシ酒を振舞うなど敬意を払い、呪術の処方について教えてもらうのだという。おそらく遠方の呪医から学ぶことが重要なのだろう。一般に呪術は外来のものこそ本物であるというイメージがある。当時カドゥナではインドやアメリカから輸入される護符や呪術書に人気があり、これらを実践に取り入れる呪医は少なくなかった。ジョセフは、「本物」は現地に行かないと手に入らないと、インドとアメリカへの渡航を企てている。アメリカ渡航については、オカルトグッズ販売でナイジェリアではつとに有名なシカゴのドゥローレンス（De Laurence）のオフィスに長距離電話まで入れ、スピリチュアリズムのコースの内容について尋ねている。いずれの場合も結局滞在許可が下りず、彼は渡航を断念したが。

こうした探究によって本物の呪術に出会える可能性は低い。あるときジョセフは念願の新たな呪術を実践する機会を得た。それはエシュ（*esu*）と呼ばれるヨルバの神のご神体を家の前に安置する儀礼である。この儀礼を実施するためにジョセフは人体の一部を含む入手困難な材料を数年かけて集めた。そして彼の家に滞在中のベテランの呪医の指導の下、ついに安置儀礼を行ったのである。当初ジョセフは、これによってあらゆる災厄から家は守られると満足気であった。ところが数か月後、早くも彼はエシュに効果はなかったとぼやいていた。このように新たに習得した呪術が、たとえ一時的には効果があるように思われても、探し求めていた本物であったためしはまずないだろう。しかし重要なのは、それでも呪医は本物探しを諦めないことである。

呪医は習得した呪術が期待を裏切った際、次に習得する呪術に希望を繋ぐ傾向がある。ある呪医は、ナイジェリア各地で彼が収集した数多くの呪術用具や彫像を自慢げに見せてくれたが、おそらくそれらは失敗した呪術実践の名残りなのだろう。それでも彼は本物の存在を信じていた。不可視性と不可知性を本質とする呪術において、失敗の経験は次に活かすことはできない。新たな呪術に出会う度に、呪医はそれを習得・実践し続けるしかない。

一つ一つの実践については、彼らはその成就を願い真剣に取り組んでいるに違いないが、成功の見込みの高くないこれらの実践は、「試す」という性格を決して拭えない。ダメなら諦め次に希望を繋いでいくしかない。いいかえれば一つ一つの実践は、出来事として過去に葬られ、新たな出来事として初めからやり直される（出来事の概念については後述する）。

このように希望を先延ばしにし、現実を出来事化していく態度は、賭博的とも山師的とも呼びうるものだが、ここでは冒険（者）的と表現することにする。この希望は、合理的行為者がもつ確率論的な可能性とは別物である。合理的行為者は、高い成功の可能性に、したがって成功をめぐる不確実性の縮減に希望を抱く。これに対し冒険者は、むしろ不確実であること、やってみなければわからないという万が一の可能性に希望を託す。つまり未来の事象の偶然性を可能性と同一視するのが冒険的希望である。冒険的探究を続ける呪医は、本物の呪術との偶然の出会いに可能性をみる希望の次元を生きているといえよう。

呪医には冒険的探究から降りる、本物探しから足を洗うという選択肢もあるように思われる。それにもかかわらず彼らの多くを冒険的実践に駆り立てるものは何だろうか。その一つが一攫千金の利益にあることは間違いない。本物が発見されたあかつきには、濡れ手にあわのクライアントと富を獲得することができる。

問題は新たに習得した呪術実践によって、現実にクライアントが増えるかどうかである。事実上、本物の呪術は見つからない。新たに習得した呪術が、たとえ一時的にはクライアントを惹きつけることがあっても、安定的にクライアントを増やすことは困難である。他に手段を講じる必要がありそうである。

## 3. 見せかけの技

呪医が本物の呪術を手に入れることは難しい。それならば、せめて可視的な実践を本物らしく見せかける必要がある。この「見せかけの技」は大きく三つに分けることができる。一つ目は託宣である。カドゥナの呪医は占いを始める際に、クライアントの抱える問題の所在をあからさまに尋ねることはない。クライアントが明かさずともそれを言い当ててこそ、本物の託宣である。実際、言い当てられたクライアントは驚きを隠せない。しかし託宣の神はその神秘的力を常に開示してくれるとはかぎらない。それゆえ呪医は託宣に手心を加える。クライアントの抱える問題の所在と、問題への彼らの意向を推測しそれを託宣に反映させるのである。つまり呪医は今風の言い方をすれば、「当てにいく」のだ。

ベテランの呪医であれば、まずはクライアントの見かけや言葉から、彼らの抱える問題について推測するだろう。出身地域・民族、宗教、職業などの素性も、見かけや言葉使いからある程度推測できる。これらに性別や年齢のファクターを加えることで、彼らの問題についてもある程度察しがつく。とりわけ多文化都市カドゥナにおいて、クライアントの出身地域や民族は無視しえぬファクターである。ジョセフは、出身民族に応じて偏りのある問題として、ヨルバ人ならアジェ（*aje*＝ウィッチ、妖術使い）、イボ人ならマミワタ（*mami wata*＝水の神）の問題を抱えがちだと言っていた。とはいえ外観から得られる情報は限定的である。なんといっても重要な情報源はクライアント自らの語りである。

卜占は一人のクライアントに対し何回も行われる。クライアントは卜占の結果、つまり託宣に対してコメントする。呪医はこのコメントをもとに次の卜占で神に尋ねる質問事項を決め、卜占具を振る。その結果に対してクライアントはさらにコメントする。ベテランの呪医はこうしたやりとりを通し、早い段階で必要な情報を聞き出してしまうのではなかろうか。しかしこうした交流は回を重ねるにつれ、託宣から論理的一貫性を奪い、託宣を矛盾に満ちたものにしかねない。

この傾向は、クライアントの診療期間が長期化するとともに現れやすい。託宣は未来に関する事項、つまり預言を含むことが多い。ところが診療期間が長期化すると、預言とその後に起こったこととの間の矛盾が露呈しやすくなる。託宣によれば「ビジネスは成功する」「病気は治る」はずなのに、実際はそうでないといった例である。また呪医の関心とクライアントの意向の間に齟齬が生じることもありえる。ジョセフは託宣を通し儲けの大きい供儀にクライアントを導こうとするのだが、クライアントは必ずしもそれに乗り気ではない。

ここで考慮すべきは、一連のやりとりのなかで、呪医が卜占の結果をまったく手前勝手に解釈しているとも言い切れない点である。第一に呪医は明らかに卜占の神秘的力を信じている。これは呪医が自らのためにしばしば占いをすることや、ときには別の呪医のもとへ卜占を受けに行くことからも伺える。第二にクライアントとのやりとりにおいて、クライアント以上に託宣を必要としているのは、実は呪医本人である。推移する状況、新たな情報、次々に繰り出されるクライアントの質問は、呪医を幾度となく判断の岐路に立たせるに違いない。託宣に頼らず、自らの洞察力だけで判断を下すことは不可能であろう。したがって託宣の主体は、振った卜占具にどの目が現れるのかを決定する神秘的力であり、なおかつその目に意図的な解釈を挟み込む呪医である。呪医は見える世界と見えない世界の媒介者として、見える世界では最大限解釈の幅を広げ「当てにいく」が、結局は見えない世界の力、当てにならない神託の神をそれでも当てにせねばならない。

二つ目の見せかけの技は、施術のなかで最もあからさまな見せかけ、手品である。カドゥナでは少なからぬ呪医が手品を行う。呪医はそれらを種も仕掛けもあるエンタテインメントとして見せているのではない。神秘的力のなせる業、本物の呪術としてクライアントを印象づけようとしているのである。実際、クライアントのなかには、それらを真に受け驚嘆するものが見られる。以下に手品の例を挙げる。最初に挙げるのはイガラ人の呪医が行った託宣の方法である。

最初に呪医はマミワタ、オバンジェ（*ogbanje*＝繰り返し生まれては死んでしまう霊的子供）、そしてアルジェヌ（*aljannu*＝精霊）に祈りをあげた。次いでテーブルの上に数字の書かれた木製の札十六個を広げると、数字のある側を下にして二列に並べた。そして私に一枚札を抜き取ってその数字を紙に書き込み、それをポケットに入れた後、元に札を戻すよう命じた。のぞき見していない証に、彼は私がこの作業をしているあいだ部屋を外していた。部屋に戻った呪医は私にその札のある列を指摘させた。彼は列を二つとも崩し札をバラバラに広げると、再び札を二列に並べた。そして私の引いた札が今度はどちらの列にあるか指摘させた。我々はこの作業を合計四回行った。そして最後のシャッフルの後呪医は、私にバラバラの札の合間を縫うように指で線を引かせ、札を二つのグループに分けさせた。呪医は一方のグループを脇にやり、残りのグループに対し同じことを私にさせた。我々はこの二分化を最後の一札が残るまで続けた。そして最後の札を反すと、そこには私が引いた札の数が書かれていた。この後、呪医はイスラム教関連の書物を取り出し、その札の数のページを広げた。そこに私の運勢が書かれているのだという。

実は私はこの手品を偶々知っていた。確か以前日本で誰かに教えてもらったのだと思う。その意味では手品文化は、すでにある程度までグローバル化しているといってもいいだろう。この手品はカドゥナでは他に、チェルビム&セラフィム（Cherubim & Seraphim）教会の預言者がやっているのを見たことがある。託宣に関連した手品としては、腹話術を利用したものも見られる。これは呪医の神秘的存在へのお伺いに対し、神秘的存在が直接言葉で返答するという形式の託宣で、決して珍しいものではない。私の見たヨルバの神オサイン（*osayin*）とイボの神アグ（*agu*）の託宣では、それぞれ部屋の一角にスクリーンが張られており、背後に神秘的存在がシルエットとなって薄っすら見えている。呪医は神秘的存在に向かって伺いを立てると、彼らはそれに答え、両者が対話しているように見える。このとき神秘的存在の発話は腹話術によるものだ。

仕掛けを施した手品としては、伝統医師会の秘書が披露してくれた以下のようなものもある。

秘書氏は七センチ四方ほどの紙製のケース取り出した。上部を開けると中は袋状になっていて、ちょうど小銭入れのような構造をしている。次いで私に一枚の紙切れを渡し、それが何の変哲もない紙切れであることを確認させた。秘書氏はケースの上部を開け、紙切れを中にしまった。そして呪文を唱えながら、ケースを頭上に掲げぐるりと円を描いたのである。彼が再びケースを開けると、そこにあったのは紙切れではなく、一ナイラ紙幣であった。この後秘書氏は種明かしをしてくれた。ケースは上下二重構造をしている。下部も上部と同じく中が袋になっている。そこに予め紙幣を入れておくのである。頭上に掲げたときケースをひっくり返すのだ。彼によればこれは呪医がクライアントを欺くための常套手段らしい。

秘書氏からこのケースを頂戴し、私は試しにカドゥナの友人数人に手品を見せてみた。すると思いのほか彼らは手品に驚いてくれた。こうした実践は見たものを驚かせ、不思議に思わせることに意義がある。人々は驚異とともに本物を感じ取り、呪医のもとへ来る可能性がある。驚きの情緒を喚起できるならどんなやり方でもいい。燃えるはずのものが燃えないのもその一つである。あるハウサ人の呪医は、紙に魔法陣のようなものを描いた後、その紙全体にたっぷり油を塗り、そして蝋燭の火に翳した。興味深いことに紙は一向に燃えなかった。一時期ジョセフは瓢箪の器で調理することにはまっていた。瓢箪の器に水、ヤムイモそして薬を入れ、それを直接火にかけるのである。瓢箪の器は燃えて穴が開き、調理は失敗するという予想に反し、水が沸騰し材料がすっかり煮えるまで器は形状を留めていた。口の小さな瓶に、その口よりもはるかに大きな物が入っているのも奇妙である。これは当時呪医の間で流行っていた呪物である。瓶は透明のガラス製で、長さ四十センチ、直径二十センチ、口の口径は数センチほどだった。この瓶一杯に、素材はわからないがアラビア文字の書かれた物体が入っていた。

技術的にいえば大方の手品は簡単なものである。だがなかには比較的難易度の高いものもある。以下の若いヨルバ人の呪医はなかなかの腕前だった。彼はそのパフォーマンスを我々と酒場にいるときに披露した。

呪医は剃刀の刃を三つ取り出し、一つずつ口に入れて「飲み込んで」見せた。彼は口を開け、何も入っていないことを私に確認させた。次に彼は剃刀の刃を一つだけ吐き出し、私の手のひらに置いた。そして私に手を閉じさせると、その刃を握りしめた手に向かって呪文を唱えた。手を開けてみると、そこにあったのは三つの剃刀の刃だった。酒場に居合わせた人々はこれに感銘を受けていた。うち一人は彼と会う約束をしているようだった。

最後に、こうした手品を見慣れた私も驚かざるをえなかった施術について紹介したい。このケースにおいて施術を受けたのは私と調査助手だった。それはあるヨルバ人の呪医のもとで調査していたときのことである。

一通り調査も終わり、私と調査助手は呪医のもとを発とうとしていた。すると呪医は護身のための呪術をぜひ我々に受けさせたいと言い出した。呪医は我々に両手を差し出させ、一方の手には剃刀の刃を、もう一方の手には黒い粉薬を載せた。そして以下のように指示したのである。まず粉薬を口に入れ、舌の上に載せる。次いで剃刀の刃を口に入れゆっくりと歯でかみ砕き、薬もろとも呑み込む。私の脳裏を破片で血だらけの口中のイメージが過った。私はしり込みしてしまった。ところが調査助手はそれを始めたのである。彼は剃刀の刃をかみ砕きながら、私の方を振り向き大丈夫だという。小心者の私も意を決しやってみた。指示通り、粉薬を舌に盛った後、剃刀の刃をゆっくりかみ砕き、そしてとうとう呑み込んでしまった。驚くべきことに口の中はかすり傷一つつかなかった。呪医によればこれで我々の身は鉄に関係したあらゆる事故や事件から守られるという。交通事故に遭ってもナイフで刺されても助かるのだそうだ。ただしこの呪術には有効期限がある。呪医はその期限を教えてくれた。

この護身の施術は鉄の神オグンに因んだものだと考えられる。護身のための呪薬を体内に取り込むのは珍しいことではない。ジョセフの場合、背骨に沿って切り傷をつけ、そこに呪薬を塗り込む。

これらの手品や施術で肝心なことは見たものを驚かすことである。ところがそこに限界もある。同じ手品は同一のクライアントに繰り返し見せるわけにはいかない。マンネリ化は驚きの情緒を損なうものである。これらの手品によって初診者を印象づけることはできるだろう。しかしそれだけで彼らが継続的にやって来る保証はない。

第三の見せかけの技は広い意味でのＰＲ活動である。ナイジェリアの南東部や南西部出身の呪医には名刺を持っているものが少なくない。看板を掲げている呪医もいれば、数は少ないがラジオで宣伝しているものもいる。これらの宣伝活動では、彼らが扱う問題や病気の種類、呪薬の効能などについて述べられている。内容的に多少の誇張はつきものであるが、極端な誇大広告は少ない。

ここで注目したいのは、伝統医師会の会員認定証である。当時カドゥナには複数の伝統医師会があり、それぞれ会員認定証を発行していた。会員認定証は文字通り会員であることの証だが、そのディスプレイは、明らかにクライアントやその他訪問者に対するＰＲ的側面がある。大半の呪医は認定証を額に入れて診療室の壁に掲げている。発行年や発行した医師会名の異なる認定証を、複数陳列している呪医も多い。これによって正規の有能な呪医、ヤブではなく本物の呪医であることを示そうとしているのだろう。ところがそれは実質を伴わない。当時、伝統医師会会員になるにあたり、基準の技術や知識に達しているか審査されることは事実上なかった。所定の費用さえ払えば会員証は購入できるものだった。その意味で会員証もまた見せかけの技の特徴を持っている。

こうしたＰＲ活動の効果は限定的なものであると私はみている。呪医の選択に際して、人々はこれらのＰＲをさほど重視していない。彼らは家族、親戚、友人の紹介や、口コミの情報、噂をもとに呪医を決める。実は呪医もこれらに効果があるとは必ずしも思っていない。それにも関わらず彼らが認定証のディスプレイに熱心なのは、万が一にも認定証に好印象をもつクライアントが現れる可能性と、トラブルに巻き込まれたときに認定証が役立つというこれまたそう高くない可能性を念頭に置いているからである。

結論的に託宣の技術、手品、ＰＲ活動といった見せかけの技は、本物の呪術の探究同様に、希望の次元を渡り歩く冒険者的な実践である。呪医は、人（クライアント）であれ、物（呪薬、認定証等）や知識・情報（呪術や手品のやり方等）であれ、まずもってチャンスとして捉える。少しでも成功の見込みがあれば、それらを手に入れ利用することに呪医は躊躇しない。確かに彼らは十八番ともいえる得意技を持っているが、彼らが試みる冒険者的実践の種類と内容に限界はない。そして当時カドゥナはこうしたチャンスが渦巻いていたと考えられる。

カドゥナは近隣のみならずナイジェリア各地からの急速な人口の流入を経験していた。この流れに乗ってやって来たのは、都会の狡猾さに慣れていない農民＝カモだけではない。この都市は一攫千金を目指す多種多様な呪術実践者も吸い寄せてきた。呪者間の競争と交流は、新たな実践や情報との出会いの機会を数多く作り出したに違いない。またカドゥナは交通の要衝としてナイジェリア各地や海外への旅行の便がいい。内外の本物の呪術や見せかけの技を探しに行くには好都合である。カドゥナには呪術文化のフラックス状況がある。このフラックス状況において、呪医の把握できる実践や情報は限られている。彼らは新たな実践、情報そしてチャンスと出会う。

そうした出会いとして無視しえないのが、私のような海外の研究者との出会いである。呪医は研究者をＰＲ活動に利用する。調査を受け入れることで、海外の研究者に調査されるような優れた呪医であると仄めかすことができる。多くの呪医は初めのうちは私の調査に熱心に協力してくれた。ところがあるところまでくると、急に私を避けるといったことがよくあった。最も露骨なケースでは、呪医が協力的だったのは私と記念撮影をするまでで、撮影後は手のひらを反すように調査を拒否した。彼の目的は、私とのいわゆるツーショットの写真を額に入れて飾ることだったのだろう。

見せかけの技がクライアントを長期的に惹きつけるのは難しい。それは根本的には、見せかけの技が本当の効果を持ちえない、つまり「本物」ではないためである。見せかけの技の核心は、呪医の作為したもの、偽物である。託宣には呪医の経験と洞察が、手品には種が、認定証には購入したという事実が隠されている。ところが一見正反対の本物と偽物には奇妙な共通性がある。

占いの結果や手品にしばしば驚くクライアントであるが、このことは彼らが呪医を信頼しきっていることを意味するものではない。それどころか彼らは呪医の実践に多かれ少なかれ猜疑心を持っている。一般にカドゥナ住民の呪医に対する信頼は厚くない。カドゥナで呪医の調査をしているというと、決まって本物の呪医に会いたければ田舎に行けと言われる。しかしそれにもかかわらず、彼らは呪医のもとへやって来る。住民のもつ、作為に対する猜疑心と本物への期待には、実は共通の土台があると私はみている。

一般に彼らは起こった事象の外観のいわば裏を読む傾向がある。この傾向は事象が不可解な外観をとればとるほど強い。この極めて日常的な例は、彼らが政治家に抱く猜疑心である。まともなやり方ではあんなに成功するはずがない。裏で何かしているに違いない。彼らが詮索するのは、汚職や詐欺などの作為だけではない。身近な人間の不可解な行動とその身辺で相次ぐ不穏な事態に、彼らはウィッチの魔手を懸念する。当たり前でない不可解な外観、つまりは現象の偶然的相貌に、不可視の必然性を読み込もうとする点においては、作為への猜疑心も呪術的力への不安や期待も同じである。もちろん作為と呪術的力との間には、前者が可視化しうるものであるのに対して、後者は決して可視化しえないという違いがある。しかし実際のところ作為が暴かれるのは稀である。私はクライアントが呪医に挑戦するのを一度しか見たことがない。呪医の実践に疑問を感じたら、他の呪医や別のタイプの呪者に鞍替えするだけのことである。本物を探求する呪医同様、クライアントもまた冒険的である。

このクライアントによる呪医の冒険的利用に関して、クライアントは呪医の実践に効果がなかったときこそ、偽物をつかませカネだけ巻き上げるのではないかと、疑心暗鬼になりがちである。実際には呪医は策など弄さず、いたって誠実に実践したとしても、クライアントはつい裏を読んでしまう。そして別の呪医に鞍替えするわけだが、その呪医もやがて偽医者とみなされかねない。このように本物の呪医を追求し続けるなら、数多くの呪医が偽医者となっていくだろう。本物の追求が実は偽物を作り出している。

さらに効果の点からも、本物と偽物にさほど違いはない。仮に一切見せかけのない呪術が行われたとしたら、その成功率はどうであろうか。見せかけのある呪術よりも高いなどということはまずないだろう。そもそも神秘的力が当てにならないので見せかけの技があるのである。それどころか偽物が効果をもたらす可能性もあながち無視できない。私は呪医のところに始終出入りしていたせいで呪術に通じていると誤解され、街の人々から呪薬を求められることがあった。あるときのことである。

カクリ地区の市場の傍を歩いていたら呼び止められた。以前も私を呼び止めた中年の男性である。私の薬が欲しいという。どうやら妻との仲が拗れているらしい。前回彼に薬を所望されたとき、私は呪医の調査をしているだけであって自らは何もできないと説明してあった。私は繰り返し説明するのが億劫になった。するとある考えが浮かんだのである。私は朝作った紅茶をペットボトルに入れて持ち歩くのを常としていた。そのときも紅茶のボトルを持っていた。それを彼にあげるのだ。私はまず以下のような前口上をした。「今日あんたは運がいい。これ何だと思う?とってもよく効く薬さ。普通ならけっこうな代金を取るとこなんだが、あんたにはあげるよ」。彼が喜んで受け取っていったことはいうまでもない。数日後、私はまた市場の傍を通りかかったが、運悪く彼に見つかってしまった。ところが彼は満面に笑みを湛えて近寄ってくる。そうしてこう言ったのだ。「外人さん、あの薬本当によく効いたよ！　できたらもう一本くれないか?」。

彼がその「薬」を本来の目的のために使ったのかはわからない。しかし私はそれが実際何かに効いたのだと考えている。実は、私はあの秘書氏に教えてもらった手品をジョセフに見せたことがある。断言はできないのだが、彼はそれが本物の呪術であると確信したと思う。本物と偽物の差は、我々が考えるほど大きくはないのかもしれない。

本物であれ見せかけの技であれ、さしもの冒険的呪医もどれか一つの実践だけに頼るのは無謀というものだろう。呪医はできることは何でもやる。彼らは実践を複数化する傾向がある(3)。とりわけ欠かすことができないのは、彼らが「伝統医」と呼ばれる所以である出身地域に根差した実践である。すでに見たように彼らの実践の中核的な部分は、長期にわたって受け継がれてきた、出身地域ではお馴染みの実践である。ジョセフの場合、卜占は神託の神イファ（*ifa*）に、供儀は鉄の神オグン（*ogun*）に行うなど、典型的なヨルバ地域の呪術的実践を踏襲している。これらの伝統的実践には一定の顧客がつく可能性がある。呪医のクライアントの半数は呪医と同じ民族か近隣の民族である。彼らは母語ないしは出身地域の共通語（ハウサ語、ヨルバ語、イボ語など）で会話することができる。また彼らには故郷の慣れ親しんだ呪術実践に対する信頼感もあろう。伝統的実践はこうした移民都市ならではのニーズに応えることができる。しかしクライアントの求めているものは共通言語や文化的親近感だけではない。ただ伝統的な実践を行っているだけで、本物や見せかけの技を試行錯誤せずにクライアントを増やすことは難しいだろう。そして呪医の冒険性は、呪術実践の範囲にとどまらない。多くの呪医にとって、呪医業は、冒険的な職業経験の一部を構成しているに過ぎない。彼らは実は純粋な呪医ですらない。

## 4. 職業的転身

一般に呪医のような職業は、専門性が高くフルタイムの仕事だと思われがちである。ところがカドゥナの呪医は、複数の仕事を又にかけたいわば兼業呪医が多い(3)。調査した三十五人の呪医中十三人は、呪医業の傍ら別の仕事もしていると述べている［表2］。他に何の仕事もしていないと明言したのは九人である。彼らが兼業として行う仕事としては、部屋や家の賃貸、つまり大家業（六人）、警備員（二人）、農業（三人）などがある。さらに興味深いのは呪医の職業経験の複数性は通時的にも見られる点である。三十五人中十六人は呪医になる前は別の仕事をしていたと述べている。内九人は二度以上仕事を変えている。他の仕事はしたことがないと述べたのは四人にすぎない。以下、彼らの多彩な職業経験の事例を七つばかり紹介したい。最初の二つの事例は、呪医業が本業というよりは副業といった方がいいケースである。

G氏はカノ州出身のハウサ人の呪医である。カドゥナにはもう相当長いこと住んでいる。彼の主たる仕事は裁判所の警備員として働くことである。呪医の仕事は、警備員の仕事が夜勤で昼間家にいるときだけ行う。時間的に警備員でいる方が長い。なぜ二つの仕事をするのかという質問に対して、呪医業は収入が安定しないが、警備の仕事はちゃんと給料が入ると言っていた。G氏は以前税金を徴収する仕事や警察官など、様々な仕事に就いてきた。

グバギ人の呪医K氏の場合、本業は農業である。カドゥナで生まれ育った彼は、郊外に畑を持っている。彼は父親から受け継いだ土地を一部売ってしまったが、それでも家族を支えるには十分な広さの農地を所有している。呪医の仕事は農業の忙しくない乾季にのみ行う。実際雨季に入り、農作業のため彼は家を留守にすることが多くなった。結局われわれはインタビューの続行を諦めざるをえなくなった。

次の四つのケースにおいて呪医は転々と仕事を渡り歩いている。彼らが従事した仕事の内容も実に多様である。また彼らは地理的にもよく移動する（呪医の移動については表2も参照されたい）。R氏、N氏、F氏のケースについては、呪医になったきっかけとして、不可解な病気経験と精霊による召命があげられている。

S氏はオヨ州出身のヨルバ人である。彼の就労経験は教員に始まる。彼は政府が教員の資格審査を厳しくする一九六四年まで、七年間ミッション系の学校で教壇に立った。教員を辞めた後、一時彼は左官屋として働いたが、ビアフラ戦争が始まるとともにナイジェリア軍に入隊した。S氏がカドゥナにやって来たのは一九七〇年のことである。カドゥナでは最初の八年間に三つの職場を渡り歩いている。すなわち建設会社に一年間、水道局に三年間、そして別の建設会社に四年間と彼は短期的に勤務先を変えている。この後S氏は政治の世界に転身する。彼はナイジェリア国民党ヨルバ部会の宣伝部長として腕を振るった。しかしナイジェリアが軍政に戻り、政党政治が終わりを告げたことで彼は活躍の場を失ってしまう。彼は紡績会社に就職しそこで七年間働いた。一九八六年ついに彼は呪医業を開業した。それまでもパートタイムで呪医をしたことがあるのだが、この年からはフルタイムで始め、今日に至っている。

ハウサ人のR氏は一人目の夫と離婚してからカドゥナにやって来た。ところが彼女はすぐに精神的な病を患い、呪医のもとを訪ねることになる。憑依儀礼集団ボリのリーダーでもある呪医は、彼女に霊が憑こうとしているとみてボリへの入信を勧めた。ボリに入信してからというもの、症状はきれいになくなった。それから彼女は商売を始めた。最初に扱ったのは米、ヤムイモ、菓子といった食料品である。次に彼女は服の売買に参入した。カノやオニチャまで行って服を買い付け、それをカドゥナで売り歩いたのである。その後彼女はクワノ（*kwano*）と呼ばれる金属製の鍋や皿の販売に転身した。最後に扱った商品は宝石である。二度目の結婚後、商売は暗礁に乗り上げる。商品やカネが不可解にも忽然と消えてしまったのである。彼女をボリに導きいれた呪医は、それは猟師の精霊ダン・ガラディマ（*Dan Galadima*）のせいであり、呪医になる以外に解決する方法がないと告げた。以降彼女は商売を辞め呪医業だけをやっている。二番目の夫とは死別し、今三番目の夫とともに暮らしている。

Ｎ氏はイモ州出身のイボ人である。彼は最初故郷の村で教員をしていた。彼は教員を十二年間勤めていたのだが、急に仕事が手につかなくなり（lack of management）、結局辞める羽目になった。これは霊的な力のせいらしい。その後、Ｎ氏はガソリンスタンドとカカオ農園を経営するフランス人に雇われる。このフランス人のもとで六年半働き、カメルーン、フランス、赤道ギニアにも滞在した。ナイジェリアに帰国後、彼は南部の都市ワリにあるナイジェリア石油公社（NNPC）に就職する。一九七二年から一九七九年までそこで働いた。ところがここでも精霊はＮ氏を苦しめる。彼は忘れっぽくなり仕事に集中できなくなった。大地の神アラ（*ala*）やその他複数の神々の司祭だった父親によれば、彼の病は精霊に仕える、つまり呪医になる以外に治す方法がないという。彼は村に留まり父親の治療儀礼を手伝った。一九八三年に父親が亡くなると、司祭職は叔父が引き継ぎ、彼は村に居づらくなった。一九八七年にカドゥナに移り、以来そこで呪医を続けている。

Ｆ氏もイモ州出身のイボ人である。彼の就労経験は十八才のときに始まる。初の就職先は電気機器を製作する会社だった。ところが彼は一時的に視力を失う不可解な病気になってしまう。数多の病院や呪医を試したが一向に快方に向かわず、会社も辞めざるをえなくなった。幸い病気は時とともに自然に癒えていった。その後Ｆ氏は兄のいるアメリカに渡った。兄の下に一年半滞在した後、今度は金の採掘に従事するため南米の国ガイアナに向かった。およそ一年採掘に従事したが、さしたる成果はなかった、ナイジェリアに帰国後、Ｆ氏は再び不可解な病気になってしまう。彼は治療のためアグという神を信奉する講に入信する。すると症状は消え、以来この病気に見舞われることがなくなったという。一九七二年、Ｆ氏はカドゥナにやって来た。

彼はまず中央市場で荷物運びの仕事を始めた。客の荷物を一輪の荷車で運ぶ仕事である。次にしたのは靴売りだった。彼は頭上のトレーに商品を載せ売り歩いた。こうして彼は徐々に貯金し、ついに自分の靴店を開くまでに至った。この靴店はいまでも営業を続けている。一九七七年にF氏は呪医業を始めた。実は彼はカドゥナに来る以前より呪医業を行う準備をしていた。ナイジェリア各地を回っては、呪医や教会の治療者から薬や呪術に関する知識を集めていたのである。しかしF氏は呪医業をするにあたって他のビジネスを諦めたわけではない。それどころか彼はビジネスの多角化を進めた。今では薬店を含む四つの事業を展開している。

最後に例外的なケースを一つ紹介したい。これは伝統医師会の代表、つまりは呪医のリーダーのケースである。ところが彼女は呪術を生業にしたことがない。「見せかけの呪医」といっていいかもしれない。

ハウサ人のH氏は伝統医師会の代表を一時期務めていた。彼女は三度の結婚歴があり、夫の赴任地の関係で外国暮らしが長かった。彼女が最後の滞在国サウジアラビアから戻ってきたのは、母親が亡くなった後である。彼女の母親は憑依儀礼集団ボリのリーダーとして、また伝統医師会の代表としてカドゥナ周辺では有名な人物だった。この母親の地位を継ぐべく彼女は帰国したのだという。しかし伝統医師会代表の座は他にも複数の野心的呪医が狙っていた。代表の選考は大いに揉め、選挙が実施されたものの紛糾した。結局、元代表の娘である長所を活かしたH氏が代表に就任した。彼女の実家はいまでもよく憑依儀礼が開催されている。ところが彼女自身は憑依も呪術実践も行っていない。やり方も知らないのではないかといわれている。

多くの呪医たちが職業や仕事を多角化するとともに、それらを転々と渡り歩いている。多角化にはどれか一つが失敗しても他が救ってくれるという、リスクの分散への配慮があるように思われる。しかしリスクの縮小という観点だけでは、転々と渡り歩く流動性についてはうまく説明できない。このような職業的転身は、実質的な仕事の失敗か、少なくとも本人の失敗の判断に多くを負っているように思われる。そうだとすると短期的な転身は、彼らが頻繁に「失敗」していることを意味する。つまり彼らは失敗を厭わないともいえそうである。S氏、R氏、N氏、そしてF氏は新たな儲け口、新たな分野、そして新天地を明らかに希求している。すなわち彼らはたとえ成功の可能性は低くとも、新たな仕事（分野、場所）に自ら進んで転身したのではないか。ここでも本物の呪術の探究に見られた、偶然性に可能性を見る冒険者性がある。多角化は冒険者たちのいわば保険なのだろう。

冒険的職業実践において、一つ一つの職業の経験は互いに明確な連関を持っていない。このことは彼らの取り組んだ仕事の多様性からも窺える。そこには偶々出会った仕事口にチャンスとばかり飛びついた観がある。つまり取り組んだものが、これらの仕事でなければならなかった必然性は高くないのではないか。確かにこれらの仕事は互いに無関係というわけではない。金儲けという共通の目的がある。しかしこの目的に照らしてどちらが儲かるかを胸算用するのは困難だろう。今やっている仕事の明確な失敗の根拠も、新たな仕事の明確な成功の根拠も得られることは稀だろう。彼らが一つの仕事の失敗を反省し次に活かそうなどとしているように思えない。つまりこれらの職業経験は一つ一つが相対的に独立し、始まっては終わってしまう出来事の様相を帯びている。出来事はその内部にあっては、そうあるべきものをそうあらしめようとする必然化の過程がある。ところが出来事はその外部の時空間と明確な必然的関係（因果関係、目的手段関係）を持たない。それは時間的に短期的で空間的に限定的な、「その時、その場」だけの偶然性の強い現実である。職業的転身とは人生のひとこまを出来事として新たにやり直すことではないか。

この点、不可解な病に始まり、精霊による召命という認識を経て、呪医になるという過程は、出来事的経験とは相容れないように見える。なぜならこの過程にはそうでなければならないという必然的因果関係が措定されているからだ。また我々のケースでは、いったん呪医になったものが辞めることは少ない。つまり出来事としての終わりを見ていない。しかしここで注目したいのは、この過程の発端が、唐突に起こった不可解な病にある点である。

この不可解さとは、病とそれが発症する以前の日常的現実との間に、必然的因果関係を見出しえないことを意味する。もちろんそこに因果関係を与えるものが精霊なのだが、興味深いことに病が不可解であればあるほど、つまり日常的必然性がなければないほど想起してしまうのが精霊である。そして精霊になぜ選ばれたのかは知る由もない。偶々運悪くとしかいいようがない。すなわち偶然性を帯びた不可解な病を、精霊で説明したところで不可解さは払拭できない。不可解な病＝精霊と、病になる以前の現実との関係は偶然性を留め、断絶したままである。

一方呪医になることは、単なる転職以上の意味がある。それは当事者が以前の普通の人間ではもはやなく、精霊と親しい関係にある人間となることを示唆する。それはもはや転生といってもいいかもしれない。したがって、「不可解な病→精霊による召命→呪医」という一連の過程は、それまでの現実と断絶しているだけでなく、それまでの普通の人生を一つの出来事として完結させてしまうとはいえないだろうか。もっとも呪術実践のすべてがこのように病者を呪医に生まれ変わらせるわけではない。カドゥナではこの傾向は、ボリに属する呪医やイボ人の呪医に見られるが、他の民族の呪医はその限りではない。しかし呪医への転生を伴わない場合でも、呪術実践のハイライトとでもいえる祓いの儀礼は、苦境におかれた人々をいわばリセットする。祓いの儀礼は、ウィッチや精霊の影響下にある人々から、その影響力を消去し、再出発させるのだ。病が治るかどうか、元の生活に戻れるかどうかはその後のことである。

これらの呪術実践は長期にわたって受け継がれてきたとみていい。そうだとすると、職業的転身もまた、呪術的転生と共通の文化的土台に根差しているのかもしれない。出来事として生き直すこと、それは長期的構造ともいえる人々の慣習的実践なのかもしれない。

## 5．冒険への情熱

最後にこれまでの議論を振り返りたい。カドゥナにおいて利益志向の呪医は、本物の探究、見せかけの技、職業的転身に熱心である。これらはいずれも冒険性の強い実践である。冒険的実践は、万が一の成功に希望を託す、つまり偶然性に可能性をみる希望の次元に立つ。その取り組みは成就を目指す必然化の過程であるが成功する当てはなく、「試み」段階から脱却しえない。失敗は反省されることなく次の実践へと繋がれる。このように希望を先延ばしにし、次々に転身していく生き方において、一つ一つの実践は始まっては終わる出来事の様相を呈している。それでは度重なる失敗にも関わらず、呪医を冒険に駆り立てるものは何だろうか。三点指摘した。

一つ目はもちろん、呪医の金銭的利益の追求、呪医業の商業化と関係している。貨幣という抽象的・量的で限度のない存在が、彼らを冒険的実践に駆り立てているのは間違いない。呪医は冒険的実践から降りるという選択肢も持っているはずである。本物も、見せかけの技も、仕事も新たに求めずとも、それまでのやり方でよいのではないか。しかしそうできないのは、利潤を追求せずには生き残れないという市場競争の現実があるためだろう。しかし利潤極大化の観点は、呪医が執拗なまでに冒険的実践をしていることを説明できても、それがなぜ冒険的実践なのかは説明できない。利潤極大化は合理的実践を促進してもよさそうである。

したがって二つ目として、カドゥナという都市の文化的フラックス状況を考慮に入れる必要がある。この状況は、合理的行為ではなく冒険的行為に適合的であると考えられる。複数の文化の錯綜した交流の中で、本物の呪術であれ、見せかけの技であれ、仕事口であれ、呪医が把握できるものは限られている。呪医は基本的にこれらと出会う。事前に知っている複数のものの中から選ぶというよりは、出会ったものに乗り換えるか、今やっているものにこだわり続けるかの賭けになる。またこの状況下、呪医は、他にもっといいやり方があるかもしれないと代替策を思い、アノミー状態に陥りがちになる。

そして三つ目に、冒険的実践は、過去から連綿と受け継がれた慣習的実践である可能性がある。冒険性が本物の呪術の探究や見せかけの技のみならず、呪医の全生涯に亘る職業的な実践に見られることは、この性向の基底性を感じさせる。本物の呪術の冒険的探究については、呪術の本質、すなわち可視的実践と不可視の力からなる二重性とも明らかに関係している。この不可解な相貌の裏に真実を求める性向は、クライアントの見せかけの技＝偽物への猜疑心にも共通するとともに、本物の探究が偽物を作り出すという逆説を生じさせている。そして職業的転身は、不可解な病に端を発する呪術的転生と相通ずるものがある。過去もそして現在も、彼らは事あるごとに人生を生き直してきたのではなかろうか。

呪医たちを見ていると、彼らは好きで冒険を続けているとしか思えなくなる。本物の呪術の探究で一喜一憂するのも、見せかけの技でクライアントを驚かせるのも、新たな職業や新天地に打って出るのも、彼らは基本的に楽しんでやっている。冒険は、彼らの生き方であると同時に生き甲斐でもある。

注

(1)　本論考のもとになる現地調査は、一九九〇年一月初めから一九九二年二月終わりにかけての約二十六ヶ月間行われた。

(2)　こうした呪術実践の複数化ないしは増加的変化は、偶々出会ったものを取り入れた結果であって、複数の選択肢の中から取捨選択したわけではない。したがって実践と実践の間に、例えば役割分担のような何か明瞭な関係があるようには思えない。いいかえればこの寄せ集めは一つのシステムを構成しているわけではない。

(3)　この点に関連して、呪医になるには長年の修行が必要であると思われがちである。実際カドゥナの呪医にいかにして呪医になったのかを尋ねると、父親から伝授されたか、神秘的経験を通し精霊や神に召命されたと主張する者が多い。だがこうした主張については注意を要する。世襲制や神秘性を強調することで、「本物」の呪医であることを印象づけようとしている可能性があるからだ。この大都市において呪医の素性を知るものは少ない。経歴を偽るのは容易である。私は、呪医業は長年の徒弟制や世襲制を必ずしも必要としないとみている。この点について調査で明らかにするのは難しいが、ジョセフの例が参考になる。ジョセフは呪医の家で生まれ育ったのではない。彼の父親は牧師だった。ラゴスで大工の徒弟となり、カドゥナで大工を開業、一時期建築労働者の斡旋で稼ぎ、その後徐々に土地を買ってはアパートを自ら建設し、大家業を営むようになった。呪医のトレーニングは、大工をしていた頃、ヨルバ人の呪医から学んだ。そこには徒弟制の要素があるが、ジョセフは師匠のもとに住み込んでいたわけではなく、大工の空き時間を利用して通っていた。こうして彼は大家業の傍ら呪医業を営む兼業呪医となった。同様の例としてS氏やF氏をあげることができる。

### 参照文献


近藤英俊（二〇〇二）「カモフラージュとしての専門性—ナイジェリア・カドゥナにおける伝統医療の専門職化をめぐって」『民族学研究』第六七巻三号、二六九—二八八頁。

Comaroff J. and J. Comaroff 1999 Occult Economies and the Violence of Abstraction. *American Ethnologist* 26(2): 279-303.

Geschiere P. 1997 *The Modernity of Witchcraft: Politics and the Occult in Postcolonial Africa*. Charlottesville: University of Virginia Press.

------------ 2013. *Witchcraft, Intimacy and Trust: Africa in Comparison*. Chicago: Chicago University Press.

Luedke T. and G. West (eds.) 2006 *Borders and Healers: Brokering Therapeutic Resources in Southeast Africa*. Bloomington and Indianapolis: Indiana University Press.

# 第Ⅲ部　呪者と呪術のあいだで

# 第9章　治療師としてのふさわしさ
## ――ヴァヌアツ・トンゴア島の伝統医療と担い手の関係

白川千尋

## 1．治療師になれなかった私

文化人類学者はフィールドワークの際に参与観察という手法を用いることがある。たんなる観察の場合、対象と一定の距離をとり、客観的に把握するという意味合いが強いだろう。これに対して、参与観察では対象との距離を縮め、積極的に関わりながらそれを捉えようとする。本書のテーマである呪者や呪術に関する研究との関連でこの参与観察の具体的な例を考えてみると、呪者に弟子入りし、その知識や技術を実際に習得することを通じて、呪者や呪術をめぐる世界に迫るという手法が思い浮かぶ。

この手法は誰もが用いる一般的なものではないが、さりとて類例のないきわめて珍しいものというわけでもない。メキシコのヤキ人の呪術師に弟子入りし、自身の修行の過程などに焦点を当てることで、ヤキの呪術をめぐる世界を詳細に描き出したカスタネダの例は、文化人類学以外の分野でも広く知られている（カスタネダ、一九七四）。日本の研究者に目を転じれば、タンザニアのトングウェ人の呪医に入門し、自ら呪医になることで、その知識や技術の論理を明らかにした掛谷の例などもある（掛谷、一九八六）。

一九九五年四月に南太平洋の島国ヴァヌアツで伝統医療に関するフィールドワークを始めたとき、私もその手法の一つとして治療師への弟子入りを通じた参与観察を思い描いていた。翌年四月までのフィールドワーク期間中、ヴァヌアツ中部に位置するトンゴア島のある家族の下で居候させてもらったが、一家の主はイタクマという村の長であり、その妻は名の知れた治療師だった。彼女は家族や村人たちからタータと呼ばれていたので、本稿でもそう呼ぶことにしよう(1)。

タータと寝食をともにすれば、彼女の活動を観察する機会を十分に確保できるだろう。日々の何気ない会話を通じて、あらたまったインタビューでは聞くことの難しい伝統医療に関する本音なども耳にできるに違いない。さらにはカスタネダや掛谷のように彼女に弟子入りすることで、その知識や技術の奥義を知ることもできるかもしれない。彼女たちの下で居候させてもらおうと思った背景にはそんな思惑があった。

しかしながら、期待に反して弟子入りの機会は訪れなかった。また、弟子入りの件とは別に、タータにはフィールドワーク当初から折りに触れて、気が向いたときに保有する知識の詳細を教えてほしいと頼んでいた。けれども結局こちらも実現することはなかった。結果として、彼女の知識に関する私の知見のほとんどは活動の観察を通じて得たもので占められることになり、直接観察できなかった知識や技術については全貌や詳細を把握することができず、断片的な情報が得られただけだった。

なぜタータは彼女の保有する知識の細部を教えてくれなかったのか。帰国が目前に迫ったある日、そのことを恨みがましく尋ねてみた。彼女の答えはこうだった。「教える相手は自分の息子たちや娘たちのなかから選ぶつもりよ。彼らのなかでいちばん治療師にふさわしいと思う子を選び、私のもっているすべての知識を与えるつもりだよ」。タータの子どもでなかったから、教えてもらえなかったといえばそれまでである。だが、仮に私が彼女の子どもであったとしても、教えてもらうことができたとは限らない。彼女曰く「いちばん治療師にふさわしいと思う子」を選ぶというのだから。では「治療師にふさわしい」とはいったいどのようなことなのだろうか。

ここで紹介したエピソードは私には忘れ難いものだが、そんな個人的感傷とは別に、本書の主題の一つである呪者と呪術の関係に関する理解を深めるうえで格好の手がかりになるようにみえる。そこで本稿では、このエピソードのなかで提起した問い（「治療師にふさわしい」とはどのようなことか）に対する答えを明らかにすることを通じて、トンゴアの伝統医療とその担い手である治療師の関係について考察を試みたい。以下ではまず、本稿の目的と関連する範囲でトンゴアの伝統医療の概要を紹介した後、タータの人と成りや治療師になった経緯などについて述べる(2)。そして、それらを踏まえて先の問いに対する答えを示した後、伝統医療と治療師の関係をめぐって考察を行い、本稿を締め括る。

## 2. トンゴアの伝統医療

トンゴアの人々は、西洋起源の生物医学に基づく近代医療をメレシン・ブロン・ワエトマン、あるいはホスピタル・メレシンと呼んでいる。メレシン、ワエトマン、ホスピタルはいずれも英語に由来し（メディシン、ホワイトマン、ホスピタル）、メレシン・ブロン・ワエトマンは直訳すると「白人の医療」、ホスピタル・メレシンは「病院の医療」となる。島で利用できる近代医療としては、看護師と助産師の常駐する保健所、ボランティアが簡単な薬剤の処方や外傷の手当てを行うエイドポストという小さな医療施設、そして商店で売られている数種類の市販薬がある。トンゴア島民は全員キリスト教徒だが、島では十九世紀後半から長老派教会が布教を始めた先の保健所は長老派が運営していた施薬所を前身としており、この施薬所は一九五〇年代に開設されている。

一方、人々の間ではカストム・メレシンという語も使われている。カストムはやはり英語に由来する語で伝統的なものごとを指す。したがって、カストム・メレシンは直訳すると「伝統医療」となる。トンゴアの伝統医療には薬草、呪文、マッサージ、ある種の治療儀礼などが含まれる［写真1］。なかでも薬草はきわめて頻繁に使われるものであり、伝統医療の中核を占めている。

トンゴア島民のなかには薬草の知識をもつ者が少なくない。島で生まれ育った大人ならば誰もが一つや二つの

写真１　治療儀礼の準備をするタータ。精霊の嫌う植物の葉にマッチで火を点けようとしている。植物の葉を燃やすことで精霊を患者から追い払う。

薬草を知っているだろうし、年輩の人々のなかにはより多くの知識をもつ者も珍しくない。また、年輩の女性のなかにはそれに加えてマッサージの技術をもつ者もいる。しかし、島には彼ら彼女らよりも格段に豊かな知識をもち、伝統医療の担い手と目されている人々がいる。これらの人々はナムヌアと呼ばれており、タータもその一人だった。本稿ではこのナムヌアを治療師と呼ぶが、島には彼女も含めて二十四人の治療師がいた。

知識の豊富さもさることながら、治療師と一般の人々を分かつより重要な違いは、前者が病気の原因を特定できるという点にある。治療師の多くは夢見に基づいて病因を特定する。治療師はまず、やって来た患者に症状や病気の経緯などを詳しく尋ねる。そして、現地通貨ヴァツのコインなどを受けとった後、いったん患者を帰宅させる。その日の夜、治療師は患者からもらい受けたコインなどを自分の枕の下に置いて眠る。すると就寝中に身体から魂が抜け出し、病気が生じた経緯を探りに出かける。たとえば霊が患者に病気をもたらしている場合、霊は往々にして患者の魂を特定の場所に連れ去ってしまっている。治療師の魂はそのことを突き止め、患者の魂が連れ去られた場所へと向かう。そして、患者の魂を解放してもらうべく霊と交渉する。

こうした一連の様子は夢として立ち現れ、治療師はそれをもとに病因を把握する。その後、翌日再び訪ねて来た患者に夢の内容を知らせるとともに、薬草を使うなどして病因に応じたしかるべき措置をとる。およそ以上のようなプロセスからなる夢見を、トンゴアの人々は自分たちの島の治療師が伝統的に用いてきた中心的手法と捉

えている。(3)

## 3. ター夕

ター夕はフィールドワーク当時七十歳代で、夫と次男一家と暮らしていた。ター夕夫妻には七人（二男五女）の子どもがいるが、次男以外はいずれも首都で生活している。このため夫妻は頻繁に上京し、子どもたちの家に滞在していた。とはいえ生活のベースはイタクマ村であり、村ではほかのほとんどの村人と同じく主食のヤムイモやタロイモ、キャッサバなどを焼畑で耕作し、ブタやニワトリを飼いながら自給自足的な生活を営んでいた。

ター夕は一見すると物静かで控えめな感じの女性だった。不平不満を露わにせず、家事や畑仕事など日々のやるべきことを黙々とこなし、夫を陰ながら支えている。若い頃にヴァヌアツの島々を行き来する船の船員をしていたことがあり、快活で多弁な夫に比べると対照的だった。ただ、物静かで控えめといったが、決して内向的な人間ではない。そのことは彼女が人付き合いの欠かせない治療師に自ら望んでなり、その活動を四十年あまりの長きにわたって続けてきたことからもわかる。夫ほど積極的ではないものの、人付き合いが悪く家に閉じこもってばかりいるというタイプでは決してなかった。

島では他教派に先駆けて長老派が布教活動を行った。そのため一時は全島民がその信徒であった。フィールドワーク時も島でもっとも多くの信徒を擁していたのは長老派で、ター夕一家を含めてイタクマ村のマジョリティも長老派だった。村にはその信徒組織が複数あり、ター夕は婦人組織の主要メンバーだった。また、トンゴアの村々には保健や衛生に関わる活動を行う保健委員という役職の村人が各一名いたが、イタクマの委員を十年以上務めていたのもター夕だった。これらのことからは、進んで人の役に立とうとする彼女の献身的な性格を垣間見ることができよう。

後述するようにタータは自ら強く希望して治療師となっている。彼女が治療師になることを望んだのは、そうした献身的な性格によるところが大きかったのだろう。しかし、それに加えて彼女の知的好奇心も無視できないように思われる。彼女は同世代の村の女性たちに比べると「新しもの好き」とでもいえるような人だった。居候していたときには主食のイモ類を使った伝統的な料理だけでなく、村ではまず口にすることのないパンやケーキなどを焼いて出してくれることもあった。外国人の私に気を遣ってくれたのだろう。しかし、ガスや電気が来ておらず、オーブンなどの設備もない村でパンやケーキをつくる方法を知っていること自体、私には「新しもの好き」を象徴しているように思えた。

タータは夫に同行して遠縁の親族のいるオーストラリアに旅行した経験もあった。ヴァヌアツで外国を訪れたことのある者は少ない。とりわけイタクマのような地方の村の年輩の女性には珍しい。村で夫の帰国を待っているという選択肢もあったはずだが、彼女はそうしなかった。そこからも彼女の知的好奇心が窺える。もとより献身的な性格のみならず、ある程度の好奇心もなければ、私のような外国人を一年間も居候させることなどしなかったのではないか。後述するようにタータは治療師だった父親から知識を習得することで治療師としての活動を始めているが、こうした知的好奇心が父親とその活動にも向けられ、治療師に関心をもつようになったのかもしれない。

さらにもう一つだけ付け加えておきたいことがある。大胆さ、もしくは勇敢さである。霊のなかには、みる者を圧倒するような恐ろしい姿やグロテスクな形をしているものも多いという。こうした霊によって連れ去られた患者の魂を救い出すために、治療師の魂は夢見の際に霊と丁々発止の駆け引きを繰り広げねばならない。タータとともに暮らし、その活動を間近にみてきた彼女の次男は、霊の世界に足を踏み入れることだけでも勇気がいるのに、異形の霊たちと交渉するなど常人にはとても真似できることではない。霊を目にしただけで肝を潰してしまうのがおちだと語っていた。普段のタータからは窺い知ることが難しかったが、彼の言葉などを念頭に置くならば、彼女が治療師となるに至った背景を考えるうえで、霊の世界や霊たちなどにも臆することのない大胆さや勇敢さも見逃すことができないように思われる。

## 4．治療師になる

タータはイタクマの隣村の出身である。長老派のミッションスクールだった村の小学校を卒業後、結婚を機にイタクマに移り住んだ。夫は若い頃に船員をしていたが、その後島に戻り、タータと結婚した頃は彼女が通っていた小学校の教員をしていた。

タータは治療師になることを強く望み、治療師だった父親の教えを請うた。彼女が三〇歳くらいのことである。すでに結婚し、イタクマで暮らしていたが、しばしば実家に戻っては父親から口頭で教わったことをノートに書き写した。そして、イタクマの自宅に戻り、人目がないときを見計らってノートを開き、何度も読み返して教わったことを覚えていったという。

タータが父親から教わったのは、夢見を行う際に唱えるものをはじめとした複数の呪文と多数の薬草に関する知識である。夢見のプロセスはすでに述べたとおりだが、治療師のなかにはその際に呪文を唱える者がおり、彼女もその一人だった。患者が訪ねて来るとタータは症状などを尋ねながら自身の両手に息を吹きかけ、患部を軽く触ってゆく［写真2］。次に患者からコインを受けとる。コインは一〇〇ヴァツ（約一〇〇円）以下でなければならない。それを超えると夢見ができなくなってしまうからだという。そして、聞き取れぬような小さな声で父親から教わった呪文を唱えた後、患者の両耳に息を吹きかける。最後にコインを握り、患者の頭上で円を描くようにして数回回す。ここまでが夢見の前にタータが行うことであり、その後患者は帰宅する。他方でタータはその日の夜にコインを枕の下に置き、夢見をするべく眠りにつく。

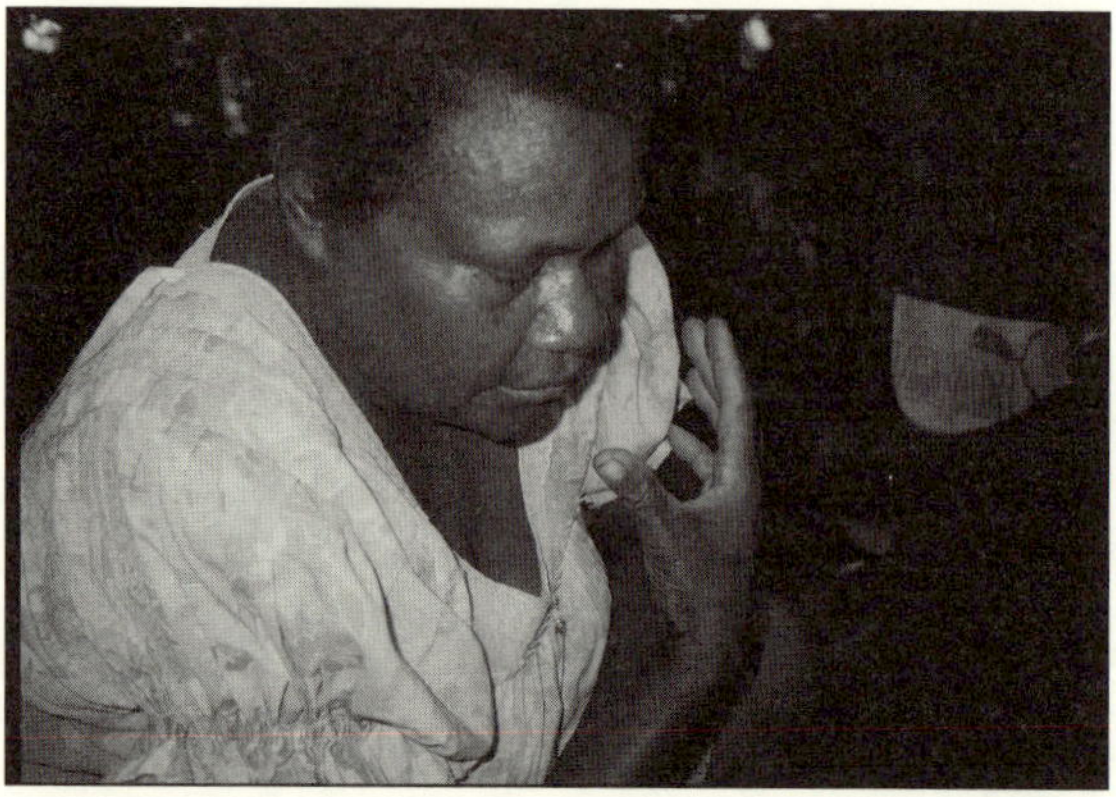

写真２　訪れた患者を前に、自身の手に息を吹きかける治療師。この後、患者の患部を触ってゆく。なお、写真の治療師はタータではない。

ところで、タータが父親から教わり、ノートに書き写した内容を秘かに読み返していたことからも窺えるように、治療師の知識は秘儀的なものである。したがって、それがほかの者へ伝授されるときにも秘密裏にことが進められる。また、治療師から知識を得ることを望む者は見返りとして現金などの財を与えねばならない。このことからは、呪文や薬草などの知識が秘儀的であると同時に、ある種の財のようなものとして捉えられていることもわかる。タータは父親に対して約五〇〇〇ヴァツ相当の現金（当時は独立前でヴァツとは異なる植民地時代の通貨が流通していた）を渡している。当時としてはかなり高額だったが、夫が教員をしていたために調達することができたらしい。

なお、このように通常は見返りとなる財を与える必要があるものの、治療師がその子どもなどから自発的に後継者を選び、知識を伝授しようとする際には見返りは求められない。しかし、タータの場合、父親に教えを請うたとき、彼は彼女を後継者に選んでいたわけではなかった。彼女によれば、肉親であるとはいえ父親に高額の現金を渡したのは、彼の意向とは関係なく自らの強い希望で知識を得たためであるとのことだった。

以上のようにして父親から知識を習得した後、タータは治療師としての活動を始めた。当然のことながら最初は父親から教わった呪文や薬草を用いていた。しかし、活動を続けるうちに彼女の知識は増えてゆくことになる。父親やほかの治療師などから新たに知識を習得したのかというとそうではない。人間ではなく、活動を通じて霊から知識を教示されることで増えていったのである。

霊が病気をもたらしている場合、霊は患者の魂を連れ去ってしまっている。このため夢見の際にタータの魂はその場所へと赴く。そして、霊と交渉して患者の魂を解放してもらった後、自宅へと連れ帰り、身体に戻してやる。場合によってはそうするだけでも患者の病気は快復することがある。しかし、タータはさらに夢見を終えた翌日、患者に薬草の汁を飲ませるといった措置をとることが多い。このときに使う薬草やその使用法などを、患者の魂を連れ去っている霊がナエタタムという霊の場合、患者の魂を解放するときに教えてくれることがあるのだ。

また、病因がナエタタム以外の霊や邪術などの場合でも、夢見の際にやはりナエタタムが現れ、病気の治療に効果のある薬草などを教えてくることがある。その多くはタータがそれまで知らなかったものだという。このようにして夢のなかでナエタタムから新たな知識を教示されることで、彼女の知識は活動を始めた当初に比べて格段に豊かになっていったのだった(4)。

## 5. ナエタタム

ここでタータに知識を教示してくるナエタタムについて述べておこう。ナエタタムは岩や石に棲み、人と同じ姿をしているが身体は非常に小さい。カニやトカゲなどの姿を借りて人前に現れることもあるが、本来人の目にはみえない。家族をつくり、人と同じような生活をしているとされる。

トンゴアの村は複数のナカタムという集団からなる。同じナカタムのメンバーは共通の祖先をもつとされ、男性は父親と同じナカタムのメンバーとなり、女性は結婚すると夫のナカタムのメンバーになる。また、同じナカタムのメンバー同士は結婚できない。

イタクマにはナカタムが十あり、キリスト教到来以前はすべてのナカタムの土地にナエタタムの棲む岩や石のある場所があったという。そして、各ナカタムの人々は、自分たちのナカタムの土地の住処に棲むナエタタムたちとある種の関係を取り結んでいた。たとえばナエタタムたちは、自分たちの住処の土地を保有するナカタムの人々が戦いに赴くときには勝利するための力を与え、日々の食物に事欠きそうになれば作物の育成が順調にゆくようにした。こうした計らいに対して、人々もヤムイモやニワトリを住処に供えることで応じていたとされる。しかし、宣教師たちは人々がナエタタムとそのような関係をもつことを禁じた。そのためナエタタムの住処に供物を捧げるといったことはほとんど行われなくなった。また、あるナカタムの場合に至っては住処の所在さえ忘れ去られてしまった。その結果、かつてイタクマに十カ所あったナエタタムの住処のある場所は九カ所に減ってしまっていた。

しかしながら、人々とナエタタムの関わりは途絶えてしまったわけではない。一般の人々に関してみると、ナエタタムは病気などをもたらす存在として人々と関わり続けている。ただし、急いで付け加えておくと、ナエタタムはそれらを一方的にもたらすような存在ではない。人々がナエタタムの心証を害するようなことを行った場合、たとえば住処を荒らしたり、カニなどの姿を借りて現れたナエタタムに危害を加えたりした場合、当事者を病気にしてしまう。また、社会的な規範から逸脱するようなことをした者などに対して、懲罰を科す形で病気をもたらす。つまり、ナエタタムが病気をもたらす場合、そこには正当な理由があると捉えられているわけである。

対照的にほかの霊の場合はそうではない。人々の間では、ある種の植物に宿る霊をはじめとしてナエタタム以外にもさまざまな霊的存在が知られている。以下では人間の霊（死霊や祖霊）ではないそうした存在を精霊と呼ぶが、ナエタタム以外の精霊は正当な理由なく一方的に厄災をもたらす邪悪な存在とみなされている。この点でナエタタムは精霊のなかで異質な存在である。

また、ナエタタムは一般の人々にとっては主に病気などをもたらす存在だが、先にみたように治療師のタータにとっては薬草などの知識を教示してくれる存在でもある。これもほかの精霊とは異なる点である。ほかの精霊は人を害しこそすれ利することはない。ところがナエタタムはそうではない。このためナエタタムはタータら治療師たちから好意的に捉えられており、同様の見方は一般の人々、とりわけ長老派信徒たちの間にも共有されている。(5)

しかし、こうしたナエタタムに対する見方は、神を信仰の中心に据えるキリスト教の教えに抵触しないのだろうか。実際、長老派が布教活動を始めたとき、宣教師たちは人々がナエタタムの住処に供物を捧げることなどを神の道に外れるものとし、固く禁じた。このこととの関連で参考になるのが、長老派信徒たちから聞くことのできた神とナエタタムの関係に関する次のような話である。

神はこの世に人間を創造するはるか以前にまずナエタタムを創り出した。ナエタタムたちは神が自分たちの創造主であることを知っており、神を信仰するキリスト者だった。その証拠に日曜日に彼らの住処のある場所に行くと聖歌が聞こえてくることがある。また、彼らは人間よりもはるかに長い間この世に存在してきたため、この世に関する計り知れない豊かな知識をもつ。それゆえキリスト教到来以前の人々はナエタタムを神のような存在とみなし、関係を取り結んでいた。しかし、キリスト教徒となった現在の人々はそれが誤った行いであり、唯一の信仰の対象が神であることを理解している。したがって、もはやナエタタムを神のような存在として遇することもない。とはいえナエタタムは依然として、人間とは比べものにならぬほど豊かな知識をもつ存在であり続けているのだ。

そうした賢者のような存在であるため、治療師たちはもとより一般の長老派信徒たちの間でも、ナエタタムは治療師たちよりはるかに多くの薬草などに関する知識をもっていると目されている。(6)そのなかにはトンゴアで一般的な病気に関するものだけでなく、近代医療をもってしても根治することの難しいエイズやガンといった難病の治療に効果がある薬草の知識も含まれているとされる。実際、タータではないが、治療師のなかにはナエタタムからエイズに効く薬草を教示され、それを用いて治療を行ったという者もいた。

## 6. 受動的な存在としての治療師

タータは自ら強く希望して治療師となった。しかし、主体的に治療師となった彼女が、その後も終始自らの意図に即して主体的に活動を続けてきたかといえばそうではない。そのことは彼女の知識が増えていった過程に端的にみてとれる。彼女の知識は夢のなかで遭遇するナエタタムから教示されることで豊かになっていったが、その際、彼女はナエタタムに対して「エイズに効く薬草を教えてほしい」などと依頼したことはない。薬草などの教示はナエタタムから一方的に行われ、どのような薬草が教えられるか彼女が事前に知ることはできない。そもそもナエタタムが常に薬草を教示してくるとは限らず、何も教えられないこともある。つまり、知識の教示はナエタタムの意向によるもので、タータがコントロールできることではない。この点で彼女は主体的な立場にあるとはいい難い。そこではナエタタムの方が主導権を握っており、タータは受動的な存在である。

そもそもタータは知識の教示という限られた局面のみならず、治療師の活動を続けてゆくということ自体についても、それを完全にコントロールできる立場にはない。このことは彼女だけでなくほかの治療師にも当てはまる。というのも、治療師が夢見を行おうとしても、あるときからその意向とは無関係に夢見ができなくなってしまうという事態が生じる場合があるからだ。たとえばタータら治療師は夢見を行う際に患者からコインなどを受けとる。しかし、額が一〇〇ヴァツを超えると夢見ができなくなってしまうという。このことはすでにタータの活動との関連で触れたが、同種の話はほかの治療師たちからも聞くことができた。そうした事態が起きるのは次のような理由によるという。

治療師の活動は金儲けのためのものではない。それはまずもって人助けのために行われるべきものである。治療師はそのためのある種の力をキリスト教義の神から授けられている。つまり、治療師とは神から人助けをするために選ばれし者なのだ。しかし、そのことを顧みず金儲けに走った場合、神は授けた力を取り上げてしまう。すると治療師は夢見ができなくなってしまう。もはやいくら呪文を唱えたところで無駄である。夢見の際にその都度一〇〇ヴァツを超える金を受けとったりしていると、神から人助けをおろそかにし、金儲けに現を抜かしているとみなされかねない。だから、患者から受けとるコインは少額でなければならないのだ。

この説明からも推し量ることができるが、活動を通じて報酬を得ることで生計を立てている治療師はいない。この点で治療師は近代医療の医師などとは対照的である。タータの場合、村で畑仕事をしたり家事をしたりしつつ、合間を縫って訪れた患者に応対している。別の治療師は小学校の教員をしながら余暇時間を使って活動を行っていた。

もっとも患者のなかには治療師を訪ねる際、畑の収穫物などを携えてゆく者もいる。しかし、それはあくまでも感謝のしるしとして患者が自発的に贈るものであり、治療師たちは治療の見返りとしてそうしたものや現金を患者に要求することはないと語る。夢見にあたって受けとるコインにしても同じであり、それは料金のようなものではない。夢見を行うための手続きに必要なものに過ぎず、したがって少額で良いのだという。なかには、もし患者がそれさえ持ち合わせていなければ、代わりに受けとるものとして、患者が身につけているものならばハンカチのようなものでも何でも良いとする治療師もいた(7)。

いずれにしろ、治療師の活動は安定的に続けられることが保証されたものではなく、神の判断によって突然止められてしまうこともある。その要因としてしばしば言及されるのが、治療師が営利目的に活動を行うことである。しかし、言及されるのはそのような営利主義的、拝金主義的な姿勢に尽きるわけではない。

治療師のなかに未だ二十歳代と若いが評判の男性がいた。しかし、あるときから病因の特定ができなくなり、活動を止めてしまった。本人からその理由を聞くことはできなかったが、人々の間では次のような話がささやかれていた。彼は日頃から酒を呑んでは泥酔し、家族や隣人に迷惑をかけていた。また、異性関係でもしばしばトラブルを起こしていた。神はそうした行いの悪さを見咎め、活動を続けられぬようにしてしまったのだ。

この例では治療師の男性が活動を続けられなくなった要因として、飲酒癖や異性関係の面での行いの悪さに焦点が当てられている。そのように自らの欲望のままに振る舞うことで、周りの人々に不快な思いをさせたり害悪を及ぼしたりすることも、治療師としての活動ができなくなってしまう要因に挙げられる場合がある。さらにもう一つだけ、そうした要因として言及されるものに触れておきたい。邪術の使用である(8)。

トンゴアをはじめヴァヌアツの人々の間では邪術の存在が広く知られている。それは一方的な怒りや恨み、妬みなどの利己的な感情に基づき、特定の者に危害を加えることを目的として秘密裏に行使される知識や技術であり、邪悪なものとしてきわめて否定的に捉えられている。このため邪術師とみなされるのは犯罪者のレッテルを貼られるようなもので、多くの人々にとっては是が非でも避けねばならないことである。しかし、治療師はそれに加えて別の意味でもそうみなされないようにする必要がある。

トンゴアから世界の他地域に目を転じると、治療師が病気を治す者としてだけでなく、病気などの厄災をもたらす邪術師や妖術師としても捉えられているという例が少なからずみられる。病気を治すことができるのだから、それをもたらすこともできるだろうというわけだ。しかし、当の治療師のみならずそれ以外の人々も含めて、トンゴア島民の間で治療師を邪術師と同一視するような認識は一般的ではない。神から授かった人助けをするための力を治療師が人に危害を加えるものとして悪用したならば、神は即座に取り上げてしまうだろう。そうした認識が治療師だけでなく、一般の人々にも共有されているからなのかもしれない。いずれにしろ、治療師は周りの人々との関係においてのみならず、神との関係においてもまた邪術師とみなされぬように注意を払わなければならないのだ。

以上に述べた諸点からは、タータら治療師たちの活動の継続性が神によってコントロールされるものとして捉えられていることがわかる。この点でも治療師は受動的な存在である。治療師にできることは、神に見咎められぬよう金儲けに走らず、ましてや邪術などによって人に危害を加えるようなことは決してせず、人助けに徹することのみである。

## 7．伝統医療の、治療師からの離床度

さて、ここで本稿の冒頭で提起した問い（「治療師にふさわしい」とはどのようなことか）に戻ろう。これまでに述べてきた諸点から、それに対する答えは自ずと明らかであると思われる。周りの人々に不快な思いをさせたり害悪を及ぼしたりせず、人を助けることを何よりも優先する利他的で献身的な姿勢。それが治療師としてのふさわしさ、もう少し具体的にいえばその活動を継続してゆくうえで不可欠なものであり、そうした姿勢の持ち主こそ治療師にもっともふさわしい人物と捉えられている。そういって良いだろう(9)。この点からすると、私利私欲にまみれた私などは、仮にタータの子どもであったとしても弟子にはなれなかったに違いない(10)。

ところで、関は呪術、宗教、科学の違いを理解するうえで、「それぞれについてこれを担う当の人物 person からの離床度を考えること」を提案している（関、二〇一七：一五七）。そして、次のような仮説を示している。「呪術の呪者からの離床度（＝代替可能性）がもっとも低く、科学の科学者からの離床度がもっとも高い。宗教はその中間である」（関、二〇一七：一五七）。この関の議論を援用し、トンゴアの伝統医療をある種の呪術、治療師を呪者と置き換えた場合、両者の関係はどのように位置づけることができるだろうか。

タータが治療師となった経緯からもわかるように、伝統医療の知識は習得を通じて後天的に身につけることができるものである。治療師によって秘匿されているとはいえ、基本的には年齢、ジェンダー、宗教、エスニシティなどの区別なしに誰もが習得できるとされる。実際、特定の家系やナカタムだけが治療師を輩出しているわ

けではない。この点で、トンゴアの伝統医療は特定の集団や人物とだけ排他的に結びついたものではなく、誰もが担い手になり得るものとしての側面をもつ。したがって、関の表現を使えば、担い手の代替可能性が高く、担い手からの離床度が高いと位置づけることも可能である。

先述のように関は科学の科学者からの離床度の高さを指摘しているが、以上のような伝統医療の知識における治療師からの離床度の高さに着目するならば、トンゴアの伝統医療と科学は重なる部分をもつと捉えることもできる。事実、タータが父親から教わった知識をノートに書きつけ、繰り返し読んで身につけたように、希望する者は治療師の合意さえ得られれば主体的な学習を通じてその知識を習得してゆける。こうしたプロセスは学校における科学的な知識の習得にも通じるものである。

しかしながら、他方でトンゴアの治療師の場合、知識の取得は主体的な学習だけによってなされるわけではない。活動の開始後は夢見の際にナエタタムから教示されることを通じてさらに知識を得てゆく。霊からの教示というこうした知識の取得のあり方は、科学的知識のそれとは異質なものである。

また、治療師は知識をいったん身につけてしまえば、その後も安定的かつ永続的に活動を続けられるというわけでもない。神から治療師にふさわしくないとみなされた場合、活動ができなくなってしまうこともある。タータのように長年活動を続けられるのは、神によって治療師にふさわしいと判断された者に限られ、誰もができることではないのだ。したがって、活動の継続性という側面に関していえば、トンゴアの伝統医療は治療師にふさわしい限られた人々とのみ特定的な結びつきをもつ。つまり、代替可能性が低く、担い手からの離床度が低いと位置づけることもできる。

ただし、ここで注意しなければならないのは、治療師にふさわしい特定の担い手と結びつく対象が何かということである。すでにみたように、治療師にはあるときを境に、いくら呪文を唱えたところで夢見ができなくなってしまうという事態が起き得る。神が治療師に授けていた力を取り上げてしまうためだとされるが、こうした捉え方からは、伝統医療の知識それ自体とは別に、知識を特定の効果や作用を生むようにするためのものが想定されていることがわかる。それを本稿ではひとまず力と呼んできた[11]。

知識それ自体は先述したように原理的には誰もが習得できるものとして存在しており、関の議論を援用すれば離床度が高いものと位置づけることも可能である。しかし、それを実行性あるものとするためには力が不可欠である。いくら知識をもっていたところで、それがないと知識はいわば「死んだもの」にとどまり、何某かの効果や作用を生む「生きたもの」にはならない。また、知識を「生きたもの」にする力は、神から治療師にふさわしいとみなされた限られた者にのみ授けられるものである。したがって、この力こそ、治療師にふさわしい特定の担い手と結びついたものということになる。

トンゴアの伝統医療がその担い手である治療師からの離床度が低いといえるのは、伝統医療の知識それ自体というよりは、それを実行性あるものにする力との関連においてである。この点を考慮するならば、呪術の呪者からの離床度を考える場合、呪術のどのような側面との関連で離床度が低い、ないしは高いといい得るのかに留意することが、今後関の議論を発展させてゆくためには必要であるように思われる。

注

(1)　タータは現地語で「おばあちゃん」を指す。彼女に関しては後述のエピソードも含めて、トンゴアでの私のフィールドワークの様子を詳述した別書でも言及した（白川、二〇一五）。そこでも彼女のことをタータと呼んでいる。なお、本稿は一九九五年四月から翌年四月までのフィールドワーク期間中に得た知見に基づく。

(2)　トンゴアの伝統医療については別書で詳細な民族誌的記述と分析を行ったが、そのなかでタータの知識や技術、治療師となった経緯なども取り上げた（白川、二〇〇一：一三六―一四八）。なお、そこでは彼女のことを「治療者B」と呼んでいる。

(3)　ただし、本稿では目を向けないが、夢見とは異なる手法で病因を特定する治療師も少数いる。これらの治療師に関しては別のところで詳述した（白川、二〇〇一：一四八―一六〇：二〇〇二）。

（４）霊からの教示によって知識の蓄積が増してゆくという事態は、タータに限らずトンゴアの治療師に広くみられる。知識を教示してくる霊はナエタタムであることが多いが、その正体が治療師にはわからないという場合もある。そうした例については別稿で検討の対象とした（白川、二〇〇二）。

（５）これに対して、トンゴア島民の間で長老派に次ぐ信徒数を擁するセブンスデイ・アドヴェンティスト（安息日再臨派）の信徒たち、あるいは長老派から分派してできたヴァヌアツ独自の教派であるリヴァイヴァル教会の信徒たちの間では、これとは異なる見方がみられる。この点については別のところで詳しく論じた（白川、二〇〇一：一六〇―一六九：二〇〇二：一九五―一九六）。

（６）そもそもトンゴアで最初の治療師に呪文、薬草、マッサージなどの知識を伝授したのもナエタタムで、伝統医療の知識はそこからほかの人々に受け継がれていったという話もある（白川、二〇〇一：四四―四五）。また、長老派信徒たちの間では、ナエタタムがそのきわめて豊富な知識を駆使して、トンゴア島民よりも物質的に豊かで技術的にも先進的な生活を営んでいるという認識がみられる。こうした認識については別稿で詳述した（白川、二〇〇六）。

（７）治療師が夢見の際に用いるこれらのものは、コインであれハンカチであれ何であれ、患者が身につけていたものでなければならない。この点で、治療師が行う夢見は、フレイザーによる呪術の古典的な二分類（類似の原理に基づく模倣呪術と接触の原理に基づく感染呪術）のうち、感染呪術の原理を用いたものと捉えることもできよう（フレイザー、一九五一）。

（８）本稿では邪術という語を、エヴァンズ＝プリチャードによる邪術（sorcery）と妖術（witchcraft）の違いに関する古典的な議論を踏襲する形で用いている（エヴァンズ＝プリチャード、二〇〇一）。

（９）治療師としてのふさわしさに関しては、ほかにもたとえばタータが兼ね備えていた知的好奇心や大胆さ、勇敢さなども加えることができるかもしれない。ただ、神にそれらの欠如（もしくは過剰）をふさわしくないとみなされ、活動が続けられなくなってしまった治療師の例に私は未だ出会ったことがない。したがって、ここではとくに、神が治療師としてのふさわしさを判断する場合に何をポイントとしているか（と人々に捉えられているか）に留意し、知的好奇心や大胆さ、勇敢さなどにはあえて言及しなかった。

（10）さらにいえば、そもそも私は日本に帰国することになっていたため、タータのようにトンゴアに居続け、当地の人々を永続的に助けることができない身であった。このことも弟子になれなかった一因かもしれない。

（11）神から治療師に授けられるこの力については、英語由来のパワーという語が使われるのを耳にしたことはあるものの、現地語固有の語彙や表現に関する十分な知見は未だ得ることができていない。今後の課題としたい。ちなみに現地語には力全般を指すナカスエアンという語がある。なお、この力と似たような概念として、とりわけヴァヌアツを含むオセアニア地域ではマナが良く知られてきた。それとの関連で治療師に授けられる力に関する検討を行うこと、あるいは阿部がその重要性を強調した、力の観点から呪者や呪術をめぐって掘り下げた考察を行うことなども（阿部、二〇一一：二九二―二九七）、本稿の延長線上に取り組むべき課題として立ち現れてくる。やはり今後の課題としたい。

## 参照文献

阿部年晴（二〇一二）「習俗論からみた呪術」白川千尋・川田牧人編『呪術の人類学』二六九―三〇六頁、人文書院。

エヴァンズ＝プリチャード、E.（二〇〇一）『アザンデ人の世界―妖術・託宣・呪術』向井元子訳、みすず書房。

掛谷誠（一九八六）「伝統的農耕民の生活構造―トングウェを中心として」伊谷純一郎・田中二郎編『自然社会の人類学―アフリカに生きる』二一七―二四八頁、アカデミア出版会。

カスタネダ、C.（一九七四）『呪術師と私―ドン・ファンの教え』真崎義博訳、二見書房。

白川千尋（二〇〇一）『カストム・メレシン―オセアニア民間医療の人類学的研究』風響社。

――（二〇〇二）「正体不明の霊―ヴァヌアツ・トンゴア社会の民間治療者における持続と変容」河合利光編『オセアニアの現在―持続と変容の民族誌』一八六―二〇九頁、人文書院。

――（二〇〇六）「近くて遠い異界―ヴァヌアツ・トンゴア島民における異界とその住人をめぐる認識」細田あや子・渡辺和子編『異界の交錯（上巻）』三八三―四〇八頁、リトン。

――（二〇一五）『南太平洋の伝統医療とむきあう―マラリア対策の現場から』臨川書店。

関一敏（二〇一七）「呪者の肖像―『呪術・宗教・科学』再考」『宗教研究』第九〇巻別冊、一五六―一五七頁。

フレイザー、J.（一九五一）『金枝篇（一）』永橋卓介訳、岩波書店。

# 第10章　妖術師の肖像
## ―タイ山地民ラフにおける呪術観念の離床をめぐって

片岡　樹

## 1．はじめに

関（二〇一七）は近年、呪術の意味を新たな視点からとらえ直すにあたり、モース（一九七三）の呪術論から着想を得て「呪者になる」および「半分のまじめさ」という二つのキーワードから呪術に接近することを提唱している。ではこのうち、呪者（呪術師）になるとはどういうことなのか。関はそこで、モースに依拠しながら、呪術の特徴を、その担い手からの離床度の低さに求めている。「呪術の一般理論の素描」の中でモースは、呪術師と呼ばれる人の多くが他の人と異なる特徴（身体的特徴やパーソナリティ）をもっていること、したがって呪術はその担い手の属性と不可分のものとして理解される傾向があることを指摘している。そのかぎりでは、呪者の肖像は呪者自身の属性に規定されているように見える。しかしモースはそれに続け、次のように主張する。

これらの者に呪術的効能を与えるのはかれらの個人的な肉体的特性よりはむしろ社会の側がこの種のすべての人びとに対してとる態度なのである（モース、一九七三：六六―六八）。

つまり呪者の肖像を規定するのは、実は呪者自身の属性ではない。呪者をある特定の属性と結びつける社会的合意こそが真の規定因子だというわけである。ならば、呪術がその担い手からの離床度が低いという特徴をもつのであれば、それぞれの社会において、呪術をその担い手の属性と不可分なものと位置づける論理が問われなければならない。

今述べた点は、アンダーソン（一九九五）がかつてカリスマについて述べた論点と大きく重なる。彼はウェーバーのカリスマ論に対する批判の中で、一般にカリスマは個人の並外れた能力をさすとされるが、実際には誰がカリスマをもつかを認定するのは社会の側であるとして、従来の発想を逆転すべきことを提唱しているのである。

呪術が特定の人間の属性に結びつけて理解される傾向について、先述のモース論文ではいくつかの例があげられている。ここで目を引くのは、そうした事例の多くが、広義の呪術の中でも特に妖術に関連したものだという点である。

人びとは戸外で、黒猫、牝狼、野兎の姿をした女妖術使い、牡山羊その他の姿をした妖術使いに出会う。妖術使いまたは女妖術使いが害悪を与えるために出かけるときには動物に姿を変えてこれを行うのであり、こんな状態のときにはかれらを取り押えることができると言われている。（中略）ヨーロッパの女妖術使いたちは、変身に際してあらゆる動物の姿を無差別にとることはない。きまりに従って、牝馬、蛙、猫その他の動物に化ける。この事実から、変身というものはある種の動物との規則的な観念連合と同様なものだと考えさせられる。（中略）このような関係は精霊についても存在するし、あるいはまた考えることができる。精霊というものは、一般に、現実のまたは架空の動物の姿をとる。さらにまた、補助の動物という命題と補助の精霊という命題の間には、いずれにおいても、呪術師の威力がかれ自身以外のものにその根源を有するという関係が存在している。呪術師なるかれの資格は、かれに対して一定の独自性を保持する協力者との連合から由来するのである（モース、一九七三：七八―八〇）。

たしかに知識や実践の体系の離床という問題に関しては、特に妖術においてその度合いが低いと予想される。なぜなら、習得すべき技術あるいは特定の物質として客体化可能なその他の呪術とは異なり、妖術は多くの場合、特定の隣人が（しばしば先天的に）有するとされる邪悪な属性そのものだと想像されるからである。

以上の予備的な考察からは、呪者からの離床度の低い呪術においては、呪術と呪者との結びつきを決定するのは呪者自身の属性であるよりは社会的合意であり、なかでも特に妖術にそうした傾向が顕著に見いだされやすいという見通しが得られる。

本稿の論点は、実は以上で尽きている。以下ではこの仮説を、筆者がフィールドとしてきたタイ山地民ラフの事例から検討してみたい。ラフというのはチベット・ビルマ語系の言語を話し、中国雲南からミャンマー・シャン州さらにタイ国北部（そのほか一部がラオス、ベトナム）の山地に居住する山地民族である。筆者のフィールドはタイ国チェンライ県メースオイ郡の村（以下ではM村と称す）であり、同村は雲南漢人集落を中心にラフ、アカ、アクといった山地諸民族の集落を周辺に配する。本稿でいうM村は特にことわりのない限り、そのなかのラフ集落を意味するものとして用いる。ラフのあいだでは二十世紀初頭より米国バプテスト派伝道団を中心にキリスト教の布教が進められ、現在は全体の四分の一から三分の一がキリスト教徒になっているとされる。M村もまた、中国やミャンマーでの改宗者たちの移住によってひらかれた村で、全員がバプテスト派キリスト教徒である。本稿でのフィールドの記述は主にこのM村の事例に基づくが、必要に応じて適宜非キリスト教徒やミャンマー側、中国側の同胞に関する民族誌をも参照する。

## 2．ラフの呪術

### ラフの呪術カテゴリー

ラフの宗教に関する諸範疇には、デュルケムによる宗教と呪術の対比と非常に似通った区分が存在する。非キリスト教徒の場合、霊的存在の世界を「神の側 *G'ui sha hpaw*」と「精霊の側 *ne hpaw*」とに二分する場合がある（Walker, 1983：37-39）。前者は造物主である至高神グシャを中心とする祭祀の体系であり、後者はネと一括される下級精霊たちの活動とそれへの対応の体系である。(1) この二重構造は、「一神教的アニミズム theistic animism」とも呼ばれる（G. Young, 1962：10）。この二つの超自然界は、祭祀が営まれる場所や職能者についても明確な対比を示す。至高神グシャの祭祀は、村の公共の神殿で定期的に行われ、ポクー *hpaw hku*、プチョン *pu cawn*、チョバ *co ba* などと呼ばれる村の司祭が村民を代表して祈祷を行うほか、重要な祭礼には村人全体が参加する。それに対し精霊ネは公共の神殿をもたず、ネの慰撫に従事する職能者（モーパ *maw pa*、シェパ *sheh hpa* などと呼ばれる）はあくまで個人の資格でクライアント（村人とは限らない）の要望に応じ、その都度金銭と引き換えにサービスを提供する。デュルケム式にいえば、前者は公的な宗教、後者は私的な呪術ということになる（デュルケム、一九七五）。

いま述べた呪術は、自覚的に精霊の力を操作するという意味ではいわゆる邪術に属する。(2) それに対し、右記の区分にあてはまらない、無自覚的に作用する妖術も存在する。邪術の場合はそれを専門に取り扱う職能者が存在し、彼らは学習によりその知識や技術を習得する。いっぽう妖術の担い手は、先天的な属性によってそうした特殊能力を有していると考えられている。ラフの妖術霊としては、ト *taw* やプ *hpeu* などをその例として挙げることができる。(3) トは人間を捕食し、プは被害者の体内にとりついて病気や発狂の原因となり最後は死に至らしめると考えられている悪霊で、それぞれが特定の人間を宿主にもつ。妖術霊は、親から子（父母のいずれかからその息子と娘の全員）へと先天的に引きつがれるとともに、長期間の共同生活を経て配偶者にも伝染するものとされる。妖術霊は他の諸精霊のような両義的存在ではなく、端的に社会にとっての害とみなされるため、その対処法は慰撫儀礼のような互酬原理にもとづく方法ではなく、人間による一方的な駆逐となる。

以上は非キリスト教徒における一般的傾向である。キリスト教徒の場合は、至高神グシャがキリスト教の神に読み替えられる一方、精霊ネは悪魔の訳語とされているため、祭祀対象としては存在せず、したがってネの慰撫に携わる呪術師も存在しない(4)。つまり公的宗教たる「神の側」と私的呪術たる「精霊の側」の二重構造によって構成される「一神教的アニミズム」のうち、後者がほぼ脱落して前者に一本化されるわけである。

その一方で妖術のカテゴリーは、改宗後もほぼそのまま存続している。これは前述のように、妖術が「一神教的アニミズム」の儀礼体系の埒外に属しているという事実によって説明しうる。キリスト教は「悪魔崇拝」を禁じたものの、妖術はそもそも崇拝の要素を伴わないのであり、廃絶すべき儀礼や職能者自体が存在しない。しかも絶対悪としての妖術霊は、むしろキリスト教の善悪二元論における悪魔範疇に収容しやすいのである。

## 呪文使い

次に筆者の調査地における呪術の現状を簡単にみてみることにしたい。ラフの呪術のなかでも特に離床度が高いのがシャ *sha* のカテゴリーである。シャというのはいわゆる呪文で、呪文を使うことを「呪文を吹く *sha meu ve*」と称する。これは、呪文の使用に際し、息を吹きかけながら小声で呪文を唱えることに由来する。

キリスト教徒のもとでは呪術師は存在しないと先に述べたが、呪術的知識の担い手自体は存在する。いなくなったのはモーパやシェパといった役職名で呼ばれる職能者である。呪文を知り、それを用い、またそうした行為への対価を受け取る人々というのはキリスト教徒のなかにも存在するのである。

シャにはいくつかの等級があり、最も容易なものは「目のシャ *meh shi sha*」つまり目に入った砂などを取り除く呪文である。特に難易度が高いと言われるのが「吹いて殺す *sha peh ve*」という呪文、つまり呪詛による殺害である。そのほかにも惚れ薬と同じ効果をもつシャハ *sha ha*（惚れ呪文）や、あるいは妖術霊からの攻撃を無化する呪文などもある。

筆者の長期フィールドワーク当時（一九九九—二〇〇二年）、M村にはそうした呪文使いが少なくとも七名いた。村人のなかにミャンマーのアワ（A va。民族名。ワ族とも呼ばれる）出身の婚入男性の父親が呪文の知識で知られており、彼がM村を訪ねてきた折に村内の希望者有志が伝授を受けている。彼らの説明によると、呪文の多くはシャン語か中国語の単語によって構成されている。こうした点が示すように、呪文の力は異民族に由来するとみなされる傾向がある。呪文を習うにあたっては、酒あるいは現金[5]を呪文使いの自宅に持参し、夜毎に数日間かけて伝授が行われる。呪文を教わったら最後に自分の手に刀傷をつけてみて、そこに習った呪文を吹きかけて効力を確認する。

ここでふれたような呪文使いたちは、何らかの職能者の役職を名乗っているわけではない。儀礼具や特別の祭壇を用いることも、固定的なクライアントをもつこともない。一部の村人は必要に応じて呪文使いを訪れるが、それは著しく不定期である。そのため彼らが呪文から得られる収入は、一般にきわめて少額のものにとどまっている。なおここでいう呪文使いというのはあくまで筆者が便宜的にそう称しているだけのものであり、彼らを総称するカテゴリーは実際には存在しない。せいぜいのところ、「彼は吹くことができる *yaw meu pui ve*」として言及されるのみである。呪文使いというのは職業でも役職者の社会的カテゴリーでもなく、特殊な知識をもつ一般の村人であるにすぎないのである。

実際に呪文はどのような場面で用いられるのか。呪文使いが頼られるのは、たとえば吹き出物や軽度のけがの治療などである。その場合、呪文使いは十バーツ（約三十円）程度の対価を受け取り、患部に呪文を吹きつける。あるいは、村内で重病人や死者が出た際に、患者や死者を守るために呪文が用いられる場合がある。この場合、依頼を受けた呪文使いは、一〇〇バーツ（約三〇〇円）程度の対価とひきかえに石に呪文を吹きこむ。この石を患者や死者の家屋内の四隅に置く。これは妖術霊としてのトが人を襲って死に至らしめたり死者の肉を食べたりすることを予防するための措置である。いずれの場合でも、呪文を吹きつけてしまえば、その段階で呪文使いの役割は終了である。

ところで、金銭で売買される呪文の力は何に由来するのであろうか。キリスト教徒はこれを、ネハイ *ne hai* すなわち悪魔の力に帰して説明する。呪術による精霊の力の操作は、キリスト教徒からみれば悪魔との取引以外の何物でもない。悪魔の力とされる呪文には即効性が期待できる（ということになっている）としても、悪魔への依存は長期的には神からの恩寵を目減りさせる懸念をもたらす。たとえば呪文使いは自分の子供が早死にする、あるいは畑の実りが悪くなるなど、自分自身の生産力を犠牲にして特殊な能力を手に入れていると考えられている。

ではなぜ一部の村人は、収入が限定的であり、なおかつキリスト教の教義上望ましくないとされているにもかかわらず一定のコストを支払って呪文を学ぼうとするのか。かねてから呪文を習いたいという意思をもつある村人の次のような説明は、人々の一般的傾向を代弁しているといえる。

「自分の村でも周囲に妖術霊をもつ人が多くいる。そういった悪い霊による害を防ぐために、ぜひとも呪文は知っておきたい」。

ここでの呪文は、自身が専業の呪術師として身を立てていくための手段ではなく、あくまで護身手段として想定されていることがわかる。その限りでは、呪文の知識を第三者に提供して対価を得ること自体は二義的な価値しかもたないことになる。この文脈での呪文は、その機能において、寺社で売買されているお守り札に限りなく近い。

## 3. 妖術師

### 妖術師の条件

担い手からの離床度という点で、呪文と好対照をなすのが妖術である。ラフの妖術霊は宿主の意思と無関係に悪事を働くとされているので、その霊力を人為的に活用する方法が存在せず、そのため妖術師（妖術霊の宿主）はいかなる意味でも霊的職能者ではない。

妖術師は「ネをもっている人 *ne caw pa*」等と呼ばれる。文脈によっては、一種の隠語表現として単に「もっている」というだけで用が足りる場合もある。ここでのネとは精霊一般のことではなく、あくまで限定的にトやプといった妖術霊をさす。「誰某はネである」という表現も同様である。この場合、ある人物が妖術霊そのものと同一視されていることになる。

妖術師の肖像を描くにあたり、ある人がなぜ妖術師になったのか、いかにして妖術師になったのか、という問いは意味をなさない。妖術師と呼ばれる人々は例外なく、自らの意思と無関係にそう呼ばれているためである。場合によっては、自身が妖術師とみなされていることを知らないというケースもありうる。なぜならば、相手を妖術師と名指しする局面は妖術告発の場以外にはないためで、告発に至らない段階における妖術師のレッテルは、すべて陰口の領域に属している。

では人々のあいだで、妖術師はどのようなものとして語られているのだろうか。一般論として語られる場合を除けば、トやプの存在を具体的な担い手から切り離して語る文脈はほぼ存在しない。なぜならトは必ず特定の隣人の分身だからである。これは、妖術霊が神やその他の精霊と異なる顕著な特徴である。神や精霊は、人間の外にあって人間の思惑からは独立して行動する。それに対し妖術霊というのは、人間の外にある何かではなく、人間の属性そのものである。「ネは人であり、人はネである *Ne leh chaw ya yo, chaw ya leh ne yo*」という言明は、まさにそうした事情を反映している。

　妖術師への言及は常に陰口のかたちでなされるため、そこで描かれる妖術師の肖像には、ステレオタイプや誇張の要素が多く含まれ、しかもそれらの多くは客観的な検証が困難である。たとえば妖術師には次のような特徴が期待される。
・夜になると目が赤くなる。
・脇の下に妖術霊を有している。
・泥酔者を襲うことはない。
・若い女性の場合は並外れた美貌をもつ。
・動物（特に尾のない猫）や童子に変身する。
　それに対し、妖術霊については次のような特徴をもって記述される。
（トの場合）
・死者の肉を好む。
・妊婦や幼児の肉を好む。
・人を襲撃する際には被害者の首筋に青い噛み傷を残す。
・さぼてんのとげを嫌う（目がつぶれるとされるため）。
・並外れた速度で移動する能力をもつ。
・壁をすり抜けて人家に侵入する能力をもつ。
・多くは深夜に活動する。
（プの場合）
・宿主の喧嘩相手にとり憑く。

・とり憑いた相手の目を通じて、相手の財産状況が逐一宿主に報告される。
・貴金属に付着する。

そのほか、犬は妖術霊を見ることができると考えられているため、犬が吠えることはしばしば、妖術霊が付近を徘徊していることの証拠として判断される。また、宿主の体を抜け出して活動中のトに負傷させると、それが宿主自身の負傷に反映されると考えられており、これがトの被疑者の割り出しに際して引き合いに出されることもある。

以上の特徴は、すべて妖術師の肖像をパターン化して産出するしかけとなる。たとえば幼児が死亡した場合はまずトの関与が疑われる。そしてそれにつづき、死者の首に奇妙な青あざが発見されたり、幼児が死亡する前後に犬が吠えていたことや、見慣れない猫が当日その家の周辺を徘徊していたことに周囲の人々が気づいたりした段階で、人々は今回の不幸がトによってもたらされたものであることを確信し始める。もしそれがトのしわざであるならば、その宿主が誰かという問題が次に焦点化される。そこで「そういえば（妖術師の噂のある）村人Aと幼児の親が最近口論しているのを見た」あるいは、「Aが事件当日に幼児の家の付近を用もなく徘徊しているのを見た」「例の不審な猫がAの家の前で姿を消すのを見た」といった証言が得られれば、「幼児はトに食い殺されたのであり、その犯人はAに違いない」という結論が一定の範囲で共有される。この結論は「Aが妖術師である」という予断の正しさを立証するかたちになるので、(6) 妖術師に期待される属性がそのままAにあてはめられることになる。たとえば、「Aは妖術師なのだから夜になると目が赤くなるに違いない」といったステレオタイプ化はその典型的な例である。

この点への理解を助けるべく、村人が語ってくれたもうひとつの逸話を紹介しておこう。これはかつてある村人が、深夜の帰宅時に家の階段（ラフの伝統的家屋の多くは高床式で階段を使って二階部分から家に入る）で何者かに下から足首をつかまれ、とっさに棒で打ちつけて撃退したところ、翌日から隣人Bがけがで寝込んでしまった、というものである。話者はこれを、自分がかつてトに食い殺されかけた経験として記憶している。

右に見たような一連の発見は、人々が事件を語りなおす際に、トとの遭遇経験として提示される。不審な猫を見たことや、不審者に足首をつかまれたことのほか、「被害者」宅周辺でAに出会った、あるいはBが負傷しているのを見た、といった情報もそこには含まれてくる。このように、ある「事件」を契機に起動されるコミュニケーションのなかで、トとはAやBそのものだという理解が結晶化していく。この結晶化は、次回の類似事案に際しても先入観を提供するので、結果的に似通った物語を累積的に呼び込んでいくことになる。この過程でトに関する一般的なステレオタイプが、AやB自身の具体的属性として語られるようになるわけである。

## 妖術師と呼ばれる人たち

ではどのような人が妖術師と呼ばれるようになるのか。はじめに述べておくと、妖術師の認定基準は理論上は明確である。前述のように、父方母方の祖先の中に一人でも妖術師が含まれていれば、その人は自動的に妖術霊を宿していることになり、その配偶者についても一定期間の共同生活を経て妖術霊が感染すると見なされている。このルールを機械的に適用すれば、誰が妖術師かは生まれた時点（および配偶者選択の時点）で決定されているはずである。しかしM村では、「誰某が妖術師らしい」というような、推量形を含んだ表現がしばしば用いられている。このことは、ルール上は白か黒か明確なところに、実際にはグレーゾーンが存在していることを反映している。つまり誰が妖術師として非難されるかについては必ずしも固定したものではないのである。

具体例に移る前に、その背景をなす、M村の形成史についてごく簡単にふれておく。M村は一九七〇年代以降にミャンマー・シャン州からの移住者によってひらかれた村である。村人はM村に居を構えた経緯により、大きく①一九七〇年代に移住してきた草分けグループ、②一九八〇—九〇年代に移住してきたグループ、③それ以外の単独で移住してきたグループに区分される［片岡、二〇〇七：六二—六六］。このうちグループ①は、シャン州ケントゥン近郊の同一出身村から一九七〇年代の内戦を避けてタイ側に集団移住してきたグループで、互いに親族・姻族関係を有している。いっぽうグループ②は、シャン州北部の中国国境から一九七〇年代に内戦を避けて同州東南部のタイ国境付近に移住し、一九八〇—九〇年代以降にタイ側に越境してきた人々である。そのため、この両グループは移住史も移住経路も共有していない。

あらかじめ言っておくと、村内で妖術師の噂を立てられている人物は、そのほとんどがグループ②かグループ③に属する。以下ではそれぞれのグループから、妖術師と呼ばれてしまった人物を一人ずつ紹介することにしたい。

村人Cは、グループ②に属する人物であり、筆者の長期フィールドワークの際には、教会の青年部長を務めていた。彼の家は村でもいち早く電気を引いてテレビを設置した家で、村内に何軒かあるたまり場のひとつとなっており、就寝時間まで常に来客が絶えることはなかった。ようするにCは、M村において古参でも新参でもなく、村内の地位としては中層以上の、しかも比較的人望のある社交的な人物であった。

Cが妖術師（ト）だと噂されている原因は、彼自身の行状ではない（筆者はM村に滞在中これまで一度も妖術以外の件で彼の悪口を耳にしたことがない）。それは彼の妻Dが妖術師だとされていることによる。したがってCの世帯（C夫妻と未婚の子供たちからなる）において、Dと子供たちは全員が理論上は妖術師である。またC自身についても、結婚して長期間が経過していることから「すでに感染してしまっただろう」と語られている。

Dが村内にもつ親族は弟のEのみである。Eもまた、鍛冶屋を営むなど、村内では比較的人望のある人物である（鍛冶屋は妖術師の専業と見なされているわけではない）。ちなみにEが妻のFと結婚する際には、当時村内に住んでいたFの両親から強く反対され、そのため両者の結婚は駆け落ちによっている。Fについても、C同様に、現在は妖術もちになってしまったのではないかと語られている。

DとEが妖術師だと見なされる直接の理由は、彼らの母Gが妖術師（ト）とされたことによる。筆者のフィールドワーク開始直前に、村内のある人物が急死した際に、自身がGに襲われたという言明を残して絶命し、それを聞いて激怒した村の長老がGを殺害しようとしたためGが恐れて他村に逃亡するという事件が起こっている。自分の親がつい近年に妖術師としてのクロ裁定を受けたという事実が、DとEの妖術疑惑を議論の余地のないものにしている。実際に「見慣れない猫が某氏宅付近を徘徊していた」「子供がむやみに泣くので不審に思い外を見てみたらそこに某氏が立っていた」等の妖術語りに最も頻繁に登場するのがこの二人である（「猫がD宅に……」「外にEが立っていた……」）。Gのクロ裁定を機に、妖術語りのテンプレートが機械的にDとEに流し込まれることで、この二人の妖術師としての属性を不動のものにしてきたといえる。そしてそうした評判が、Dの配偶者であるCが妖術霊に感染している蓋然性をさらに高めていくのである。

次にとりあげるのは、グループ③に属する人物Hで、この人物はサラマ *sa la ma* と呼ばれていた。サラマというのは牧師を意味するサラに女性を示すマを付したもので、牧師夫人ないし女牧師に対して用いられる表現である。筆者の長期フィールドワーク当時、Hの夫であるサラIがラフ・バプテスト連盟の郡支部事務局長をつとめ、H自身はM村で教会牧師の任に当たっていた。ミャンマー・シャン州のマンルン出身のHは、ヤンゴンでの就学を終えて学校の教員をつとめたのちに、ラショー出身のサラIとともに一九八〇年代にタイ側に渡り、一時はM村の隣村に住むサラIの兄のもとに身を寄せていたが、M村の教会牧師に空席が生じたことから同村に招聘されていた。このようにサラIとサラマHの夫妻は、移住の経緯を他の村人と共有せず、村内に近い親族ももたない。

実をいうと、筆者の長期フィールドワークの時点では、Hの妖術の噂はそれほど顕在化していなかった。妖術の感染に関する建前からすれば、Hの配偶者であるIもまた妖術師の候補者となるべきであるが、実際にそのような噂が立たなかったことは、村人がHの妖術疑惑をさほど真剣に取り上げてこなかったことを示している。

Hの妖術疑惑がにわかに争点化したのは、二〇一〇年前後からである。この年にサラIの女性問題が発覚し、妻のHによって家から追い出され、またこの騒動が牧師にふさわしくない不品行とみなされ村人からも追放を受けたという事件がその転機となる。この騒動におけるHの立場は、本来ならばIの浮気で家庭を破壊された被害者である。しかしIの追放以後、村人たちの一部はHへの敵意や軽蔑を隠さぬようになり始める。

実をいうとHは、生真面目だが一言多いタイプのインテリ女性であり、それゆえにこれまでもしばしば村人との間に細かなトラブルを引き起こしてはいた。筆者がひんぱんに耳にしていたのは、酒に関するトラブルである。ラフ・バプテスト連盟傘下の教会では、米国の禁酒主義の影響を受け、少なくとも公式には教会員の飲酒を禁じている。ただしこのルールの適用対象は主に牧師層であり、一般の教会員に対してはそれはあくまで努力規定として運用されている。実際にはM村内でも飲酒の機会は多いのだが、サラIは村民とのトラブルを避けるために、それをあえて黙認してきた。それに対しHは、おそらくは学校教員特有の正義感から、宴会場に踏み込んで参加者を面罵したり、直後の日曜礼拝の場で宴会メンバーを露骨に非難したりという行動を繰り返したため、一部の村人はそのたびに眉をひそめていた。ただしそれが常に一過性の陰口にとどまってきたのは、郡内の大物牧師であるIへの信頼という大前提の下で、Hの舌禍がマイナーな事件として処理されてきたためである。サラIの信頼失墜と追放は、まさにそうした文脈で発生した。村人はもはや、Iの体面に配慮してHへの不満を我慢する必要を感じなくなったのである。Hへの陰口が解禁されると、「あの妖術もちが」云々という表現がそこに付帯するようになった。

ちょうどこの同時期に、グループ①に属する村の若者Jが神学校を卒業して帰村していたことが事態をさらに悪化させた。Hが教会牧師として残っていたため、Jは正規の教会牧師ではなくその補佐役としての地位を得た。このことは、グループ①の人々にとっては、自分たちが招聘したIが解任・追放された後もその妻Hが教会牧師として村に居座ることで、Jの地位上昇が阻まれているという認識をもたらした。そのため、同年末の村の教会員総会では、毎年恒例の教会役職の選任が、Hとグループ①の村人たちによる口論の場となってしまった。その結果、一種の妥協案としてHとJがともに教会牧師をつとめるという案が暫定的に採択されたが、これは教会牧師への俸給の折半を意味したため、双方にとってトラブルの火種はそのまま残されることになった。

　このトラブルの渦中で、Ｊの姉（村内でグループ①の最古参メンバーに嫁いでいた）が若くして突然に急死するという事件が起こった。これを受けてグループ①の人々は「Ｊの姉が村の何者かによって食い殺された」と態度を硬化させる。事ここに至って両者の反目は決定的になるが、ほぼ同時期にＪの不品行（飲酒など）も表面化してラフ・バプテスト連盟本部の譴責を受けたため、ＨとＪの双方が教会を退き、代わってグループ②に属するもう一人の神学校卒業生が教会牧師のポストを受け継いで現在に至っている。

　ここでみてきた妖術師の事例を理解する上で、補足すべき点が二つある。

　ひとつは、グループ①とそれ以外とのあいだで、互いの祖先や親族関係に関する知識の度合いに差があることである。先述のように、グループ①はミャンマー・シャン州ケントゥンの同一村落から同時期にタイ側へ移住している。しかもケントゥンでの出身村は、中国での同一地域（雲南省瀾滄県糯福郷）からの移住者によって形成されている。糯福がキリスト教の布教拠点となったのは一九二〇年であるから（片岡、一九九八：一五五）、グループ①の人々は、ここ一〇〇年ほどのあいだ常に行動を共にし、互いの祖先や親族関係に関する知識を共有してきたことになる。したがってグループ①の人物の場合、現時点で妖術の噂がないということは、過去一〇〇年間の祖先の経歴に問題がみられなかったことを示している。この状況から新たな妖術師の噂が発生することは難しい。

　それに対し、グループ②の場合は、シャン州東南部タイ国境からの移住者とはいえ、その出身村はまちまちであり、しかも彼らは一九七〇年代初頭までは中国国境付近のそれぞれ別々の村に住んでいた。つまりグループ②では、長期の共住経験が必ずしも共有されておらず、したがって互いの祖先の素性に関し不確定の部分すなわちグレーゾーンを含んでいる。このことは、単独で移住し、Ｍ村内に親族をほとんどもたないグループ③についても同様にあてはまる。

もうひとつは、妖術の語られ方の特質が、村内に親族が少ない人々に不利に働いている点である。先に述べたように、妖術の噂は基本的に陰口として流通する。これは、確証ぬきに本人を面と向かって妖術師扱いした場合、相手の名誉を著しく損なう（名誉毀損は村会議の場で罰金制裁の対象となりうる）ことが主たる理由である。また誰が妖術師かの判定は祖先にそうした人物が含まれるかにもとづいてなされるため、ある人物が妖術師に違いない云々という陰口は、同じ祖先を共有する親族にもあてはまることになる。そのため妖術の噂は、妖術師と目される当人のみならず、その親族もその場に同席しないことを確認しつつ語られることになる。

たとえばある架空の人物KとLとMがそれぞれ母方祖母を共有するイコトどうしだったとして、Kの母方祖母に妖術の噂があったからK自身もそうであるに違いない、という陰口は、LやMのいる場所ではできない。Kに関する指摘がただちにLやMへの指摘を兼ねてしまうからである。しかるに、もしKが村内に親族をもたなければ、Kのいない場所でならどこでも妖術の噂を語ってよいことになる。このように、村内に自分を擁護してくれる親族が少ないことは、祖先の素性を保証してくれる人を欠く点で不利になるのみならず、親族が少ないという事実それ自体が、自分に関する陰口の機会を増やしてしまうのである。C（およびD、E）に対する妖術の噂が野放しになっていたことや、Hへの陰口がある時期を境にグループ①からの集団リンチの様相を帯びていったことなどは、そうした背景から理解しうる。

## 4．聖者の肖像

呪術をその担い手からの離床度から考える上で、最後に比較のために、聖者の肖像について簡単にふれておくことにする。ラフの「一神教的アニミズム」においては、その至高神崇拝の極においてしばしば予言者が生みだされてきた(7)。公的宗教としてのグシャ崇拝を担う司祭は、その正統性の源泉に応じ「人に選ばれた」司祭と「神に選ばれた」司祭の二種がある。前者は村人によって選任される場合を、後者は何らかの啓示を受けて神に仕えている場合を指す。この後者の類型の場合、司祭はしばしば、常人にはない神の代理人としての能力（予言や治病など）を発揮しはじめる。啓示が得られるにあたっては、肉食を絶つ等の禁欲的節制や瞑想修行などがその契機となる。啓示が得られた後は、夢や白昼夢で至高神グシャからのメッセージを受け取り、それがその人の予言者能力に反映されていく。その能力が本人の意志とは無関係な天賦の属性として理解される点に関して、予言者も妖術師と同様である。ただし予言者の場合、自分が「神に選ばれている」と人々が受け入れれば、自らもまたその役割を積極的に果たすようになるという点において妖術師と異なる。

ラフの予言者運動は、十九世紀末に雲南のビルマ国境部で活躍した三仏祖という人物に由来するとされる（Lewis, 1970：88）。雲南ラフ地区においては、十八世紀に大乗仏教の影響下に、自ら「仏」を名乗る宗教指導者たちが「五仏」と呼ばれる半独立的な政体をつくりあげていたが、この一種の教団国家は一八八〇年代に清朝によって滅ぼされてしまう（Kataoka, 2013; Ma, 2013）。その最後の「仏」が三仏祖であり、彼の死後は彼の遺訓を奉じる後継者たちのあいだで断続的に神の代理人たる予言者が出現し、これら予言者の周りで形成された千年王国運動がしばしば国家権力との衝突を引き起こしてきた。現在に至るまで、ラフの予言者たちはなんらかのかたちで三仏祖との関連を主張する。典型的には、十九世紀末から何人かの予言者を経て三仏祖が転生を繰り返しており、現在は同時代の予言者某がその生まれ変わりだとする主張などがそれにあたる。

三仏祖の運動の継承を主張するのは千年王国運動だけではない。キリスト教もまた、三仏祖の予言の成就として自らの正統性を位置づけている。これは三仏祖が遺言で、「いつの日にか白い人が白い本をもって現れたときに我々は真の神を見るであろう」と予言したとされており、二十世紀初頭の宣教師の出現がこの証言を証したと見なされたことが集団改宗に発展しているためである（片岡、一九九八）。

今述べたように、ラフの予言者運動の開祖は三仏祖ということになっているのだが、それ以前の五仏の「仏」

たちについてもカリスマ的な予言者能力が語り継がれている。たとえばラフ地区に仏教を伝えた楊徳淵、五仏の中興の祖としての南柵仏や王仏爺などといった指導者たちがそれである。ここで興味深いのは、彼らに関する伝説の内容が非常に似通っていることである。異常に禁欲的な食習慣、瞬間移動、自在な変身能力、並外れた言語能力、予言、不信仰者の処罰などがそれにあたる。これらは今述べた「仏」たち（三仏祖を含む）の伝説におおむね共通する（片岡、二〇〇七：二七〇―二七八）。同一フォーマットの奇跡譚が過去のカリスマ宗教者に無差別に適用されるので、その帰結として個々の人物が個別性を失い、同種の事件が時間をおいて反復しているかのような説明となる。楊徳淵も南柵仏も王仏爺も三仏祖も、結局は同じような奇跡を伴って出現し、同じような超能力を披露し、世界の終末に関する同じような予言を遺して姿を消すわけで、どれもこれも同じになってしまう。そしてこの類似性は、神や仏の代理人としての予言者が世代を超えて転生し続けていることの証拠として提示される。ここにみられるのは、ある種の循環論法である。ある人物のカリスマを説明するにあたり、過去のカリスマに関し定型的に用いられてきた語彙を適用する。その結果として、その人が過去のカリスマの転生であることが確証されるのである。

この循環論法は、時に異民族にも適用される。たとえば二十世紀初頭にラフの集団改宗を引き起こしたバプテスト派宣教師のヤングは、三仏祖の予言の延長上に受け入れられたため、当時のラフが待望していた神の代理人の再来と見なされた（片岡、一九九八）。現在に至るまで彼はアパクロン *a pa k'u lon* すなわち偉大な父と呼ばれ、瞬間移動能力や不信仰者の処罰などの超越的な力を駆使したと語られている。[8] また現在では、泰緬国境で活躍するブンチュム師という上座仏教のカリスマ僧が、一部のラフから三仏祖の生まれ変わりと見なされ崇拝の対象となっている。ブンチュム師自身はタイ系の出自でラフとは無関係であるが、並外れた言語能力や異常に禁欲的な食習慣など、すでに彼に関する噂は従来の予言者伝説のテンプレートを踏襲しはじめている（片岡、二〇一五：一二一―一二二）。

このように、聖者たちの肖像が外部の異民族に対してもいとも容易に拡張されてしまうのは、ラフにおける聖者の属性が離床度をトータルに欠いていることの反映である。妖術師と同様、聖者についても誰がそう見なされるかは本人の意向と全く関係がない。異民族の宗教者が、自らのあずかり知らぬところでラフの聖者列伝に加えられるというのは、その極端な帰結である。

ラフの予言者のなかには、妖術師と大幅に属性が共通するケースがいくつかみられる。たとえば一九〇五年の宣教師の記録には、当時進行中であったキリスト教への集団改宗運動を快く思わない土着の予言者が登場する。この人物は自らメシア的な王を自称し、キリスト教への改宗者には制裁として虎を送って噛ませると豪語していたという記録がある（W. M. Young, 1905：11）。ネコ科の使役動物を送って相手を噛ませて不幸をもたらすというのは、前述の通り典型的な妖術譚のプロットである。また一九八〇年代にタイ国内で活躍した予言者のチャヌパヤは、一九八九年に白昼夢で「イエス・キリストに会い」、そのまま信者をひきつれてキリスト教に改宗している。彼の説明によれば、洗礼を受けると体からネ（精霊。この場合は悪魔の意）が出ていくのが見えたそうである。これまで自分は神の容器だと思っていたが、実際に自分に憑いていたのは悪魔であったことを知ったと彼は後に述懐している。実はこれとよく似た物語は、ヤング（アパクロン）の奇跡譚のなかでも語られている。そこでは、トの村に赴いたヤングが村人に川で洗礼を施すと、受洗者たちが激しく暴れ、体内から駆逐されたトで下流が赤く染まったとのことである（片岡、二〇〇七：二七五―二七六）。つまりここでのチャヌパヤの発言は、かつては自分は神の代理人だと思っていたが実は妖術師だったと告白しているに等しい。これは、立場が変われば同じ現象が「神に選ばれる」ことの証拠にも、妖術師であることの証拠にも見えるという例である。

## 5. おわりに

本稿では、離床度という点に着目しながらタイ山地民ラフの呪術とその担い手たちを見てきた。そこからは以下のような点が明らかになった。

第一に、ひとくちに呪術といっても、呪文の使用と妖術のあいだでは、それらの担い手からの離床度に大きな違いが見られる。呪文は担い手から独立に、金銭による売買を介して客体化された知識である。誰が購入しようが、一定の規則を守って唱えられれば所期の効果を期待しうる、という建前で流通しているのが呪文である。その意味では呪文はその担い手から徹底して離床している。それに対し、妖術はその担い手からの離床を徹底的に拒む。妖術とは妖術師の属性そのものであり、しかもそれは（姻族間感染を除けば）先天的に決定されていることであるから、そこに当人の意志が介在する余地はない。ラフの呪文と妖術との対比からは、両者をひっくるめた呪術という用語が、人々の世界観を描く上で必ずしも適切でないかもしれないということが明らかになる。

第二に、離床度という点から見るかぎり、ラフの妖術はその他の邪術よりもむしろ聖者（カリスマ予言者）とのあいだに多くの共通点を有する。聖者もまた、自分の意志とは無関係に「神に選ばれ」、自分自身の属性が神や仏と同一視されるようになる。そしてひとたびその人が神としての天賦の属性を有していることが認められれば、聖者に関するステレオタイプがその人の肖像に流し込まれ、結果的にその人が過去の聖者と属性を共有しているという理解が導かれる。さらにこのことは、その人が過去の聖者の生まれ変わりに違いないという周囲の期待に信憑性を与えていく。こうした同語反復的なロジックがある人物の霊的属性を本人のいない場所で増幅させていくという点についても、聖者と妖術師の肖像は同種の論理を共有している。つまり妖術師と聖者の肖像は、いずれも同様の理由からパターン化の影響を受けやすいのである。冒頭ではモースの呪術師像が、アンダーソンのカリスマ論を用いて拡張可能だという点を指摘しておいた。ラフの事例をみる限り、離床度の低さという点からすれば、モースの描く呪術師の条件と、アンダーソンの描くカリスマ聖者の条件はたしかに大幅に重なることがわかる。

第三に、皮肉なことだが、妖術師や聖者の霊的能力は、その担い手の属性からの離床度が低いがゆえに、かえって担い手自身の裁量の余地を極小化している。担い手に代わって裁定者の地位にのぼるのが、ほかならぬ社会自身である。妖術師の肖像が村に親族をもたない少数派への集団リンチになったり、聖者の肖像が異民族の宗教者を一方的にその中に包摂したり、という現象は、まさにそうした傾向の反映と見ることができる。

以上の考察からは、少なくともラフに関するかぎり、（離床度が高い）宗教と（離床度が低い）呪術、という対比は、現実をあまり反映していないように思われる。離床度に則した分類としては、一方に「人が選んだ」司祭と邪術師（および呪文使い）、他方に「神が選んだ」司祭と妖術師、という対比の方がより現実に近い。もちろんこれは、ラフの限られた事例からの暫定的な提言であるので、呪術研究が一般にそうあるべきだと主張しているわけではない。ただここでは、離床度という基準から従来の呪術論に踏み込んでそれを発展的に乗り越えるのであれば、もしかすると呪術というくくり以外の軸が必要になるかもしれないという可能性のみを示しておきたい。

注

（1）ただし至高神崇拝と下級精霊祭祀のどちらにより大きな比重が置かれるかは事例ごとにさまざまであり一定しない（Jones, 1967：片岡、二〇〇七：一〇三―一一一）。

（2）もちろんここでの邪術とは、いわゆる黒魔術に限定したものではなく、人為的に精霊の力を操作する試み全般を念頭に置いている。特に他人を害する意図をもって行われるラフの呪詛についてはWalker（1983）を参照されたい。

（3）テルフォードは植民地期ビルマの事例から、プの代わりにヤカ *yaka* という名称を記録している（Telford, 1937：161-163）。そのほか中国側では、プと同種の妖術霊の名称として気迫、僕死などが知られている。ラフにおける妖術霊の呼称については片岡（二〇一〇）も参照されたい。

（4）ネが祭祀対象とならないということは、ネが存在しなくなったことを意味するわけではない。キリスト教徒においても、個々の不幸の原因として、悪魔としてのネの関与が言及されることがしばしばある（片岡、二〇〇三）。
（5）これは事例により一定しない。五〇〇から六〇〇バーツ（一五〇〇―一八〇〇円）の現金を納めたケースもあるが、酒一本を持参するだけでよい場合もある。
（6）もちろん第三者の目から見れば、これは立証でも何でもない。Aが妖術師に違いないという先入観を前提に、その先入観に沿ってストーリーを構成しているだけであるから、実はこれはかぎりなく同語反復に近い（片岡、二〇一一）。
（7）ラフの聖者の出現パターンについてはWalker（1974）も参照。
（8）ヤング伝説についてはすでに別の場所で詳述したのでそちらを参照されたい（片岡、二〇〇七：二七五―二七六）。またヤングの神格化についてはLawitts（2018）も詳しい。

## 参照文献


アンダーソン、B．（一九九五）「カリスマをめぐる更なる冒険」『言葉と権力―インドネシアの政治文化探求』中島成久訳、一〇九―一三四頁、日本エディタースクール出版部。

片岡樹（一九九八）「東南アジアにおける『失われた本』伝説とキリスト教への集団改宗―上ビルマのラフ布教の事例を中心に」『アジア・アフリカ言語文化研究』第五六号、一四一―一六五頁。

――――（二〇〇三）「悪魔の神義論―タイ国の山地民ラフにおけるキリスト教と土着精霊」『民族学研究』第六八巻一号、一―二二頁。

――――（二〇〇七）『タイ山地一神教徒の民族誌―キリスト教徒ラフの国家・民族・文化』風響社。

――――（二〇一〇）「妖術からみたタイ山地民の世界観―ラフの例から」鈴木正崇編『東アジアにおける宗教文化の再構築』二四三―二七二頁、風響社。

――――（二〇一一）「食人鬼のいる生活―タイ山地民ラフの妖術譚とその周辺」『社会人類学年報』第三七巻、一―二五頁。

――――（二〇一五）「山地からみたブンチュム崇拝現象―ラフの事例」『東南アジア研究』第五三巻一号、一〇〇―一三六頁。

関一敏（二〇一七）「呪者の肖像―『呪術・宗教・科学』再考」『宗教研究』第九〇巻別冊、一五六―一五七頁。

デュルケム、E．（一九七五）『宗教生活の原初形態（上）』古野清人訳、岩波文庫。

モース、M．（一九七三）『社会学と人類学Ⅰ』有地亨・伊藤昌司・山口俊夫訳、弘文堂。

Jones, D.J. 1967 Cultural Variation among Six Lahu Villages, Northern Thailand. Ph.D. thesis, Cornell University.

Kataoka, T. 2013. Becoming Stateless: Historical Experience and Its Reflection on the Concept of State among the Lahu in Yunnan and Mainland Southeast Asian Massif. *Southeast Asian Studies* 2(1): 69–94.

Lawitts, D. 2018 The Transformation of an American Baptist Missionary Family into Covert Operations. *Journal of the Siam Society* 106: 295–308.

Lewis, P. 1970 *Introducing the Hill Tribes of Thailand*. Chiang Mai: Faculty of Social Sciences, Chiang Mai University.

Ma, J. 2013 The Five Buddha Districts on the Yunnan–Burma Frontier: A Political System Attached to the State. *Cross–Currents: East Asian History and Culture Review* 2(2): 478–505.

Telford, J. H. 1937 Animism in Kengtung State. *Journal of the Burma Research Society* 27: 87–238.

Walker, A. R. 1974 Messianic Movements among the Lahu of the Yunnan–Indochina Borderlands. *Southeast Asia: An International Quarterly* 3(2): 699–711.

--------------- 1983 Traditional Lahu Nyi（Red Lahu）Rites of Sorcery and Counter–Sorcery. *Journal of Asian and African Studies* 26: 33–68.

Young, G. 1962 *The Hill Tribes of Northern Thailand: A Socio–Ethnological Report*. Bangkok: Siam Society.

Young, W. M. 1905 Shan Mission—Kengtung. *The News* 18(3): 11.

# 第11章　〈呪力〉の「公共性」

梅屋　潔

## 1．はじめに

〈呪力の源泉〉という問題は、古くから議論がなされてきた問題である。そして一方で、もうひとつの施術の謝金や謝礼の金額についても、それ自体の報告は頻繁になされてきた。私も、一九九〇年代に、新潟県の佐渡島村落地域において活躍していたアリガタヤやドンドコヤと呼ばれる民間宗教的職能者について、以下のようにそっけない報告をしたことがある。

「アリガタヤは、先輩のアリガタヤについて祈祷その他の作法を習い覚えた後に独立するのが普通である。謝金は、卜占の場合二、三〇〇〇円で、数度に渡る儀礼を憑きものおとしや呪詛返しでも十万円程度と、決してそれのみで生活してゆける額ではない」（梅屋、一九九五：一〇一；梅屋・浦野・中西、二〇〇一：一二四）。

こうした報告は、当時からいわゆるシャーマンの研究には付きものだったライフヒストリーの資料や、彼らが執行する儀礼の細部を聞き書きする際のクリシェのひとつでもあった。あたかも、（暴利をむさぼるような）「金もうけはしていないですよ」と主張しておかないと、彼らの謝金を受け取る正当性が損なわれるかのようなものいいではある（その印象が論理的にも正しいことは本論で立証する）。

しかし、その際には、「それのみで生活できない」謝金の額であった積極的理由については、それ以上の分析には考えがおよばなかった。

この〈呪力の源泉〉といわゆる「金の話」、この両者を結びつける議論は、管見するところこれまであまりなかったようにも思われる。本論では、そのことを考えてみたい。

## 2. ある〈呪者〉の退場

私が最初に〈呪者〉と呼んでいい人物に会ったのは、たぶん一九九〇年、新潟県の佐渡島であったかと思う。Sという村のS神社というところには、Fという行者[1]が棲みついて、民間宗教者の活動をしていた。神社にはテレビもあり、村の信者から供えられたという「缶ピース」をふかしながらムジナの信仰について話す彼には、独特の雰囲気があった。その意味では、〈呪者〉個人から「離床」することのないオーラが漂ってもいた（関、二〇一七）。

私がその村にほど近い別の村に通って数ヶ月間の調査をし、その調査が一段落ついたころ、もういちど村をたずねると、彼はどこかへ立ち去っていた。風の便りでは、身内の者が引き取り、どこかの「老人ホーム」にはいったという話だった。

それはそれでありそうな話だったが、神社のお籠りに参加する老婆たちの解釈はもっと複雑にいりくんだものだった。それは、近隣の村に住む、もう一人の行者Dとの〈呪力〉の戦いに敗れたため、というように受け取れた。

当時のメモを頼りに再現すると、こういうことである。村の代表者を決める選挙の前である。例によって縁日には、近隣の主だった行者数名と、熱心な信者たちが神社でお籠りをしていた。ここのお籠りの要諦は、夜を徹して神社に籠り、蝋燭の火を絶やさないように気をつけながら、朝を待ち、お籠りの儀礼のしめくくりとなる早朝の儀礼をおこなうところにある。

その席のこと、例によって一升瓶をらっぱのみして勢いをつけた行者の一人（D）が、村の選挙の話題をしていた信者たちのあいだで突如「神さん」としての託宣をはじめたのだという。私は立ち会っていないが、立ち会っていたとしても、酒に酔った彼女のパフォーマンスととらえたかもしれない。しかし、周囲にいたのは、全員熱心な信者たちである。選挙の前でもあって、彼女の一挙手一投足を、「神のおぼしめし」ととらえたようだ。

その時の選挙は、結果が、かなり割れる可能性があったという。投票のための指針もほしかったのかもしれない。Dは、そこにいた、二十人ほどの信者たちのうち、八名の前に順番にいき、その前に正対して「ふたごころ持つな」と言ってこぶしを握った鉄槌で二度、木の床をどんどん、と叩いたという。素直に解釈すると、「誰に入れようか、彼に入れようかと、世俗の論理で右往左往するべきではなく、一貫した自分の方針にもとづいて投票すべきである」といった意味だろうか。周囲のものは、これは表向きの支持者とは違う人に入れようとしている人たちに、忠告していたのだな、と受け取った。

問題は、八人目、最後にこのDが行者Fのところに相対したからだった。同じようにDはFに対しても「ふたごころもつな」と言って、床をどんどんと叩いたという。

かなり珍しい光景である。行者たちは通常同業者の批評をすることはまずない。その場に居合わせた信者たちにとってもそうだったようであり、後日談も含めて長らくこの光景については様々な人から口々に語られることとなった。

翌日、信者の一人が神社に大根を持っていくと、Fが足を押さえてうずくまっていた。Fはか細い声で、「俺はもうだめだ」とつぶやいたという。その後、しばらくFは体調を崩して寝込んでいたが、やがて親族が彼を引き取りに現れ、彼はどこかの施設に連れていかれたのだという。これは、Fが、じつのところ、みんなの前で支持を表明していた人とは違う候補者に投票しようとしていたので、罰をあてられたのだ、とある信者はいう（ただ、流れてきた行者に選挙権があったのかは疑問が残る）。

いずれにせよ、それ以降Fのゆくえは知れない[2]。私はある〈呪者〉が、退場した現場に間接的にではあれ立ち会ったことになる。

まずはこれを第一のエピソードとして記憶しておこう。これも当時はよく意味がわからなかった出来事のひとつである。

## 3. 聖霊派教会の霊媒

〈呪力の源泉〉と謝礼の問題を結び付けて考えるようになったのは、二〇〇七年に東アフリカのウガンダで聖霊派のキリスト教の〈霊媒〉たちにインタビューしてからのことである。パドラ（Padhola）[3]という地域の、私の住みこんでいた調査基地からほど近くに、「アゴラ聖霊教会」という新興の教会があり、急速に勢力を伸ばしていた。そこにはマライカ・ジェニファーと呼ばれる〈霊媒〉がいた（「マライカ」は、スワヒリ語で、「天使」の意）。また同じくトロロ県には、サブサハラ・アフリカ最大のAIC（African Instituted/Initiated Church）のひとつ、レジオ・マリア（Legio Maria、ラテン語でLegion of Maryの意）教会[4]があった。レジオ・マリア教会は一九六二年から一九六三年にかけて西ケニアでカトリックから独立したものである。現在の信者は四〇〇万人近いと言われる。SIC（Spiritual Initiated Church）ともいわれ、シメオ・オンデトSimeo Ondeto（c、一九一〇／二〇―一九九一）[5]をキリストの生まれ変わりの「黒いメシア」とし、「黒いマリア」「黒いキリスト」の存在を唱える。マリアを「女王」「母」とみなす信仰を中心とするが、実際にマリアやキリストの「ビジョン（vision）」を見ることのできる霊媒を通して霊界と直接交渉し、憑依や悪魔祓い、癒やしなど実際的な効果を信仰する。

アドラには、もともと（といってもその流行は前世紀に入ってからのことだと思われるが）ジャシエシ（*jathieth*）は人を意味する接頭辞ジャ（*ja*）と、占いを意味する語シエシ（*thieth*）に分解できる語で、文字通り「占う人」）と呼ばれる占い師がいる。彼らの成巫プロセスは多様だが、一度憑依霊に憑依され、それをべつのジャシエシによって治療されてからコントロール法を覚え、ジャシエシとしての仕事を始めることが多い。治療を契機としてできた先輩ジャシエシとの関係から、瓢箪のがらがらや、タカラガイ、あるいはその他の道具の使い方を覚えるのである（これらは、バンツー系の諸民族の影響だといわれている）。その意味では、いわゆる〈シャーマニズム〉研究のなかで醸成されてきた用語を用いてある程度の類型化が可能である。つまり、いわゆる〈巫病〉を経験し、霊によって「召命」されている側面と、「修行」によって技術を学ぶ面とがあるのである。「世襲」もありうるが私はアドラでは具体的事例を確認していない。

占いや治療の重要な局面では、彼らは、自分に憑依した霊とのコミュニケーションをとって問題を解決する。霊界に、自分に憑依した霊を送り込み、交渉を行うのである。彼らの主な仕事はまさに、死霊の祟りや、生きている人の呪詛や呪いなど「災因」を、霊の世界と交流することによって突き止め、解決するところにある。

いわゆるキリスト教会は、そういった信仰を、「迷信」として無視し続けてきた。しかしながら日常生活の中で直面するのは、どう考えても、それらの「災因」でしか説明できないことばかりだ。とくにアフリカでは、国際的な開発事業が右肩上がりの未来像をすべての人に約束するが、少数の限られた人にしか報いが来ない状態が続いている。そういった状況に置かれた人間は、〈見えない世界〉での因果関係に関心を集中しがちである（ニャムンジョ、二〇一七：一〇四―一〇六：梅屋、二〇一七）。

そういった、現世での悩み―とくに教会が「遅れた信仰」として公には認めず、従って治療もしてくれないウィッチクラフト（妖術、呪い）その他に由来する問題にこたえてくれるのが、こうした新興のキリスト教会の魅力だった。(6)

彼ら聖霊派の〈霊媒〉の占いや治療の方法で強調されるのは、その方法の単一性である。つまり原則「聖書」だけを用いる、と主張されるのである。しかし、よくよく聞いてみると盥に張った水などを用いたり、「聖霊に満たされた」水と油を用いて治療する例もあるし、ある〈霊媒〉は、木製のナイフを用いて悪魔を追い払う所作をともなう「悪魔祓い」の儀礼を行うともいう（梅屋、二〇一六：二〇一八：三八七―四一三）。

## 4．霊媒たちの治療

伝統的な占い師であるジャシエシは、太鼓などの鳴り物を叩き、瓢箪のがらがらや宝貝を用いた占いを行うので、〈霊媒〉とはそこが一見して異なる部分である。装束もキリスト教会のものを真似たものを採用していることが多い。

ある〈霊媒〉によると、聖書を一心に読んでいると、〈天使〉が〈精霊の力〉を招いて〈ビジョン〉、メニロック（*menirok*）がもたらされるという。その〈ビジョン〉を通じて、聖霊が問題への洞察、予言などの知恵を貸してくれるというのである。聖霊にとりつかれた霊媒には、依頼人の問題が、依頼人が事細かに説明するまでもなく「すべてわかり」、彼女のなかに〈ビジョン〉としてあらわれた「天使」が、依頼人の問題に答えてくれるという。「聖霊」を受け、「ビジョン」を見るのは信者のなかでも特定の者だけであり、「聖なる心をもつ者」―つまりは〈霊媒〉と認識される。

霊媒に聖霊が取り憑いた様子は、傍目にもわかるというが、〈ビジョン〉の内容については本人しかわからない。このときに〈聖霊の力〉、アドラ語でいうメン（*men*）に心が「あけわたされる」という。

この話を聞いたときには、私はかつての佐渡でのインタビューを思い出していた。

…法華経を唱えたり、幣を振ったり、祝詞を唱えたりしているうちに神が乗り移る。予め依頼人に年齢とと

> もに病の症状や不幸について聞いてあるので、それを念じながら掌を顔の前で合わせると、知りたいことが見えてくる。…神が教えてくれる内容によって見えてくるものは異なっている。例えば潮の干満を占うときは、御神酒の中に網のような模様が見えると満ち潮である。そのような兆しが見えると無線で網を止めるように知らせ、コップの中の御神酒に浮かぶ網目の動きによって潮が引く時間もわかるので、次いでそれを教えてあげる。魚の群れの通り道、時期も占うことがある。九字を切って拝むと、ブリなどの魚が見える。白い腹を手前に見せているときは十五日以内に漁がある。背を見せていれば十五日間は不漁である。向きを正確に見極めるともっと詳しくわかる。選挙の当選を占うときは、同様に九字を切り、御神酒のコップを見ていると、当選なら白い花がぱっと咲く。水死体も、どのような格好で死んでいるかわかる…（梅屋、二〇〇一：二一二―二一四）

パドラでは〈死霊〉や〈悪霊〉に憑依されるのが一般的で、それ自体が病気の症状と考えられるほどネガティブなものであった（あるはずのないものを見たり聞いたりする経験についての両義性も共通している）。その意味では、当該社会にも以前からあったかもしれないトランスが、肯定的に読み替えられているともいえる。

この種の〈霊媒〉は、どんな病でも治療することができるという。聖霊の導きに従って祈っていれば、一般には、どんな病気の治療方法もわかるとされ、もしその能力を超える病気のときにも、〈天使〉の指示があるはずであり、その指示に従えば、治るすべが示される。

この〈霊媒〉たちは、キリスト教が〈迷信〉として扱わず、ジャシエシの領分とされていた不幸や病の原因にも積極的に対処する。それらの「災因」の代表格は、シココ（*sikoko*）[7]、キダダ（*kidada*）、ジュウォキ（*jwok*）などである。霊や毒などである。また、意図的な〈呪い〉を解呪する場合もある（この際には、ジャシエシと同じ「草を抜く」という表現をするのを聞いた）。

これらの対処も、〈霊媒〉たちは、基本的にはそのほかの病や不幸とかわるところがないと主張する。つまり、「シココ」や「毒」問題を解決する場合にも、呪いのために埋められた「草」を引き抜く場所を知るのにも「聖書を読む」→「天使がビジョンをもたらす」→「治療法・解決法の伝授」という同じ手続きをとるというのである。ときには教会を離れ、クライエントの屋敷に赴いても治療する。ジャタークを除く方法でも、ジャシエシは「草」を用いるが、〈霊媒〉たちは、自分たちがもちいるのは「万能薬」である「聖書」と「祈り」だけである、と強調する。しかし、よくよく聞いてみると、盥に呪いに用いられた草が引き寄せられたり、呪いに用いた下着などの身近なもちものが出てきたりすることもあるというのだから、そのまま真に受けることができない部分もある。

## 5. 不幸の経験の個別性と有徴性

〈霊媒〉たちのライフヒストリーは、私がかつて調査していた佐渡の行者たちのそれとそっくりだった。似ていたのは〈ビジョン〉による施術だけではなかった。これまでのいわゆるシャーマニズム研究の知見が明らかにしてきたところによれば、各地のシャーマンはいわゆる「巫病」を経験し、それを〈克服〉するプロセスにおいていわゆる「入巫」する「成巫過程」がほぼ定型として類型化されている。(8) 〈霊媒〉たちも佐渡の行者たちも、その定型にぴったりはまっているのである。

梅屋（一九九五、二〇〇一）で紹介したように、佐渡の行者たちのこれまでのライフヒストリーを尋ねると、彼らは、異口同音に、自分の経験した不幸や病を事細かに、かつ雄弁に語る。まるで、その人生のなかで幸せなことはなかったか、あるいは、幸運な出来事については語ってはいけないというような申し合わせがあるかのようである。言葉は選ぶ必要があるが、文脈が違っていたら「不幸自慢」に聞こえてくるほどである。

そのうちのひとりのインタビュー資料を取り上げてみよう。

…夫との間に四人の子をもうけたが、長女は幼いころに病気が元で口がきけなくなってしまった。三十七歳のときに義母が病気でなくなり、夫は結核で療養所に入院していたが病気を苦にして木に首を吊り自殺した。あまりに酷いことばかり続くので親戚がSという行者に見てもらった。するとある親戚の生霊が出て、おれの目が黒いうちに箱を三つ並べてやる、と言った。事実、直後に二歳になる末の息子がひきつけを起こし、死にそうになった。薬を口移しにのませ、必死の看病のお陰で一命はとりとめたのである…

口のきけない長女と二人暮らしで、田畑を耕作し、ワカメを乾燥させて売ったり、占いや祈祷の謝礼などで細々と暮らしている。農作物は、自分たちが食べる他、子供に送ってやると綺麗になくなるので、収入のほとんどは社会保障に頼っている。

一九八六年には、雨の中を無理して鎌で稲の取り入れをしていたため体を壊し、一時入院した。現在も具合はよくならないので、通院している。S神社のお籠りにも以前は参加していたのであるが、具合が悪いため、もう行っていない。

霊感が強いため、病気や不幸はすべて自分のところにふりかかるけれど、神に選ばれた身であるからやむをえない。夫に先立たれたのもそのせいであり、実は結婚相手として候補に上がった男性は夫以外にも何人かいたのであるが、すべて早死にしてしまっていまは誰も生きていない。霊のせいで健康状態も芳しくなく、一九九三年の九月には前歯を上下ともに抜く羽目になったのでこうして喋るのも大変億劫である。

普通の人ならば自分が経験しているような不幸や病は耐えられないであろうが、神の加護があるのでさほど辛くは感じないし、お金も足りなくなるとどこかから入ってくるから不思議である。と、いうわけで神というのは有り難いものである…（梅屋、二〇〇一：一一八—一一九）。

ざっと見ても、長女の病、夫の結核、夫の自殺、息子の発作、貧困生活と本人の病など、数多くの不幸が列挙されている。

この地域で行者を呼ぶ民俗語彙がまた示唆的だった。当時の新潟県佐渡村落では、こうした行者をアリガタヤと呼んでいた。「有り難い」の本来的な意味として「滅多にない」、というものがある。彼女らのライフヒストリーに耳を傾けると、彼らはまさに「滅多にない」ような不幸の経験にすさまじい頻度で襲われていることがわかる。

このことは、社会背景と照らし合わせるとなおのこと強調される。近隣の多くの民俗誌や報告が示唆するように（岩本、一九八六：一七一―二八六：一九九一：三二一―六七：一九九二：一六六―一六七）、この地域の嫁には、健康に恵まれてよく働き、自分の長男を生み、大切に育てることが期待されていた。裏返すと、病気がちであるということは非難の対象となるのが普通であった。決して通常の文脈では胸を張る話ではなかったのである。行者が「いかにして行者になったのか」「いかにして神に選ばれたのか」という含意で語るからこそ、彼らは胸を張って語ることができるのである。

また、加えてこの地域で一般的だったアシイレと呼ばれる結婚では、嫁が成員権を得るのに時間がかかった。三年経っても子ができない場合は離縁されても当然のように考えられていたという。子供ができて暫くして、特定の儀礼を経て初めて、婚家の正式な構成員と見なされる社会だったのである。それまでは財布や箪笥などは実家においておくのが普通であり、家の財政事情についてはまったく知らされることがなかったという。主婦権を譲り渡されるまでの嫁は、実家の構成員でもなければ婚家のそれでもない、著しく不安定な立場に置かれていた。

話は生きている間に限らない。離縁されて戻ってきた娘は家の中で厄介者であり、死んでも家の墓に葬られることはない。このため、この地域の各家の墓地には家の墓石の隣にこうした無縁のための無縁墓が並んでいるのが普通である。こうした人々は、死んでも祖霊にはなれないのである。このような社会の価値体系の中では、血縁を家の中に残すことは、家の中で自分の立場を保証するためにも、死後に祖霊として祀られ霊魂の安寧をはかるためにも必要不可欠なものであった。

ここで見た例もそうだが、彼ら行者は、こうした通常は理想とされる手続き全てに失敗してしまっているようだった。嫡子が死んだり、病いに罹ったり不幸が跡を絶たないわけである。

これらの不幸な出来事は、実は、すべて嫁の責任が問われてもおかしくない出来事でもある。直接の社会的責任に限らない。例えば、なんらかの祟りが介在しているか、前世で悪事を働くなど、嫁の業が問題にされ、責任を追及されても仕方がない事態である。

しかし、そうはならなかった。なぜか。それは、彼らが行者―〈呪者〉になったからである。彼らは字義通りには、これらの不幸を経験して、神にすがったことを契機に信仰の世界に入ったとか、「神に選ばれた」「神の与えた試練」という含意でこれらの不幸の経験を語る。しかし、その背後には、問われていたはずの責任から逃れるには、通常の―この世の―秩序から外れ、逃れる必要があったケースが多いことも見逃すわけにはいかないだろう。あったはずの責任は、〈見えない世界〉〈神の世界〉〈霊の世界〉―何と呼んでもよい、とにかく別の世界―に投げ出されたのだ。これらの行者は、行者になるというそのことを通じて、自分にふりかかった数々の不幸を自分のなかで、そして地域社会の中で合理化したのである。彼らは、口々に「神に選ばれた身だから」と、その経験を個別化、特殊化、オンリーワンのものとして語りあげる。そのことによって理論上は不可能な、本来できないはずの納得をしているのである。

これらの経験の個別性は、彼らの〈呪力〉の説得力の源にもなっている。多くの場合〈呪者〉のそれは、クライエントのそれを程度で大きく上回る（少なくともそのように語られる）。実際には、〈不幸の経験〉は常に主観的である。その程度には比較の度量衡はないので、対等な条件で比べてみることはできない。しかし、少なくとも修辞上は、彼らを訪れる人々が相談する悩みの種はすべて、彼ら自身が経験していることなのである。
こういった分析は、世界中どこでも、およそ「巫病」という「巫病」に当てはまるのではないかと思われる。

## 6. ウガンダの〈霊媒〉マリア・アディキニの〈巫病〉

それだから、まったく同じ構造が、この東アフリカの〈霊媒〉の〈巫病〉にも認められるとしても驚くべきではないだろう。ある意味ではそれは〈必然〉なのである。行論を逆に辿って行くと、〈呪者〉が、クライエントの本来個別でオンリーワン性をもつはずの不幸や病に有効に対処するためには、少なくともそれと同じか、匹敵するようなオンリーワン性をもつ「滅多にない」病や不幸を、〈呪者〉自身が経験し、少なくとも主観的には、克服しておかなければならない。ある意味ではそれが〈呪力〉の根拠であり、説得力となる。

仮に、病を治療する近代医療の医者の多くがそうであるような、不幸の出来事や病と無縁の「超ハッピーな」行者がいたとして、彼／彼女がなにを語っても、説得力はもたないであろう。この地点では、〈呪者〉は、きわめてオンリーワン性の高い、代替不可能な、個別的な存在としての自己主張を余儀なくされるのである。

以上のことをウガンダの〈霊媒〉の事例で検証してみる。どこからでも類例はとれるが、例えば、以下のインタビューは、そのことを端的に表しているといってよい。

…私の運命は、はじめは夢として知らされました。しかしやがて声が聞こえるようになりました。はっきり「私は神だ」と言いました。「私は主であり、神である。お前に油と水で人を癒すことができる能力を授ける」とはっきり言いました。

この言葉を聞いたときに、私は起きて年老いた母のもとへ駆け寄りました。私はビジョンで見聞きしたことをすべて話しました。事実、ビジョンの通り、私はどんな病でも治せるようになり、私自身がながらく病に臥せっていたのですが、その病さえ治ってしまったのです。そのことは、たちまち人々に知られるようになり、新聞でも報道されるようになりました。それらはすべて、私マリア・アディキニ個人としてやっているわけではないのです。神がすべてをそのように導いているのです。あなたが私のもとに訪ねて来ることになったのも私の功績なんかじゃありません。このレジオ・マリア教会のリーダーの一人に私がなったのも、みなさんがそう決めたことで私の力などではないのです。すべて神の御心です。…病も治り、両親と、そして私の癒しを必要とする人々と暮らしています。…私はまたビジョンを見ました。そのビジョンの通り、現在の夫と結婚し、二人の子供に恵まれました。…そうですね。その年（一九九五年）、薬ではなくて油と聖水で、（エイズが）なおった方が何人もいたことは事実です。信仰の力のおかげでしょう。信仰がなければ、治ることはないと私は思います。精霊に満たされて（メン・パ・チュニイ・マレン *men pa chuny maleng*）、聖水と塗油によってなおすことができるのです。毎日、毎週、毎月、数えられないくらいの方々をそうやってなおしています。…なかには私が一度死んで、よみがえったという人もいるようですが、それは違います。私は病に伏していてほとんど死にそうな状態から回復した、それは事実です。しかし死んだ、というのは事実と違います。…しばらくは母と暮らしていましたが、今いるこの場所、夫のところに住むことに決めたのです。…（梅屋、二〇一八：四〇六―四〇七）

このように、新潟県佐渡のアリガタヤも、ウガンダのキリスト教霊媒も、文化的あるいは地域的文脈をある程度抜いてライフヒストリーの骨組みだけを見てみると、同様に「不幸自慢」だけが残るように見える。レジオ・マリア教会のマリア・アディキニは「夢」で自分の運命を知らされた。重い病に臥せっていたときのことであるという。彼女は「夢」のなかで、「神」がはっきりと、「油と水で人を癒やすことができる能力を授ける」と言ったのを聞いた、という。

マリアは起き上がり、母に一部始終を話した。それ以来マリアは自分自身も病を克服し、どんな病でも治せる力を得たのだった。そのことは、やがて周囲に知られるようになり、新聞報道もされるようになる。マリア自身は、治療する力は自分という個人に属しているのではなく、その効果についての風評も、レジオ・マリアの指導者となったこともすべて神の御心であると考えている。

一九九五年には、「信仰の力で」「聖霊に満たされた」水と油を用いて、ＨＩＶ患者を何人も治療している。現在も毎日数え切れない患者を治している。

召命前にマリアを苦しめていた病は深刻で、ほとんど死ぬだろうと思われていたところから、一度死んで蘇ったという風説もある。現在は夫と教会の別棟に住んでいるが、かつては彼女は母親と同じ小屋に住んでいたようである（結婚した娘が母親と住んでいるのはパドラの一般常識では「異常」なことに属する。ありていにいえば、「ジャジュウォキ（*jajwok*）」（ウィッチの訳語として定着している[9]）である。）

彼らの多くはきわめて重い病を克服した経験を持つ。それは、代替不能の、きわめて個人的な経験である。やはりここでも、オンリーワンの経験が、〈力〉の根拠づけに用いられているように思えた。しかも「ビジョン」というより「夢」で「予言」も行う。もとより「夢」は、他人と共有することはできない。病や不幸の経験の個別性と特殊性、そしてオンリーワン性を〈呪者〉の〈巫病〉の特徴とするなら、彼らは、典型的な〈呪者〉としてのキャリアを経ていることには間違いはない。そうした意味では、〈呪者〉から、その〈呪力〉が、離床しないように一見すると見えるのも（関、二〇一七）、当然の側面のようにも思われる。つまり、〈呪者〉の施術とは、それ自体オンリーワンの経験をもとでにオンリーワンの病や不幸への共感を求め、治癒という未来の現実を作り上げるための状況操作に賭ける側面があるようにも思われるからである。

モーゲンセンは、アドラでしばしば持ち出される「災因」のひとつであるジュウォギ（*jwogi*）について、リーンハートの議論を引きながら、次のように述べる。

……アドラも、自分の生あるいは行為がなぜかねじ曲げられており、その理由がわからないとき、―つまり、彼らがなぜ苦難に直面しているのかということだが―彼らは「世界を問いただす」。そして、どのようなジュオク（*juok*）が彼らの生に干渉しているのかを問うことによって、また、そのジュオクとの対話に入ることによって、未知のものに名前をつけるのである。このことは多くの場合卜占師を訪れることによって行われる。しかし、ジュオクにかかわる多くの行為が、家族のなかで卜占師にうかがいを立てることなく行われるのも事実である。…「ものごとをまともにする」といわれる、しばしば長々しい、費用のかかる儀礼の遂行のなかで見いだされる、ある問題の原因追及と解決策をめぐって交わす会話や、それらについての考え、そして行われる交渉のなかでジュオクの果たす役割に重要な意味がある。…「信じること」は、「この世界と他界とのフロンティアに対する気づきを意味する」。私には、ジュオクがこのフロンティアを接合して横断する方法のひとつであると思われる。彼らの知っている生と、彼らが理解できない生の釣り合いをとる、また、そして彼らの生と他の人々の生との釣り合いをとるための社会的エージェントによるたゆまぬ努力の一環なのである。ジュオクは、動きゆくなかで何らかの行為を行おうとするときに用いられるいくつかの技法のひとつであり、そのようなかたちで人々が苦難に直面した際のレジリエンスを反映しているのである。

……（Mogensen, 2002：434）

〈呪者〉も、自身の苦しみ、受難という「パッショネス（*passiones*）」を認め（Lienhardt, 1961：151）、提示することにより、受難によって彼らを訪れるクライエントの共感を得ているのだといってよい。経験は他者に共有されない、ということから言えば、こうした共感は、必ず果たせるとは限らない。原理的には不可能であるようにも思われる。しかし、原理的には不可能としても現実として果たされていることが、人間文化のなかでは数多くあることが知られてもいる。

離婚したりして落ち着かない、あるいは「子供の夭折」、これらは、「「呪詛」の結果」と見なされてもおかしくない。文脈が違えば、呪詛を祓う儀礼—チョウォ・ラミ（*chowo lam*）の対象であっただろう人物が、その条件を逆転させて、「奇跡」として経験を肯定的に提示することに成功しているともいえる。これらは〈呪者〉に共通して認められる社会的周縁性の問題でもあろう。

## 7．「謝礼」の額

ウガンダ・パドラの〈霊媒〉とのインタビューを進めるうえで、気になっていながら放置していたことのひとつがラブキ（*rabuki*）とよばれる謝礼のことである。このことは、本書をまとめるために行われた研究会の席上で再認識させられた[10]。

気になっていた理由の一つはいくつもあるが、最も大きなものは、謝金の額である。私は、複数のインタビューを通じて、ラブキは、「基本的にはただで与えられた力なので不要」だが、教会のためには「治ったらお礼」すればよいとの考え方、そして、多くの場合（多分高額のお金を）受け取ったら「力」は失われる、との考え方も彼らのなかで共通していることには、気づいていた。しかし、インタビューの場面では、それはジャシエシとの差別化をはかるような文脈で述べられることが多かった。つまり「ジャシエシは商売だ」というのである。しかし、ジャシエシとの差異化だとすれば、あまりそれは意味をなしていない。せいぜい前払いではない、額が安いというほどの違いしかないようにも思われるのである。実際にはジャシエシでも、高額な請求をしてくる例はそれほど多くない。一部の死霊の祟りがニッチで安全な商売として成立していることを除けば[11]、リーズナブルな額であるともいえるのである。

思えば、新潟の佐渡の行者も、東北で何人か出会った民間宗教者も、〈呪力〉をビジネスにしたとたんに、〈呪力〉は失われるのだそうである。

そういった経験はあちこちでしている。私が宮城県気仙沼で、オカミサンと呼ばれる民間宗教者のもとに、研究者たちと訪れた時のことだった。占いを依頼しようとしたところ、酒数升と米数キロなどの供物の要求をしたことがある。私としてはそれなりのイベントでもあったので、支出可能な範囲の額だったが、参加していた研究者の人数も多く即座に合意が得られなかったので、占いの儀礼は見合わせてもらった。こちらは、気にもしていなかったのだが、現場に立ち会っていた地元の方に言わせると、「あまりに相場を外れた高額の要求をしたものだから、後から気にして」ふっかけたことを後悔したオカミサンが、われわれをタクシーで追ってきた、というのだ。

要するに彼らの態度をまとめると、〈呪力〉を使った処方には、適正な価格はあり、それを超えて要求することはよくないだけでなく、〈呪者〉に何がしかの危険を与える可能性も仄めかす倫理のようなものがある。しかし、おそらくは職業倫理のようなものとしてわかったつもりになってしまうと議論はそこでストップしてしまうだろう。

もう一歩進めて考えてみよう。あまりに額が少なすぎるのではないのか。〈呪者〉とはいえ、生身の人間、生きていくための通常の次元の生活はある。当時ビール一本が一二〇〇シリング（当時のレートでは、六〇円ほど）[12]である。「ひとり一〇〇〇シリングずつ」と「なおったらクライアントはお礼をもっていらっしゃいます」「いただいた一〇〇〇シリングで私は石鹸や塩など生活に必要なわずかばかりのものを買うのです」と彼らは言うが、この額は本当に生活必需品を購入するだけの額でしかない。こうした施術を労働、あるいは仕事の一種とみなすと、割があわなすぎる。しかも治ってもお礼を持ってこない不届き者に対してすら、寛容である。

ただで与えられた〈力〉なので不要、と彼らはいう。しかし、間にもうひとつロジックが入ってくれないと、納得がいかない話である。なぜ、無償、あるいは無償に近い代価なのか。インタビューのなかで、とくに印象的なのは以下のような言葉である。

…私が「力」をなくすとすれば、それは患者さんにお金を請求してはならない、という神の命令に背いたときでしょう。「聖霊の力」は、何の代価もなく私達にもたらされたのですから。だから患者さんはお考えになって感謝の念を示す何かをもっていらっしゃるのです。…（梅屋、二〇一八：三九二―三九三）

そこに強調されているのは、力の源泉である神が何よりも私心のなさを求めていることである。私利にむすびつかない、むすびついてはいけない、なにがしかのプラスの効果をもたらすエージェンシーは何らかの〈公共性〉のようなものを持っているといってもよいのではないか。

フランシス・ニャムンジョは、開発とウィッチクラフトに関する論考のなかで、次のように言う。

…伝統的にアフリカ人は個人をコミュニティの子供と考えて、それぞれ（彼／彼女）の欲求を追求することを認めてきた。しかし、それは、貪欲ではない範囲でのことである。個人の創造性、能力や権力は、それがきちんとみいだされ、存分に発揮する場を与えるためにも、統御されたものであるべきである。エージェンシーは、ドメスティックな（〈飼いならされた〉）ものとしてのみ意味がある。ここでは、個人の関心と集団の期待との間の交渉、結合、調停することに重点が置かれている。いいかえると、ドメスティックな（〈飼いならされた〉）ものとなったエージェンシーでは、個人や集団が目的追求する自由は、同時に個人の創造性と自己充足を認めるものではあるが、それが実現するのは、社会的に前もって決まっている集団的な利益のコンヴィヴィアリティを重視する枠組みのなかでのものなのである。社会的に目立つこと、あるいは有名であることは、利益のコミュニオンのなかで他者と相互関係を持っていることから来ている。人生には浮き沈みがあるから、個人の成功は、その人の野心によって適度にみあったものとなる…（ニャムンジョ、二〇一七：一〇三）。

ここでは、一人勝ちを嫌い、他を出し抜くことを抑制するような世界観が描かれる。彼の思想のなかではコンヴィヴィアリティという用語がキーワードとなっているが、これは、コミュニティの共通の利益のようなものである。この文脈でのエージェンシーを〈呪力〉と考えると、大いに納得がいくことになる。

これらの描写には、ちょうど、阿部年晴（二〇〇七ａ、二〇〇七ｂ）が晩年「習俗」とか、「後背地」とかいう言葉で描こうとしていた世界と共通するものがあると私には思える。つまり、阿部は「後背地」を、「持続的な対面的関係が優勢な家族集団や近隣集団を核とする共住集団ないし小地域社会」とし、「人間が人間として生きるためにほんとうに必要なことを実現するために、当事者が当事者として当事者のために共同で努力する」（阿部、二〇〇七ｂ：三五一―三五四）ものとして構想する。そして、近現代文明社会は「後背地」や「後背地的なるもの」を食いつぶそうとする傾向にあるが、究極的には、文化的動物としての人間を再生産するためには、「後背地」と「後背地的なるもの」を必要とすると考えたのである（阿部、二〇〇七ｂ：三五四―三五五）。そして、文化的動物としての人類の歴史を貫通する「後背地的なるもの」のひとつである呪的パースペクティブとして「ジュオク複合」をとりあげ、近代を相対化するのみならず、鋭い近現代批判を展開しようとした。この勝ち目が薄そうな戦いは、本格的な勢力の展開をみずして、阿部の死によって頓挫した。その布陣を知るうえで決定的なのは、次の一言であろうと私には思える。

…近代システムは「ジュオク複合」を見る目を持たないが、村人たちは「ジュオク複合」の目で近代システムを見る…（阿部、二〇〇七b：三八六）。

## 8.〈コモンズ〉という補助線

ここまでくれば、われわれは〈コモンズ〉という考え方、あるいは〈公共性〉という補助線を、さほど無理なく引くことができるのではないだろうか。

〈コモンズ〉とは何か、その定義は百花繚乱している。あるいは「社会的共通資本」（Social Overhead Capital あるいは Social Common Capital）でも、「社会的共有財」と言い換えてもよい。専門的にはそれぞれは厳密には異なった定義を与えることが適当だろうが、ここではそれはさほど必要ではない。それらはつまり、社会に必要で、ふだんはコミュニティがそれに短期的・中期的・長期的に関係の粗密はあれ頼っている「なにか」である。そして、私有されたり独占されたりするのを想定されていない、あるいはときにそうなると社会全体が困るような「なにか」である。

例えば、「三里塚農社」にかかわっていた宇沢弘文は、次のように書いている。

…農社という耳慣れない言葉を使うことについて弁明をしておきたい。「社」という言葉はおそらく、コモンズの訳語として最適なものではないだろうか。というよりは、コモンズよりももっと適切に、私がここで主張したいことを表現する言葉であるといった方がよいかもしれない。社という言葉はもともと土をたがやすという意味をもっていた。それが、耕作の神、さらには土地の神を意味し、さらに、それをまつった建造物を指すようになった。社は、村の中心となり、村人たちは、社に集まって相談し、重要なことを決めるようになっていった。そして、社は人の集まり、組織集団を指すようになったといわれている。…（社の長老である）社師は、社に伝承されてきた学問的、技術的知識、思想的、人間的蓄積を子供たちの世代に伝えるという最高の役割を担っていたのである。社はまさに、コモンズそのものであったといってもよい。…（宇沢、二〇〇〇：七〇）

〈呪者〉や〈呪力〉は〈コモンズ〉のようなもの。こう考えていくと、〈コモンズ〉がそう期待されるように、〈呪力〉は、オンリーワンのもので、〈呪者〉からの離床度は低いものでありながら（関、二〇一七）、誰のものでもなく、みなのもの、という考え方が適用されることになる。お金で市場で売買される「商品」になっては困るのである。

またその持ち主である〈呪者〉は、半ば公人として、コミュニティが支える対象となるのである。また、その人々の過去の負の経験は、（ちょうど宇沢のいう社師のように）コミュニティが共有すべき訓示になりうるし（だから本人は責任を問われない）、その生活は、コミュニティが責任をもってなりたたせなければならないことになるのである。

冒頭に話を戻せば、佐渡のS神社のFは、まさにそのような論拠によって、コミュニティに養われていたのではなかったか。そう考えてみると、Fがその神社に住み着いたときに村のコミュニティが彼の生活の保障をしたことも、はじめて納得がいく話になってくる。場合によっては、中世の遊行の行者が、旅の先々で生き延びることができたことも、あるいは、そうした旅の六部を殺害することが、何故ただの殺害以上のフォークロア上の意味付けを帯びるのかも、これまでとは角度が違った議論ができるように思われる。もっというと、神社や寺の副業が、幼稚園や小学校だったりすることや、ミッションスクールというものの成り立ちも、こうした枠組みで考察することが可能なようにも思われる。

冒頭に紹介したエピソードでは、Fは少し村の政治に立ち入りすぎたようである。遊行のものであるFには、「札入れ」の投票権があったかどうか、私にはわからない。しかし、何らかの政治的発言をしたであろうことはその場にいた者の発言から想像できた。もちろん、表向きは何と言おうと、投票の場所で別な人に入れるのは、共和制の民主主義選挙では何ら問題にはならない。これは有権者の権利ですらあると思われる。しかしながら村落社会では、それは、自分のことだけを考える、私利私欲のみを優先した反社会的な行いだと思われたのではないだろうか。

Fが、呪的に失脚したのは、べつにDに呪的に敗北したからではない。〈コモンズ〉としての則を超え、個人的に村に関心を持ちすぎたために、瞬時に〈コモンズ〉としての資格を喪失した。おそらくは当人にもそのことはその場でわかったであろう。その時の選挙では、村には個人的利害がかかわる人が多くいたと聞いている。〈コモンズ〉が私有化されるとコミュニティが困る、という大原則は、ここでも適用されたのである。

## 9. おわりに

これで、〈呪力〉の公共性、つまりは、〈呪力〉を一種の〈コモンズ〉と考えることで、一方では〈呪力の源泉〉の一端に、一方では、謝礼の安さの根拠に一定の説明を与えられたことにしておこう。みてきたように、〈呪力〉は、個から容易には離床しない。その〈力〉の根拠となるものは、すべてなにものにも代えがたい代替不能の（多くは不幸の）経験とそれに対する共感そのものだからである。個から離床しがたい能力をもつ〈呪者〉たちが、排除されずに社会のなかで居場所をみつけ、その能力を発揮する場を与えられるとすれば、そのエージェンシーは、ニャムンジョのいう、ドメスティックな、飼いならされたものであると、共同体から了解され承認されなければならないのである。こうした観点で考えてみると、これまでの〈巫病〉や、〈成巫〉のプロセスは、ちょっと違った様相で私たちのまえにたちあらわれてくるように思われる。少し間違えれば共同体の脅威になりうる、個別のオンリーワンの能力を、〈コモンズ〉として承認させるプロセスとして、それらは読み替えられる可能性があるのではないだろうか。

こうした文脈では、〈コモンズ〉の訳として、宇沢弘文が、期せずして「社」の語を充てたことが、ことさら意味をもつようにも思われる。

注

（1）　彼の免許は御嶽教のものだったとも、扶桑教のものだったともいう。彼らの免許は、教派神道のものが多いようだが、民衆からはアリマサン、アリガタヤサンと呼ばれて親しまれ、頼りにもされていた（梅屋・浦野・中西、二〇〇一）。

（2）　正確には、一度消息について耳にした記憶があるが記録には残っていない。村には連絡を取り続けた者もいるはずではある。

（3）　「パドラ」は、アドラ（Adhola）というこの民族の伝説上の創始者の名前に場所をあらわす接頭辞*par*が接続されたものである。「アドラ」という名前は、ウドラ（*udhola*）（アドラ語で傷を意味する）に由来しているといわれ、その手傷で機動力を失ったことが、創始者アドラがケニア・ルオの始祖と袂をわかち、当地に留まった理由の一つとされる。具体的な個人としてのアドラ人は、地理的な居住地域としての「パドラ」以外にも、ウガンダ首都カンパラや海外にも多くの数が居住しているが、「パドラ」をホームランドと認識する意識を持っている。現在「アドラ」としてのアイデンティティは、基本的には文化と言語に大きく依存している。中央集権的な組織をもたないこの集団の場合、文化には、民族全体に共通する確固としたスタンダードが明確にあるわけではなかった。歴史的には長期間にわたり、揺籃の地とされる現在の南スーダンのバハル・エル・ガザルあたりから南下してきたいくつものグループと、それぞれと接触をもったグループとが寄せ集まってできたと考えられているアドラは、葬式その他の儀礼や慣習に関して、クランごとの違いが甚だしいことでも知られている。詳細については拙著を参照されたい（梅屋、二〇一八）。

（4）　レジオ・マリア教会については、たとえば、Schwartz（1989, 2000, 2005）、Kustenbauder（2009）など参照。とくにSchwartz（2005）は、「夢のビジョン」についての言説を分析したもので、きわめて興味深い。

（5）　余談ながら、故阿部年晴埼玉大学名誉教授は、八〇年代のフィールドワーク中にシメオ・オンデトと親しくつきあいがあったようである。

（6）　主に人類学で流通してきた学術用語として、意図しないまま危害を加えるウィッチクラフト（witchcraft）の訳として「妖術」が、意識的な実践を伴うソーサリー（sorcery）の訳として「邪術」が知られているが、地域によって実態が異なることもあってその用法は一貫しない。「妖術」「邪術」の総称として「ウィッチクラフト」やウィザードリイ（wizardry）が提案されたこともあるが、いずれも根付くことはなかった。意識的に包括的用語として「妖術」の語を用いる例もある。現代英語でふつうウィッチクラフト（witchcraft）というと意図して危害を加えようとする含意を伴う。この事情は専門家の論文でも同じである（梅屋、二〇一七：九六）。地域の異なる事例をある程度大胆に横断しようという試みでもある本稿では、呪術、ウィッチクラフト、妖術、いずれもそれぞれ異なりつつ重なる意味領域を指示する用語として用いており、厳密なそれぞれの指示内容の差異化は意図していない。

（7）　端的には、シココは、邪視を意味することもある。キダダは、毒を盛ること、ジュウォギは死霊のことである。パドラの教会関係者のあいだでは、シココは、手に負えない病として認識されている。以下のテキストは、教会の常識的な認識を反映している。

…最近新しい病気が蔓延している。人間の体のなかから石とか骨片が出てくるという病気だ。そういった異物を人間の体内に放り込む力をもつ、そういうタイプのウィッチなのだという。この問題には私は立ち入りたくない。私は教会の指導者でもある。その立場から言えば、これはすべていかさまだ。ガラス片とか、石とか、壊れたガラス瓶、そんなものを患者の服を脱がせて体をなで回し、そして取り出していうのだ。「これらはすべてあなたのおなかのなかから出てきたのですよ」絶対そんなのは嘘っぱちだ。…彼らは、ただの詐欺師だ…。

オチョラ＝アヤヨは、「ジャシホホ（*jasihoho*）」と「ジャターク（*jatak*）」を紹介している。報告を読む限り、前者は「邪視」を用いた「邪術師」で、その力で料理できないものを料理に見せかけて食べさせたりする。そのようなかたちで食べ、消化されないモノを取り出す「手術」を行うのが「ジャターク」だという（Ocholla-Ayayo, 1976: 161-162）。アドラでは、「シココ」と「ジャターク」の役割分担はそれほど明示的ではないが、ほぼ対応している。体内にとりこまれたものが食べ物ではない点に違いがあり、いわば超能力の遠隔瞬間移動現象（アポーツ現象）のようにとらえられている点には共通の特徴がある。

（8）　日本では、東北地方のイタコ、オガミサマ、オナカマ、ワカ、イチジョ、関東ではアズサミコ、中部地方でイチイ、イノウ、マンニチ、モリ、近畿地方でミコハン、北九州でホウニン、沖縄・奄美地方ではユタ、カンカカリャー、ムヌシリ、ニガイピトゥなどと呼ばれる宗教的職能者のなかでも、生まれつきの病や身体虚弱、身体異常、結婚生活の不如意、家庭不和、夫婦問題などを契機として通常の人生設計から外れ、多くは先輩の宗教者の導きがあってその道に入り、独自の修行を経て民間宗教者の地位につくことが多い（梅屋、二〇〇九a）。例えば、ユタとなる者はセイダカウマリ（性高い生まれ）やセジダカウマリ（霊の位が高い生まれ）などといわれる資質を持っているとされ、それが家庭不和や離婚、病や仕事上の不幸などの契機を得て沖縄本島付近ではカミダーリ（神がかり、神祟り、神ただれ）、八重山などではカンズミアン（神染まり人）、奄美ではカンブリという心身異常に陥る（いわゆる巫病）。これがあまりにひどく耐えがたい場合にはウヌビーニゲー（御延願い）という延期が申し出られることもある。夢や幻覚、嫉妬や怨恨、あるいは甘えなど負の感情を自覚するなどさまざまな感情要因で悩まされ、それをシラシ（知らせ）という神霊や先祖からのメッセージや、ウガンブスク（祭祀の不足）と認識すると、地域にいくつもある御嶽（ウタキ）や洞窟（ガマ）、城（グスク）など、聖地に類する場所を巡礼してチヂ（頂）と呼ばれる霊力の源泉となる適切な祭祀対象を探し、先輩のユタの指導を受けるうちに自らも神と交感が出来るようになる。これをミチアケあるいはチヂアケという（いわゆる成巫）。こうした召命型の生まれつきのユタをウマリユタ（生まれユタ）、ムチスク（天職）といい、カミダーリを経ないで修行により職業としてユタとなったナライユタとは区別される（梅屋、二〇〇九ｂ）。

（9）　ジャジュウォキ概念については、梅屋（二〇一八：一九一―二二四）に詳しいが、ここでは、反社会的で社会的秩序を乱す存在と考えておけばよい。彼らがかかわるとされる裸形での夜中のダンス、毒殺、ウィッチクラフトなどは、いずれも社会の秩序に反すると考えられている。といいながら、この社会には、常に必ず存在する、と考えられている点も重要であろう。

（10）　二〇一八年一月二八日、大阪大学大学会館におけるミーティング。

（11）　誰しもさかのぼれば自分の直接知らない祖先がどこかで祀られずに埋められている可能性があるので、それらのジュウォギが最終葬送儀礼を求めている、という占いの結果は最も安全な診断結果である。ジャシエシたちはそのことに気づき、ある時期からこぞってそこに落としどころを持っていこうとしているようだ（梅屋、二〇一二：一七九）。この種の結果では、相手の懐具合によっては、吹っ掛けやすい。

（12）　ウガンダシリングのレートは、二〇〇二年が約〇、〇七円、二〇〇三年から二〇〇八年まで〇、〇六円、二〇〇九年、約〇、〇五円、二〇一〇年、約〇、〇四円、二〇一一年から二〇一八年までは、約〇、〇四円から〇、〇三円の間を前後している。

謝辞

本研究はとくに以下の助成を受けたものです。記して感謝します。JSPS 科研費 JP23242055、JP24520912、JP15K03042、JP16H05664、JP16K04126 および JSPS 二国間交流事業共同研究・南アフリカ（NRF）との共同研究「21世紀の南アフリカと日本におけるシティズンシップ」、JSPS 研究拠点形成事業（A）先端拠点形成型「日欧亜におけるコミュニティの再生を目指す移住・多文化・福祉政策の研究拠点形成」、神戸大学国際文化学研究科研究推進センタープロジェクト「シティズンシップ概念の地域的展開と理論的展開に関する共同研究」「呪術的実践＝知の現代的位相――他の諸実践＝知との関係性に着目して」人間文化研究機構国立民族学博物館共同研究（研究代表者：川田牧人成城大学教授）。

参照文献

阿部年晴（二〇〇七ａ）「アフリカを語るための覚え書き」『アリーナ』第四号、五九―七五頁、中部大学国際人間学研究所編、人間社。
――――（二〇〇七ｂ）「後背地から…」『呪術化するモダニティ―現代アフリカの宗教実践から』阿部年晴・小田亮・近藤英俊編、三四九―

三九〇頁、風響社。

岩本通弥（一九八六）「家族と親族」相川町史編纂委員会編『佐渡相川の歴史　資料集八―相川の民俗Ⅰ』一七一―二八六頁、新潟県佐渡郡相川町。

――――（一九九一）「佐渡のヂワケノシンルイ―土地を媒介とした〈親族〉の構成」『社会民俗研究』第二巻、三一―六七頁。

――――（一九九二）「イエとムラの空間構成―新潟県佐渡郡相川町南片辺の事例」『国立歴史民俗博物館研究報告』第四三巻、一四五―一九三頁。

宇沢弘文（二〇〇〇）『社会的共通資本』岩波書店。

梅屋潔（一九九五）「有り難きひとびと―新潟県佐渡島アリガタヤの生活史」『民俗宗教第5集』東京堂出版、八七―一〇二頁。

――――（二〇〇一）「「有り難き」ひとびと」梅屋潔・浦野茂・中西裕二『憑依と呪いのエスノグラフィー』一一一―一二五頁、岩田書院。

――――（二〇〇九ａ）「巫者」小島美子・三隅治雄・宮家準・宮田登・和崎春日編『祭・芸能・行事大辞典〈下〉』一五三六―一五三七頁、朝倉書店。

――――（二〇〇九ｂ）「ユタ」小島美子・三隅治雄・宮家準・宮田登・和崎春日編『祭・芸能・行事大辞典〈下〉』一八一六―一八一七頁、朝倉書店。

――――（二〇一二）「死者を葬る―農村の災いと死、そして施術師について」吉田昌夫・白石壮一郎編『ウガンダを知るための五三章』一七六―一八〇頁、明石書店。

――――（二〇一六）「「伝統」を逆照射する―ウガンダ東部パドラにおける聖霊派キリスト教会の指導者たち」（協力：ポール・オウォラとマイケル・オロカ＝オボ）『近代』第一一五巻、一―四三頁。

――――（二〇一七）「「見えない世界」と交渉する作法―アフリカのウィッチクラフトと、フランシス・Ｂ・ニャムンジョの思想」『思想』第一一二〇号、八六―九八頁。

――――（二〇一八）『福音を説くウィッチ―ウガンダ・パドラにおける「災因論」の民族誌』風響社。

梅屋潔・浦野茂・中西裕二（二〇〇一）『憑依と呪いのエスノグラフィー』岩田書院。

関一敏（二〇一七）「呪者の肖像―「呪術・宗教・科学」再考」『宗教研究』第九〇巻別冊、一五六―一五七頁。

ニャムンジョ、フランシス・Ｂ（二〇一六）「フロンティアとしてのアフリカ、異種結節装置《カレンシイ》としてのコンヴィヴィアリティ―不完全性の社会理論へ向けて」楠和樹・松田素二訳、松田素二・平野（野元）美佐編『紛争をおさめる文化―不完全性とブリコラージュの実践』三一一―三四七頁、京都大学学術出版会。

――――（二〇一七）「開発というまぼろしが、ウィッチクラフトの噂を広げているのだ―カメルーンの事例を中心として」梅屋潔訳、『思想』第一一二〇号、九九―一二七頁。

Kustenbauder, M. 2009 Believing in the Black Messiah: The Legio Maria Church in an African Christian Landscape. Nova Religio: *The Journal of Alternative and Emergent Religions* 13(1): 11–40.

Lienhardt, G. 1961 *Diviniy and Experience: The Religion of the Dinka.* Oxford: Clarendon Press.

Mogensen H. O. 2002 The Resilience of Juok: Confronting Suffering in Eastern Uganda. *Africa* 72: 420–436.

Ocholla-Ayayo, A. B. C. 1976 *Traditional Ideology and Ethics among the Southern Luo.* Scandinavian Institute of African Studies. Uppsala.

Schwartz, N. 1989 World Without End: The Meaning and Movements in the History, Narratives, and Tongue-Speech of Legio Maria of African Church Mission among Luo of Kenya. Ph.D. dissertation. Princeton University.

-------------- 2000 Active Dead or Alive: Some Kenyan Views about the Agency of Luo and Luyia Women Pre-and Post-Mortem. *Journal of Religion in Africa* 30(4): 433–467.

-------------- 2005 Dreaming in Color: Anti-Essentialism in Legio Maria Dream Narratives. *Journal of Religion in Africa* 35(2): 159–196.

# 終章　呪者の肖像のほうへ

関　一敏

呪術とは何か、という問いは宗教とは何か、人間とは何かという本質的な問いをともなう。十九世紀の人類学者たちがつねにこの課題に直面していたことは、たんに時代の流行ではなかった。さらにまたフィールドワークをおこなう近代人類学の始祖たちが、おそろしく大きな労力をこの主題に費やしてきたことも、それがたんに対象となる、当時は「未開社会」とよばれていた素朴社会が大きな比重を呪術にあてていたからだけではなかった。ただ、宗教や科学というそれ自体が比較的はっきりした輪郭をもち、自己定義（自己言及性）の強い社会領域との対比で語られるほかない人類史的文脈では、呪術はつねに名づけられるがわにあり、残余カテゴリーとして位置づけられてしまう。この事情は、慣習や習俗といった生活世界（あるいは民俗世界）と同じであり、そのため行為と実践を記述する民族誌的な営みにあっては多量の資料化がなされる一方で、いざ方法的にこれを対象化しようとすると、するりと脱け出てしまう厄介さがあった。

かつてベルクソンは、人間の三つの定義を要約して「ホモ・ファベル」「ホモ・サピエンス」「ホモ・ロクエンス」をあげていた。行為（する）・知性（考える）・コトバ（語る）である。このうち三つ目のコトバがいちばん最後に来るという意味で大切さに欠けるにもかかわらず重要視され、行為がその逆の位置にある（もっとも初発の大切な領域であるのに軽視される）。ベルクソンはこの病のもつ一方の近代的な必然性をふまえながら、コトバはピン止めするが行為はつねに時間的な動きのなかにあること、これを空間的に固定させることの根本的な錯誤が擬似問題を生みつづけることの仕組みを述べた（ベルクソン、一九五二）。すなわち「行為とコトバ」問題であり、これを正当にとらえそこなえば中間にある知性もそれ本来の働きを失うと云うのだ。いま、冒頭にあげた呪術・慣習・生活・民俗とさまざまによばれる領域は、このホモ・ファベルの領野に属しており、メタ・レベルで自己を説明するホモ・ロクエンスからは遠いところにある。それゆえ、呪術を問うことはこれらの地平の全体を主題化する作業をともない、そのための地図つくりが必要になる。

したがって呪術研究の成否は、この大きな主題をどのようにどこから着手するかという見取図の作成にかかっている。筆者の呪術研究のフィールドはフィリピン南部の小島であり、その民族誌の構築が一課題であるが、と同時に「日常性と呪術」をめぐる多方面からの考察が必要だった。以下は、そのためのいくつかの断章をコラージュ風にまとめたものである。いずれも日本宗教学会での発表の累積であり、まだ途上にあるためにその先に出て、遡ってまとめなおす段階には届いていない。やむをえず、そのときどきの発表をそのまま提示する。この一連の発表に多少とも進展があるとすれば、学会発表のさいの問答とより日常的な談話で得られたヒントに多くを負っている。故・阿部年晴、小松和彦、近藤光博、西村明の四氏に感謝したい。

## 1.「否定」の宗教学

鈴木大拙は「現成世界の否定性」にこそ宗教的なるものの本質（霊性）がみられるとした。禅や浄土系思想と比べて神道はこの点で幼く、生命や大地に根ざすという一方の条件をみたしつつも自己否定の経験がない、いまだ病気にかからぬ嬰児の段階にあるという（鈴木、一九七二）。この主張から家永三郎の指摘が想起される。日本思想に否定の論理がもたらされたのは仏教によってであり、渡来以前の太古人は「連続的世界観」と「肯定的人生観」を特徴としていた。黄泉国・常世国は国土の延長として連続的にとらえられ、罪穢の凶事も容易に祓い浄めうる。そこには現実界の否定による超越世界は成立していない（家永、一九六九）。

宗教史における否定の問題をもう少しゆるやかにエピソード的な厚みで考えてみたい。ウパニシャッドの哲人ヤージュニャヴァルキヤはその妻にアートマンの何たるかを伝えるに「非ず非ず」の否定形を用いた。もう一人の哲人ウッダーラカ・アールニがその息子に比喩の多用（水中の塩など）によってアートマンの存在に気づかせる手法をとったこと（ウパニシャッド、一九六九）と照らせば、これを表現と伝達の技法としての否定形と云うことができる。同じやり方はキリスト教の否定神学にもみえる。「神はあれでもなくこれでもない」（エックハルト、一九九〇）。問いそのものを拒む例も多い。先のヤージュニャヴァルキヤは世界の構造について問いつづける者を諫めた。「問い過ぎてはいけない。あなたの首が落ちてしまうといけないから。あなたはそれをこえて問うべきでない神格について問うているのだ」。これを別名「問いの底」とよぶこともできるが、問わないという不行為の勧めにおいて「毒矢の喩」にみえるブッダの無記に通ずる。もっとも前者は問いの不可能性を、後者は無用性を説く。

行為の否定もしくは不行為の勧めが文脈によっておおいに積極的な意義をもつことは、仏教でもジャイナ教でも五戒の一番目にあるアヒンサ（不殺生）にみてとれる。これを非暴力として現代化したガンディーは「刃渡りのように困難な」その実現にふれている（ガンディー、一九五〇）。不行為ゆえに目立たず、よって証言が歴史に残りにくい否定的実践は、同時に強力な政治的実践たりうるという逆説的な可能性をひめている。より微弱な形だが、政治学者ウォルドロンの「よきサマリア人」の再話にいう「受動的さしひかえ」の不行為もこの系譜に属する。

否定神学は「否定の道」とよばれる。ネガティブの訳語は否定的あるいは消極的が多く用いられるが、より分かりやすいイメージは写真用語のネガである（「ネガティブな儀礼・禁忌・○○するな」と「ポジティブな儀礼・供犠・○○せよ」の対比。これが写真用語のネガとポジに対応することについては（関、一九八〇））。よって否定神学とはネガによってポジを現像（現象）させる方法である。

冒頭にあげた大拙の否定性とこれらとのつながりは、ソシュールの「分節言語の否定性」を介すればはっきりする。コトバは対比の相関性において働くから、それぞれが写真のネガのように機能する。分離と接合を同時に実現する分節の端的なかたちは、創世記冒頭にあるような二分法（光と闇、空と水、陸と海、昼と夜など）である。すなわちポジとネガの仕分けの累積によって連続性が分節され、カオスからコスモスへと移行する。分節されたコスモスは世界認識の自在な力をひとに与えるが、同時に分節の実体化・固定化による大いなる不自由をも強いるだろう。この不自由を免れるツテを宗教史に求めた井筒俊彦は、分節Ⅰ→無分節→分節Ⅱという一種の螺旋運動に注目した（井筒、一九八三）。大拙の否定にはこのいったんの否定（すなわち無分節化）がこめられており、その媒介を一時の病に喩えたのである。かくして不行為の勧めのその先にある、コトバによらない否定、行為による否定は可能かという問いは、この観点から再度、発せられなければなるまい(1)。

## 2. 呪術と日常——呪者の肖像のほうへ

呪術が宗教から見て、解説不能のプラクティス群の命名であったことは、西欧キリスト教史の検討から明らかになっている（関、二〇一二）。痩せたカテゴリー論に終わらないためには、プラクティス群の層をなす広大な生活世界のしくみのなかで、日常生活と呪術との方法的な差異化を図ることである。この作業には、呪術と呼ばれてきたもののなかみの整理と分類がともなう。これまでのこころみをかりに三つに大別したい。

①呪術を観念連合の法則の誤った使用とみる視角は、タイラー『未開文化』（一八七一）からフレイザー『金枝篇』初版（一八九〇）第二版（一九〇〇）の呪術観に特徴的である。とくにフレイザーは、明示しないままに、ロック—ヒュームの観念連合三態のうち、類似と接触が呪術に、因果関係が科学へと展開したと考えて、呪術を擬似科学だとした。類似・模倣の法則と、接触・感染の法則とをあわせて共感の法則とよび、これが呪術的思考

の要にある。モース『呪術の一般理論素描』（一九〇四）はこれを批判して、共感の法則は呪術の一部にしか妥当しないとした。「いわゆる悪霊が介在する呪文や儀礼という、これを実践している者も観察した者も、すべての者たちがつねに呪術だと認めている実践の厖大なひとかたまりが顧みられていない」。たしかにフレイザーの宗教進化図式は、悪霊や神々の時代の前に純粋な「呪術の時代」を想定し、そこでは共感の法則が思考を支配していたという。学説史的には細かい追跡を必要とする箇所だが、他方でフレイザーはモース流に「ポジティブな儀礼」と「ネガティブな儀礼」の対比を設け、そこにマレット流のポジ（邪術）ネガ（禁忌）というふりわけを提案している。ただし、そのいずれも理論レベルの共感（類似と接触）の法則が実践レベルに特殊化した形にすぎない、とする。

②呪術のかわりに俗信という用語をもちいて、そのなかを兆応禁呪に仕分けたのは柳田國男だった。知識と技術、時間的な前と後の四象限の構想には説得力があるが、その後の民俗学は、兆占禁呪の調査項目への変形によって応（マイナス状況の修復）を見失ってしまい（関、一九九六）、さらにはまた、日常との差異化よりも同化（民俗としての俗信）への傾斜がつよく、これと人類学の magic をかさねる手続きがまだ判然としない。

③日常と呪術をめぐる厚い民族誌記述は、まずマリノフスキーによって実現した。『西太平洋の遠洋航海者』（一九二二）、『野蛮人たちの性生活』（一九二九）、『コラル・ガーデンとその呪術』（Malinowski, 1935）は、それぞれ、カヌー建造、性愛、農耕を具体的に描いている。その主張は、（i）労働のリズムをつくる句読点としての呪術、（ii）オプティミズムの表明としての呪術、（iii）不可解な世界との橋渡しとしての呪術、の三点である。これを要するに、生活世界を「分節」し「輪郭」づける役割といえばよいか。ただし、この鋭敏な民族誌家ですら、ポジティブな呪術のうらがわに常にある（とかれが断言する）ネガティブな呪術については、事例と知識の不足をかこっている。畑を荒らす野ブタの呪い（農耕）が同時に被害者の記憶をうばう呪い（性愛）ともなり、それぞれに対抗呪術があると註記するのだが、これはｉⅱⅲのいずれの役割にあたるのか。ともあれ、カヌー建

造とクラの航海、農耕、さらには恋愛の技法といった日常的な「知識と技術」に加えられた、呪術の付加的な協働関係というとらえ方は可能である。さらにもうひとつの民族誌をあげるなら、M・ロサルド『知識と情熱』(Rosaldo, 1980) は、炎にくべる鼻紙のエピソードを例に、異文化世界の「常識」にふれることが禁忌とも見える危うさにふれている。異文化の日常はおうおうにして呪術的に映るのである。

呪術をひとくくりの概念として用いるかぎり、宗教や科学の残余カテゴリーとして「日常」と微妙に異なりながら相互にいりくんでみえる。文化によって呪術と日常のいりくみかたは異なる、という民族誌的な発言は圧倒的に正しいが、それをふまえてなお一般化しうることは何か。呪術という実体化しやすい(ものの実はなかみが多種多様であるような)入り方でなく、呪術者の肖像(阿部年晴)に焦点をしぼって、「呪術世界に入る」ことと「半分のまじめさ」(Mauss, 1904) にふれてみる必要がある。[2]

## 3．呪者の肖像――「呪術・宗教・科学」再考

フレイザーの『金枝篇』(初版一八九〇、二版一九〇〇) は観念連合の共感的二原理 (近接と類似) を、タイラーとハートランドに依拠しつつ巧みに整理したことで、その後の呪術論の出発点となった。民族誌家マリノフスキーの仕事は、農耕や造船の労働の営みに句読点のように随伴する呪術行為の記述と、それが希望の具体化である仕組みを明らかにした点で、さらに次の局面を開いた。しかし、本人が回顧するように (Malinowski, 1935)、ネガティブな呪術である呪詛の資料は十分でなく、呪文の比重があまりに大きすぎて、行為中心の呪術世界の一端を示したにすぎなかった。

このタイラーからマリノフスキーにいたる初期英国人類学の展開は、調査未満という意味でやはり肘掛椅子にあった同時代のフランス社会学派の批判を受けた。十九世紀末に続々と刊行されたオーストラリア先住民と北ア

メリカ先住民たちの古典的民族誌を博捜したモースらは、共感の法則が呪術の一部にしか妥当しないと主張した。「いわゆる悪霊が介在する呪文や儀礼という、これを実践している者も観察した者も、すべての者たちがつねに呪術だと認めている実践の厖大なひとかたまりが顧みられていない」（モース、一九〇四）。すなわち、ここで「呪者」とよぶ、呪い（まじないとのろい）を担う人物への関心の欠如、もしくはその資料化の不十分さの指摘である。一九〇四年に発表されたモースの呪術研究は、右にあげた「一般理論素描」と「呪力の起源」の二つである。前者はユベールとの連名で発表された包括的な呪術論だが、後者は単著でかつフィールドをオーストラリアに限定し、主題も呪者の人物像に限定したモノグラフになっている。前者は後者を全体の文脈に再配置したもので、かさなるところがあるものの、資料と主題の限定性ゆえにモースの関心は後者により鮮明にあらわれている。それによれば、「呪者になる」プロセスと、「半分の真面目さ」の二点が焦点になる（Mauss, 1904）。

この二つの点を「呪術・宗教・科学」にかかわるひとつの仮説に照らして考えてみたい。本稿では先に、日常の生活世界からの離床度で呪術・宗教・科学を測定することの困難さにふれて、呪術という実体化しやすい（ものの実はなかみが多種多様であるような）入り方でなく、呪者の肖像に焦点をしぼって考えることを提案した。すなわち、日常からの離床のグラデーションでなく、呪術・宗教・科学の三カテゴリーのそれぞれについてこれを担う当の人物 person からの離床度を考えること。いいかえれば、呪術の呪者からの離床度（＝代替可能性）がもっとも低く、科学の科学者からの離床度がもっとも高い。宗教はその中間である。

この仮説が妥当するなら、呪術が呪者を離れて次世代に再生産されるのは、いかなるしくみによるのか、がまず問題になる（モースの「呪者になる」の項）。モースは、結社的イニシエーションの通過による新たな霊の獲得にその成巫過程を求めているのだが、これほどはっきりと儀礼的に形式化されていない多くの地域では、日常と地続きの「（呪者たちの）実践共同体」への参入を考える必要がある。身の回りの呪者たちの治癒行為や薬材集めや呪詛の見聞にはじまり、じっさいの薬材集めについてゆく多少とも徒弟的な習得過程をへて、いつか夢を見る・神秘体験をすることを待つ体勢である。また「半分の真面目さ」とは何か。これは、真剣さの不足ではなく、呪術が宗教ほどには教義や儀礼や戒律等々の分化と外化をへていないことにかかわる。分化と対象化未満ゆえの奇妙に宙づりにみえる状態（と呪者本人のとまどい）の謂いではないのか。この呪者のありようと照らして、「宗教者になる」（あるいはカリスマの継承）の過程を含めて、いまいちど三者を比較して測深したいと考える。(3)

## 4. オーソプラクシー再考――宗教類型論をほぐすために

定義の困難な対象には記述という方法がある（「-logy」に対する「-graphy」）。しかし、個別宗教史や個々の宗教現象ならともかく、複数の宗教比較には有効でない。残る方法は、定義と記述の中間にある類型化であり、そのうえで個々の宗教的伝統を定義づける、もしくは記述することができる。おそらく最も一般的な整理は、「世界宗教・民族宗教・民間信仰」の三類型だろう。局地性のつよい民間信仰を別にすると、具体的には、世界宗教（仏教、キリスト教、イスラムなど）、民族宗教（神道、儒教・道教、ヒンズー教、ユダヤ教など）となる。仕分けの条件は、聖典と自己言及性の有無、伝道可能性、行為とコトバの比重等にある。ただしこのやり方は、たとえば近代日本の神道とキリスト教といった、一地域の民族宗教とそこに現れた世界宗教との対抗とズレの関係を解説するにはしごく便利だが、宗教学的には大きな問題がある。すなわち、世界宗教の典型とされる三宗教だけでも、行為とコトバの比重については、キリスト教が特化してコトバ主体の歴史（パウロからルターへ）を作ってきたのに対して、仏教とイスラムにはそのままでは妥当しない。

ここには、プラクティス／ビリーフ［以下、P／B］（その自覚はW・R・スミス（一九四一）と、オーソプラクシー／オーソドクシー［以下、OP／OD］の二分法（その自覚はW・C・スミス（一九七四））という、宗教研究の根幹にふれる問題がある。B／Pについては拙稿「呪術とは何か」（関、二〇一二）に譲り、OP／ODのみ説明すると、コトバ化されたBの画定（クレド）によって正統と異端を生み出してきたキリスト教的な語彙とその視角からは、イスラムの解析が不可能であることの注目だった。イスラム的語彙からすると異端にあたる語は逸脱であり、こうした「行為と参加による正統性」にまだ熟さないOPの名をあてて「コトバによる正統性（OD）」と対比したのである（W・C・スミス、一九七四）。

以下、ここ数年の学会発表をもとに、袋小路気味のこの主題を抜ける方向を摸索したい。①『否定』の宗教学」（二〇一一：本稿第一節部分）。戦中戦後の鈴木大拙は神道の嬰孩性が否定の不在にあり、霊性未満に陥っていることを批判した。神道がOP型であるなら、はたして「行為による否定、コトバのない否定は可能か？」というういくぶん風変りな問いが生まれる。②「呪術と日常」（二〇一五：本稿第二節部分）「呪者の肖像」（二〇一六：本稿第三節部分）。呪術・宗教・科学の各領域を生活世界からの離床度で測定しようとしても、呪術については日常との仕分けが困難である。そこで生活世界ではなく、これらの活動をになう人物（呪術者・宗教者・科学者）からの離床度に焦点移動を図ると、科学と科学者のそれが最も高く、呪術は最も低い。宗教はその中間にある。科学の普遍性・共有性・代替可能性がこの担い手からの分離によって保証されているのに対して、呪術は呪術者の人物と人格に大きく依存している。ここから派生して、これまで宗教についてカリスマの継承として語られてきた主題はこの「人物と行為」の離床度問題に文脈化される。また、かくも人物（行為主体）と密着した呪術世界のありようからは、いかにして当の呪術者の再生産が可能なのか、という問いが生まれる（実践共同体の視角）。

ここからさしあたり二つの方向がみてとれよう。ひとつは①の線上で、ただしPにではなく微妙に写真のネガとして現れるBの領域（日本の神々の表象）の測深である。和辻のいわゆる「不定の神」（和辻、一九五二）のコトバ化＝近代における自覚の希薄さこそが、B不在のPの集積体としての神道観（筒のような祀りの場としての神社観）の増殖と神社非宗教説を生んだ可能性を洗うこと。もうひとつは②の線上で、冒頭にあげた宗教の類型ではなく、宗教者の類型化のこころみである。ヒントとして「神秘家（インド）・老賢者（中国）・預言者（近東&オ

クシデント）」（キュング・チン、二〇〇五）があり、その瑕疵をふくめてさらに問いを深めたいと考える。(4)

注

（1）二〇一一年九月三日、関西学院大学にて（日本宗教学会第七十回学術大会）。
（2）二〇一五年九月六日、創価大学にて（日本宗教学会第七十四回学術大会）。
（3）二〇一六年九月一〇日、早稲田大学にて（日本宗教学会第七十五回学術大会）。
（4）二〇一七年九月一七日、東京大学にて（日本宗教学会第七十六回学術大会）。

参照文献


井筒俊彦（一九八三）『意識と本質』岩波書店。

家永三郎（一九六九［一九三五］）『日本思想史に於ける否定の論理の発達（叢書名著の復興10）』新泉社。

「ウパニシャッド」（一九六九）服部正明訳『世界の名著1』中央公論社。

エックハルト、M．（一九九〇）『エックハルト説教集』田島照久訳、岩波書店。

ガンディー、M．（一九五〇）『ガンディー聖書』蒲穆訳、岩波書店。

キュング、H．・チン、J．（二〇〇五）『中国宗教とキリスト教の対話』森田安一ほか訳、刀水書房。

スミス、W．C．（一九七四［一九五七］）『現代におけるイスラム』中村廣治郎訳、紀伊国屋書店。

スミス、W．R．（一九四一［一八八九］）『セム族の宗教』永橋卓介訳、岩波書店。

鈴木大拙（一九七二［一九四四］）『日本的霊性』岩波書店。

関一敏（一九八〇）「神と社会をつなぐもの」『時と人と学と』一九〇―二一〇頁、東京大学比較宗教学研究室。

――（一九九六）「俗信論序説」『族』第二十七号、三〇―四十七頁。

――（二〇一二）「呪術とは何か」、白川千尋・川田牧人編、『呪術の人類学』八二―一一二頁、人文書院。

タイラー、E．（一九六二［一八七一］）『原始文化』比屋根安定訳、誠信書房。

フレイザー、J．（一九六六［一八九〇］）『金枝篇』永橋卓介訳、岩波書店。

ベルクソン、H．（一九五二）『思想と動くもの』河野与一訳、岩波書店。

マリノフスキ、B．（二〇一〇［一九二二］）『西太平洋の遠洋航海者』増田義郎訳、講談社。

マリノウスキー、B．（一九六八［一九二九］）『未開人の性生活』泉靖一・蒲生正男・島澄訳、新泉社。
モース、M．（一九七三［一九〇四］）「呪術の一般理論の素描」『社会学と人類学Ⅰ』有地亨ほか訳、四七―二一七頁、弘文堂。
和辻哲郎（一九五二）『日本倫理思想史』岩波書店。
Malinowski, B. 1935 *Coral Gardens and Their Magic*. London: Routledge.
Mauss, M. 1904 L'origine des pouvoirs magiques dans les sociétés australiennes. *Oeuvres 2*. pp. 319–369. Paris: Ed. de Minuit. 1969.
Rosaldo, M. Z. 1980 *Knowledge and Passion*. Cambridge: Cambridge University Press.

# あとがき

「呪者の肖像」という本書のタイトルは、次のような経緯から生まれたものである。九年ほど前のこと。当時、大阪の国立民族学博物館（民博）で呪術に関する共同研究（「知識と行為の相互関係からみる呪術的諸実践」、二〇〇七～〇九年度）が行われており、本書の執筆陣からは飯田、大橋、川田、黒川、関、津村、私がメンバーとして参加していた。折しも共同研究の終了時期が近づきつつあった頃で、成果を論集としてまとめるべく、川田と私とで出版社に提出するための趣意書のドラフトを作成していた。ドラフトは二〇〇九年一二月にメンバーにメールで送り、年明け一〇年一月に予定されていた研究会の席上でコメントしてもらえるよう依頼したのだった。

このメールに対して二〇〇九年末に関から返信があった。呪術それ自体に焦点を当てた趣意書からは抽象的な印象を受けたとのこと。と同時に、むしろ呪術それ自体ではなく呪者に焦点を当てた方が、そうした印象を払拭できるのではないか、ついては論集のなかに「呪者の肖像」というコーナーを設けてみてはどうか、というコメントも記されていたのである。

この提案に対して、年明けの研究会ではメンバーたちが、各自の民族誌的知見に基づきながら投げられたボールを打ち返すように活発な議論を行った。そして、ボールのやりとり（メンバー間の共同作業）がされるなかで、呪者に焦点を当てた考察を重ねることを通じて呪術に迫るというアイデアが浮上した。さらに、このアイデアの下、メンバーたちがそれぞれのフィールドでよく知る呪者について短い文章を書き、「呪者の肖像」と題した一連のコラムとして論集に配してはどうかという具体的な話も出た（このあたりの経緯については本書の序の冒頭部でも触れられている）。しかし、その後、論集は何とか刊行に漕ぎ着けたものの（白川千尋・川田牧人編、『呪術の人類学』、人文書院、二〇一二年）、紙幅の関係などもあって「呪者の肖像」の話は実現できなかった。それが幸いなことに、約九年のインターバルを経て、コラムとしてではなく、本書のような論集としておおやけにすることができたわけである。

無論、民博共同研究での「呪者の肖像」の話は、忘れ去られてしまった可能性もあっただろう。それが今になって論集として復活した背景には、話の火付け役となった関にかかわる別の事情があった。民博共同研究が終了してから五年後の二〇一五年三月に、関は九州大学を定年退官している。その際、川田と私の間でどちらからともなく、退官記念論集のようなものをつくることができればという話が出たのだった。関は九州大学に移る前に筑波大学で長らく教鞭をとっており、川田も私もそのときの学生である。このため、二人の間では当初から、論集をつくるならば彼の学恩を受けた元学生たち、ひいては学生としてではなくとも彼の学的影響を強く受けた研究者たちに声をかけようという考えで一致していた。

と、ここまでは一気に話が進んだが、そこから論集のテーマを決めるまでには時間を要した。当初は、関の研究にかかわりの深い別のテーマをいくつか検討していた。しかし、いずれも決め手を欠くようにみえる。そうしたなか、私たちの関心をあらためて呼び起こしたのが、民博共同研究のときに出た後、立ち消えになっていた「呪者の肖像」の話だった。先述のように「呪者の肖像」というフレーズはもともと関から発せられたものであり、この点で彼の退官を記念する論集にふさわしいように思えたからである。また、民博共同研究でのメンバー間の共同作業を通じて浮上した、呪者に焦点を当てた考察を重ねることを通じて呪術に迫るというアイデアを具体的な形にすることは、『呪術の人類学』の川田による「あとがき」にも記されているように（三一〇頁）、共同研究のとき以来、私たちにとって「今後の課題」のようなものとなっていたからでもある。

かくしてテーマ選定にはやや手間取ったが、その後は思いのほかスムーズにことが運んだ。執筆を打診した方々には、全員からほどなくして快諾のお返事をいただいた。それを受けて二〇一六年一〇月と一八年一月に執筆者ミーティングを開催し、各自の執筆構想の報告と意見交換を行った。そして、二〇一八年五月に全員の初稿ができあがり、編者とのやりとりを経て一八年八月に全原稿が入稿された。

そんなわけで、気が付くとすでに退官から三年以上が経ち、退官記念論集と呼ぶには遅きに失したタイミングになってしまったが、本書を関一敏先生に捧げたい。先生は本書が刊行される二〇一九年には古希を迎えられるので、今となっては古希記念論集と呼んだ方が良いかもしれない。先生からはこれまで無数の知的恩恵を受けてきたが、本書の刊行に際しても、執筆者ミーティングなどで示唆に富む貴重なコメントをいただいた。月並みな言葉になってしまいますが、執筆陣を代表して深く御礼申し上げます。有難うございました。

最後になってしまったが、そもそも立ち消えになっていた民博共同研究での「呪者の肖像」の話を、本書として復活させることができたのは、ひとえに臨川書店のご理解とご協力があったからである。とりわけ編集部の小野朋美さんには、執筆者ミーティングにもご足労いただくなど、初期の段階から本書の完成に至るまで長期にわたって多大なるご支援をいただいた。また、本書の出版にあたっては、成城大学の二〇一八年度「科学研究費助成事業等間接経費による研究支援プロジェクト（研究成果の公表（出版等助成）支援）」制度による助成を受けた。編者を代表して深謝の意を表します。

二〇一八年八月末

白川千尋

## 執筆者紹介

**飯國　有佳子**（イイクニ・ユカコ）
大東文化大学国際関係学部・准教授
文化人類学、ミャンマー地域研究
『ミャンマーの女性修行者ティーラシン―出家と在家のはざまを生きる人々』（風響社、二〇一〇年）
『現代ビルマにおける宗教的実践とジェンダー』（風響社、二〇一一年）

**飯田　淳子**（イイダ・ジュンコ）
川崎医療福祉大学医療福祉学部・教授
文化人類学、医療人類学
『タイ・マッサージの民族誌―「タイ式医療」生成過程における身体と実践』（明石書店、二〇〇六年）
「北部タイ農村地域における医療をめぐる複ゲーム状況」（杉島敬志編『複ゲーム状況の人類学―東南アジアにおける構想と実践』風響社、九一―一一六頁、二〇一四年）

**梅屋　潔**（ウメヤ・キヨシ）
神戸大学国際文化学研究科・教授
社会人類学、宗教民俗学
『新版　文化人類学のレッスン―フィールドからの出発』（梅屋潔・シンジルト編、学陽書房、二〇一七年）

『福音を説くウィッチ―ウガンダ・パドラにおける「災因論」の民族誌』(風響社、二〇一八年)

**大橋　亜由美**(オオハシ・アユミ)
箕面市教育委員
文化人類学、国際保健医療学
「バリにおける呪術的世界の周縁」(白川千尋・川田牧人編『呪術の人類学』人文書院、二〇七―二三一頁、二〇一二年)
「癒す人、癒される世界―バリ社会の治療者たち」(「宗教と癒し」研究会編『宗教と癒し』三五館、一八六―二〇五頁、二〇〇〇年)

**片岡　樹**(カタオカ・タツキ)
京都大学大学院アジア・アフリカ地域研究研究科・教授
文化人類学、東南アジア研究
『タイ山地一神教徒の民族誌―キリスト教徒ラフの国家・民族・文化』(風響社、二〇〇七年)
『アジアの人類学』(片岡樹・シンジルト・山田仁史編、春風社、二〇一三年)

**川田　牧人**(カワダ・マキト)
成城大学文芸学部・教授
文化人類学、宗教人類学
『祈りと祀りの日常知』(九州大学出版会、二〇〇三年)

『〈祈ること〉と〈見ること〉 キリスト教の聖像をめぐる文化人類学と美術史の対話』(川田牧人・水野千依・喜多崎親、三元社、二〇一八年)

**黒川 正剛**(クロカワ・マサタケ)
太成学院大学人間学部・教授
歴史学、西洋中・近世史研究
『魔女狩り―西欧の三つの近代化』(講談社、二〇一四年)
『魔女・怪物・天変地異―近代的精神はどこから生まれたか』(筑摩書房、二〇一八年)

**近藤 英俊**(コンドウ・ヒデトシ)
関西外国語大学特任准教授
文化人類学
『呪術化するモダニティ―現代アフリカの宗教的実践』(阿部年晴・小田亮・近藤英俊編、風響社、二〇〇七年)
「恐怖の入居者―偶的他者の呪術的必然性」(『社会人類学年報』第四〇巻、八三―一〇六頁、二〇一四年)

**白川 千尋**(シラカワ・チヒロ)
大阪大学大学院人間科学研究科・教授
文化人類学
『南太平洋の伝統医療とむきあう―マラリア対策の現場から』(臨川書店、二〇一五年)
『グローバル支援の人類学―編貌するNGO・市民活動の現場から』(信田敏宏・白川千尋・宇田川妙子編、昭和

堂、二〇一七年）

**関　一敏**（セキ・カズトシ）
九州大学・名誉教授
宗教史、宗教人類学
『聖母の出現』（日本エディタースクール出版部、一九九三年）
『福の民　新修福岡市史特別篇』（福岡市史編集委員会編、福岡市、二〇一〇年）

**津村　文彦**（ツムラ・フミヒコ）
名城大学外国語学部・教授
文化人類学、東南アジア地域研究
『東北タイにおける精霊と呪術師の人類学』（めこん、二〇一五年）
「美しくも、きたないイレズミ―タイのサックヤン試論」（『年報タイ研究』第一六号、三九―六〇頁、二〇一六年）

**村上　忠良**（ムラカミ・タダヨシ）
大阪大学大学院言語文化研究科・教授
文化人類学、タイ地域研究
"Buddhism on the Border: Shan Buddhism and Transborder Migration in Northern Thailand" Southeast Asian Studies, Vol. 1 No. 3, pp. 365-393, 2012.

「「パオ仏教」の創出?——ミャンマー連邦シャン州の民族と仏教の境界」(『東南アジア研究』第五三巻一号、四四——六七頁、二〇一五年)

# 索　引

**凡例**

・本索引は「事項」、「人名、地名、民族名」の２項目からなる。

・配列は基本的にそれぞれの項目を五十音順に並べた。

## 【事項】

## タ



## ナ



## ハ

## 【人名、地名、民族名】

### ア



### カ



### サ



### タ



### ハ



### マ



### ラ

呪者の肖像

二〇一九年二月二十八日　初版発行

編　者　川田牧人
　　　　白川千尋
　　　　関　一敏
発行者　片岡　敦
印刷
製本　創栄図書印刷株式会社

606-8204　京都市左京区田中下柳町八番地
発行所　株式会社　臨川書店
電話（〇七五）七二一―七一一一
郵便振替　〇一〇七〇―二―八〇〇番

落丁本・乱丁本はお取替えいたします
定価はカバーに表示してあります

ISBN978-4-653-04383-6　C0039